Financial Inclusion:
Critique and Alternatives

金融包摂とは何か
すべての人々のアクセスをどう保障するか

Rajiv Prabhakar
ラジブ・プラバカール 著　小関隆志 訳

明石書店

FINANCIAL INCLUSION: Critique and Alternatives
by Rajiv Prabhakar

Copyright © 2021 by Bristol University Press
Japanese translation published by arrangement with The Policy Press
through The English Agency (Japan) Ltd.

目　次

謝　辞 …………………………………………………………… 7
序　文 …………………………………………………………… 9

第1章　金融包摂とは何か ………………………………… 13

はじめに　13
背　景　15
異なる立場の間の対話の欠如　18
金融包摂は何を意味するか　21
金融包摂はなぜ重要なのか　22
個人の自由　25
例：銀行口座を持たない人を減らす　28
金融化　30
本書の構成　36

第2章　金融ケイパビリティ：市民か主体か？ ………… 41

はじめに　41
金融ケイパビリティとは何か　43
ケイパビリティ・アプローチ　46
金融ケイパビリティの構築　52
行動経済学と行動の緊張関係　60
結　語　62

第 3 章　金融包摂と貯蓄 ……………………………………………………… 63

　　はじめに　63
　　資産ベース福祉　66
　　長期的な貯蓄：児童信託基金　70
　　ウェールズ政府の改革　73
　　イギリスにおける職域年金への自動加入　80
　　調査結果　85
　　考　察　88
　　結　語　91

第 4 章　住宅の場合 …………………………………………………………… 93

　　はじめに　93
　　民営化されたケインズ主義　95
　　資産ベース福祉と住宅　98
　　住宅購入の異なるモデルを開発する　102
　　例：ミレニアル世代の不安　106
　　結　語　110

第 5 章　対　　案 ……………………………………………………………… 111

　　はじめに　111
　　普遍的ベーシック・インカム　113
　　普遍的ベーシック・サービス　116
　　普遍的ベーシック・サービスと普遍的ベーシック・インカムの結合　119
　　対案の実現可能性：資産課税の場合　123
　　考　察　134
　　結　語　135

第6章　結　　論 ……………………………………………… 137

　はじめに　137
　批判者は金融包摂の支持者から何を学べるのか　140
　学校の金融教育の場合　140
　投資主体の創造？　144
　さらなる研究領域　146
　コロナ禍と将来の研究　153
　結　語　157

参考文献 ………………………………………………………… 159

訳者解題　金融包摂論の発展に向けて（小関隆志）……………… 189

　はじめに：翻訳本刊行の意図　189
　1. 本書の主な主張と論点　191
　2. 本書の背景：イギリスにおける政策　198
　3. 本書の位置・特徴：金融包摂研究の文脈から　204
　4. 本書から得られる示唆：資産ベース福祉の文脈から　212
　おわりに　216

索　　引 ………………………………………………………… 224

謝　辞

　本書を執筆するにあたり、公私ともにお世話になった方々に感謝申し上げる。
　Policy Press社の編集部に御礼を伝えたい。特に編集担当者のLaura Vickers-Rendellは、私の提案を助け、支えてくれた。Lauraは、提案書から最終稿に至るまで中心的に導いてくれた。また、Amelia Watts-JonesやMillie Prekop, Jessica Milesも素晴らしい編集の仕事で支えてくれた。本書を作る過程で、Newgen Publishing社のDawn Prestonと、Alan Halfpennyの優秀な働きにも感謝したい。
　最初の提案書と、提出した最終稿を審査した4人の査読者にもお礼を述べたい。査読者の有益なコメントのおかげで、形式・内容の両面で改善を図ることができた。いただいたコメントを反映させたが、まだ誤りが残っているとすれば私の責任である。
　私が本書を執筆している間、オープン・ユニバーシティの経済学部は居心地の良い環境を与えてくれ、私は同僚や学生から多くのことを学んだ。
　また私は、以前執筆し公表した論稿を本書に再掲できたことも有り難く思う。以下の初出文献から抜粋（ないし改訂）した。Prabhakar, R.（2013）「資産ベース福祉：金融化か金融包摂か」『批判的社会政策』33(4), 658-78ページ。Prabhakar, R.（2016）「ウェールズ政府は2005年の地方税改革をいかに行ったのか」『公共資金と経営』36(6), 417-24ページ。Prabhakar, R.（2017）「人々はなぜ自動加入から脱退するのか、あるいは脱退しないのか？：イギリスの職域年金への自動加入に関するフォーカス・グループ調査」『ヨーロッパ社会政策』12(5), 447-557ページ。Prabhakar, R.（2018）「ベーシック・インカムとベーシック・キャピタルの論争は狭すぎるか」『ベーシック・インカム研究』13(1), 1-6ページ。Prabhakar, R.（2019）「金融包摂：2つの議論の話」『社会政策と社会』18(1), 37-50ページ。Prabhakar, R.（2019）「分割された住宅：資産

ベース福祉と、住宅の資産ベース福祉」『国際住宅政策』19(2), 213-31ページ。Prabhakar, R. (2019)「基礎決済口座は拡大されるべきか」『貧困と社会正義』27(1), 139-44ページ。Prabhakar, R. (2018)「西暦2000年問題：Resolution財団の世代間協議会の最終報告」『季刊政治学』89(4), 709-13ページ。Prabhakar, R. (2020)「普遍的ベーシック・インカムとコロナ禍」『IPPR進歩派論叢』27(1), 106-13ページ。

　最後に、私の家族と友人に感謝したい。母、父、Sajib、Sadhana、Helen、Maya、Arun、Sheila、Tonyは、本書の執筆中に私を支えてくれた。

　本書を、古い友人のDavid Richardsonに捧げる。私たちはブラッドフォードの街で2軒離れた隣同士でともに育ち、爾来最も堅い友情で結ばれていた。彼はブラッドフォード協議会に勤め、財政審査と福祉給付の事務所で働いている。彼は本書で取り上げた問題の多くについて、現場での経験がある。そのため、本書は彼とその仕事に捧げるのがふさわしい。

序　文

　本書は「金融包摂」に関するものである。金融包摂とは、大まかにいえば、金融システムに個人の参加を促す政策のことだ。この政策は強烈な批判の火花を散らせた。最大の懸念は、金融包摂が結局のところ、福祉国家が提供する保障を失わせ、金融市場に付随するリスクと不安に人々を曝すことになるというものだ。

　本書の目的はこうした批判を概観し、それに応えることにある。こうした批判の中には力強く、金融包摂の主な欠点を浮き彫りにするものもある。だが、本書の主要な目的の一つは、金融包摂という議論が全くもって否定されるべきものではないと主張することにある。本書の主張は、金融包摂は単一のものではなく、異なる方法に形づくられることが可能だ、ということである。金融包摂の支持者にとって、批判に関与し、金融包摂の異なる形態を展開することが重要だ。それは必然的に、生じ得る異なる形態の金融包摂をさらに探査し、検証されることを意味する。重要なのは、金融包摂そのものを投げ出してしまうのではなく、多様なアプローチを試し、設計してみることだ。

　本書のいう「金融化」は、金融包摂の様々な批判をつなぐ一筋の糸である。金融化に関する研究は膨張し続けており、多様な切り口がある。金融化に関して、金融包摂と最も関連する研究は、「政府その他の団体が金融システムへの参加を促すよう努めているが、そうした努力は、市民を投資主体に変質させようとする努力の一環だ」という主張である。投資主体（investor-subject）は、自身の将来を確保するために投資する者である。主要な問題は、投資主体は金融市場に付随するリスクに曝され、究極的には個人の福祉を損なう点にある。

　本書は、投資主体という批判が貯蓄の領域において何を意味するのかに着目する。本書は、住宅を例に挙げながら、金融システムを経済全体から切り離して見ないようにすることが重要だと指摘した。2007〜08年の世界的な金融危

機は、金融危機と住宅が相互に絡み合っている状況を浮かび上がらせた。

　金融化というものが、本書で考察する金融排除批判を形づくっているのであれば、金融包摂を擁護するために主に論じるべきことは、金融包摂を異なる方向に形づくることが可能だという見方である。本書はその根拠を示すために、特定の事例に着目する。様々な政府が金融包摂に関して様々な論点を発展させてきた。むろん、金融包摂に関して別の方法を採用しても批判を招いてきたし、懐疑論を完全に説得するのは難しい。しかしながら、異なる方向性が現実味を帯びれば、金融包摂が異なる方法で発展し得ることを明らかにできよう。

　本書はコロナ禍の最中に脱稿した。コロナ禍は2019年末に始まり2020年に拡散した。大勢のコロナ患者が病院に押し寄せるのを防ぐため、世界中の政府はめまいがするほど多くの緊急対策を発してウイルス感染を抑制したが、それは平時には通常見られないことだった。これらの緊急対策には、学校の閉鎖、レストラン・バー・カフェのような「エッセンシャル（枢要）ではない」事業の休業、移動と結社の自由に対する重要な制限が盛り込まれた。こうした対策は（様々な方法ではあったが）中国、韓国、インド、イタリア、イギリス、スペイン、アイルランド、アメリカといった国でとられた。例えばイギリスでは2020年3月、人々は一定期間、可能な限り自宅に留まるよう、ないし自宅で勤務するよう指示された。そして食料品の買い出しやエッセンシャルワークへの出勤、日々の運動、予約診療といったいくつかの目的のためにだけ外出を認められた。

　コロナ禍は、国の大がかりな経済介入を促した。イギリスでは、保守党政権が2020年3月に、コロナ禍の影響を受けた事業者に対して、3300億ポンド（国内総生産の約15%）に相当する一連の支援を表明した。2020年3月、ドナルド・トランプ大統領はコロナ支援・救済・経済法に署名し、世帯や事業者に対して2兆円もの援助を約束した。実施された対策のうち、世帯への補助金は年間に1人1200米ドル、16歳以下の子どもには1人500米ドルを支給し、高額所得者には補助金額が減額されるという制度であった（Edna et al., 2020; HM Treasury, 2020）。

　コロナ禍の下、今日の経済でどのようなサービスがエッセンシャル（枢要）とみなされているかが明らかになった。イギリス政府は、コロナ禍の間でも普

通に職場に通勤できる労働者のリストを公表した。すなわち医療関係者（医師、看護師、スタッフ等）、運輸業者（バス運転手等）、食品小売業者（スーパーマーケット、コンビニエンスストア等）、警察官、公益事業者（電力、ガス、水道等）などであった（Cabinet Office and Department for Education, 2020）。

　金融サービスは、経済の主要セクターの一員とされた（Cabinet Office and Department for Education, 2020）。銀行は個人への支払いおよび企業融資の経路として重要である。例えばアメリカ連邦政府が個人に直接支払う際には、銀行口座に振り込むか、小切手を振り出すだろう。小売業者も同様に、物理的な距離を保って従業員を保護するため、決済システムにより、非接触型カードでの決済を促進できるようになった。貯蓄は、コロナ危機の間、収入の減少に対処するうえで重要なものだった。

　コロナ禍の危機とよく似ているのは2007～08年の世界的金融危機であろう。いずれの危機でも共通して、政府による大がかりな経済介入があり、非常時という感覚があった。だが、両者の間には大きな違いもある。コロナ危機の時期の政府支出は救済とみなされるが、それは危機による経済の落ち込みから人々と事業を守るためだ。他方、金融危機の間の政府支出は、主要な経済活動を刺激するためであった。

　コロナ禍の非常事態により、金融サービスの重要性が明確に示された。コロナ禍は金融包摂に改めて着目する機会となり、また将来に金融包摂がとり得る様々な姿を考える機会となっている。例えば、アメリカでは非常時に国民に直接支払う仕組みが作られたが、それは金融包摂の革新を予言するものとなろう。本書は、金融包摂の重要性と、異なる方法で金融包摂が形づくられ得ることに着目する点に意義がある。

第1章

金融包摂とは何か

はじめに

　金融包摂は20年以上前、社会政策の重要な議題として登場した（Collard, 2007; Mitton, 2008; Marron, 2013; World Bank, 2014; Berry, 2015; Financial Inclusion Commission, 2015; Welsh Government, 2016）。金融包摂とは大まかにいって、人々や集団が金融システムにアクセスすることを指している。金融システムは、銀行業務、信用、保険、貯蓄といった領域にわたる（Berry, 2015; Appleyard et al., 2016; Salignac et al., 2016）。金融排除とは、ある種の人々や集団が金融システムへのアクセスを拒まれるという意味であり、金融システムへの参加を広げるという観点から注目される傾向にある。低所得者、ひとり親、少数民族などの社会的弱者は主流の金融サービスから排除されてきた。

　一方で金融包摂に対する極めて批判的な議論が登場し、こうした議論は金融包摂を「日常生活の金融化」の一部とみなしている（例えばLeyshon et al., 2004; Langley, 2008; Montgomerie, 2008; Froud et al., 2010; French et al., 2011; Marron, 2013, 2014; Berry, 2015）。批判論は主に学術雑誌や図書として公刊された研究を指している。Berry（2015: 510）は、「金融包摂は常に、金融化に対する進歩的な『答え』として示されてきたが、金融システムへの参加が増えることによって、また金融システムへの関与に伴うリスクに多くの人々が曝されることによって、金融包摂も金融化の推進に貢献している」という。Berry（2015）によれば、金融システムにアクセスしづらいひとり親や低所得者といった社会的弱者

集団の不平等を減らすことを金融包摂は目指しているため、政府は金融包摂を進歩的なテーマとして公然と掲げている。だが、進歩的な意図にもかかわらず、金融包摂は結局のところ金融システムに付随するリスクに人々を曝すことになると批判者は主張する。批判者はまた、金融包摂が財政緊縮に伴う福祉国家の後退政策の一端を担うものであり、2007～08年の世界的金融危機以降のイデオロギー的目標の一端であると見ている。

　金融包摂を支持する議論はシンクタンクや政治家、政府官庁、政策審議会といった、主に政策形成部門から生み出され、政策報告やパンフレット、時事解説といった資料に収録され公刊されている（例えばHM Treasury, 1999, 2004, 2007, 2013; Financial Inclusion Taskforce, 2010, 2011a, 2011b; Financial Inclusion Commission, 2015; House of Lords Select Committee on Financial Exclusion, 2017）。実践的ないし支持的な説は、金融包摂にたいへん積極的だ。例えば、金融包摂協議会（Financial Inclusion Commission, 2015）と貴族院金融排除部会（House of Lords Select Committee on Financial Exclusion, 2017）の報告はいずれも、政府の政策の中核に金融包摂を据えることが重要だと主張する。

　批判論と支持論の説はおおむね、並行して別々に発展し、互いに他方の研究に言及しない傾向にある。例えば、貴族院金融排除部会の最終報告書（House of Lords Select Committee on Financial Exclusion, 2017）は、金融排除政策に関する最新のレビューを提供していると思われる。しかし、この報告書は、マロン（Marron, 2013, 2014）やベリー（Berry, 2015）といった批判的研究者に、あるいは金融化や新自由主義といった概念に全く言及していない。むろん、こうした一般的なパターンには重要な例外がある。例えば、ローリンソンら（Rowlingson and McKay, 2013, 2014, 2015, 2016; Appleyard et al., 2016）やヒルズ（Hills, 2012; Hills et al., 2013）のような研究者は、金融包摂に対する批判論・支持論の双方に貢献している。しかし、これらの研究者は全体から見ればわずかな例外にすぎず、金融包摂に関する批判的研究と政策研究の間のギャップは大きい。

　本章は、これらの異なる立場の議論の間で交流が高まればより良くなるということを述べる。批判論は、今後発展させる価値のある政策に取り組むことで、実践的研究に示唆を与えることができる。それとは逆に支持論は、より繊細な理論的主張を発展させることができる。金融化を助長するような金融包摂

政策の路線もあるが、社会的弱者層が主流の金融サービスから排除されることで支払う費用を減らす金融包摂策もある。支持論と関わることで、理論的主張を精緻化することになるだろう。

背　景

　イギリスは金融包摂政策を先導していることから、本書は特にイギリスにおける論争に注目する。金融包摂は1990年代の一連の論争に直接の発端があった。初期の論争は「金融排除」の記述と撲滅に焦点が当てられ、主な関心は地理学研究の中で生じた。この研究は、人々や集団がいかに銀行サービスへのアクセスが困難であるかに関心を寄せた。例えば、ある一連の研究は、低所得地域に住む人々が銀行支店にアクセスするのがますます困難になっているという問題に着目した（Leyshon and Thrift, 1994, 1995; Kempson and Whyley, 1999）。

　1997年に成立した労働党政権は政策面で金融包摂を開拓した。1997年に選出されたブレア政権は「金融排除」の用語を、銀行支店という物理的な存在に限らず、他の金融サービスへと拡大適用した。特に、物質的な不平等だけでなく、人々が社会の中で被っている機会からの排除は幅広く存在していると労働党政権は考えた（Blair, 1998; Giddens, 1998）。社会的排除は、物質的な不平等を超えた概念を捉えるために用いられた。研究によれば、金融排除は健康や社会的な帰結につながっており、例えば金融排除はメンタルヘルスの問題や低体重に悩む確率と関連があるという（Anderloni et al., 2008; Dobbie and Gillespie, 2010; Muir et al., 2015）。多様な社会的排除問題を探求する政策行動チーム（Policy action teams; PATs）が設置されたが、金融排除問題の検証を担当するPAT14は1999年に「金融サービスの評価」を公表した（HM Treasury, 1999）。

　「金融サービスの評価」のまえがきで、経済担当政務次官メラニー・ジョンソン（Melanie Johnson）は「我々は金融サービスを享受できているが、地域にいる多くの人々、しばしば最もそれを必要とする人々が、金融サービスにアクセスできず、その結果、より困難な状況になる。それが金融排除だ」（HM Treasury, 1999: 4）と述べている。ここで、排除とは金融サービスへのアクセスの欠如として理解されている。同様に財務省は、2004年の政策文書「金融包

摂の促進」で、以下のように述べている。

　「金融排除」は多義的な用語だ。各種金融サービスへのアクセス欠如といったような広義の概念でもあり、また特定の状況を反映した狭義の概念、すなわち地理的排除や、法外に高い手数料や価格による排除、マーケティングからの排除といった概念でもある（HM Treasury, 2004: 2）。

　こうした発言からわかるように、金融排除が多様に解釈されるにしても、人々が金融サービスにアクセスできないことへの関心は共通している。労働党政権はあわせて、政府横断的な政策立案のために金融包摂特別委員会（Financial Inclusion Taskforce）を設置した。2005年に設置された金融包摂特別委員会は、政策分野横断的に人選を行った（Financial Inclusion Taskforce, 2011; HM Treasury, 2013）。

　金融包摂は総選挙で労働党が政権の座から降りた2010年以降、方針を見失ったようである。2010年に政権をとった保守党・自由民主党連立政権は、2011年に期限を迎えた金融包摂特別委員会を更新しなかった。金融包摂は政策論議の中で明示的に言及されなくなっていった。Rowlingson and McKay（2016: 4）は、「多くの政策が包摂の成果を挙げていても、『金融包摂』の用語は2010～15年の連立政権においてはほとんど使われなかった。……新たな保守党政権も『金融包摂』の用語はほとんど使わないが、多くの政策は包摂の本質と程度に効果をもたらしている」とコメントしている。

　Rowlingson and McKay（2016）が指摘するように、ある期間「金融包摂」の用語は政策論議から脱落したものの、政策は引き続き、包摂の効果を直接もたらした。「貯蓄支援」（Help to Save）や、職域年金への自動加入（AE）といった具体的な政策が導入され、それらの政策は金融包摂や貯蓄に直接的な効果をもたらした。これらの政策については第3章で詳述する。

　「金融包摂」の用語を公開の場での論争に再び持ち込もうとする努力もなされた。「2015年の総選挙に先立って金融包摂を政策論議に据え直す」（Financial Inclusion Commission, 2015: 1）ため、金融包摂協議会（Financial Inclusion Commission）が設置された。金融包摂協議会は決済事業者のマスターカード社

16

が資金を拠出し、慈善組織、学界、金融業界を含む政策部門から人選を行った。

　金融包摂協議会は今後の課題を6点強調する（Financial Inclusion Commission, 2015）。第一に、国としての金融包摂戦略を展開するリーダーシップの必要性であり、金融健全（Financial Health）担当大臣と、同大臣に助言する専門家集団の設置を提言している。第二に、銀行・決済サービスは低所得の消費者のニーズを満たすべきだというものである。第三は、低所得者に対して手頃な価格の融資と、債務に関する助言を推奨する。信用スコアは、彼らが融資を得られない主要な要因である。信用履歴がない、あるいは少ない人々は借りられないか、あるいは最も高コストな借り入れしか利用できないからだ。第四に、家計を立て直す力（financial resilience）を支える改革を求め、また職域年金への自動加入のような政策を支援している。第五に、より手頃な価格の保険の提供を求めている。第六に、金融ケイパビリティに焦点を当て、小学校から退職までの教育訓練を含めた提言を行っている。

●金融包摂政策フォーラム

　金融包摂協議会は、公共政策に一定の成果をもたらしたといえよう（Financial Inclusion Commission, 2015）。おそらく同協議会の影響によって、2016年に貴族院に金融排除に関する部会が設置され、2017年に報告書が出された。金融包摂協議会のメンバー数名が政府の金融包摂政策フォーラムにも関わった。

　人的な連続性に加えて、金融包摂協議会が打ち出した様々な政策が後に政府によって実施された。2017年6月、政府は年金・金融包摂担当政務次官の職位を新設した（Gov.UK, 2017）。2017年11月、保守党政権は金融包摂政策フォーラムを設置し、年2回開催するものとした（HM Treasury, 2018a, 2018b, 2018c）。同フォーラムは経済担当政務次官と年金・金融包摂担当大臣を議長とし、慈善組織、銀行、産業界、金融行動監視機構（Financial Conduct Authority: FCA）などから人選を行った。金融包摂協議会議長のサー・シェラード・カウパー・コールズ（Sir Sherard Cowper-Coles）とシャロン・コラード（Sharon Collard）、シアン・ウィリアムズ（Sian Williams）もメンバーとして参加している（HM

Treasury and Glen, 2018)。

　金融包摂政策フォーラムが成果を挙げた領域の一つは、手頃な価格の融資であるといえよう。2018年10月の第2回会合で、トインビー・ホールのシアン・ウィリアムズとUKファイナンス〔訳注：UKファイナンスとは、イギリスの銀行や金融サービス業界の代表として活動する業界団体。2017年に新しく設置された〕のエリック・レンダーズ（Eric Leenders）は、同フォーラムの中の、手頃な価格の融資に関する分科会を代表して議論を主導した。そこで議論されたことは、手頃な価格の融資に対する規制の障壁を減らし、社会的な貸し手（social lenders）〔訳注：個人対個人で貸し借りを行う、いわゆるソーシャルレンディングのことではなく、ここではコミュニティ開発金融機関（Community Development Financial Institutions: CDFIs）やクレジットユニオンなど社会的目的を掲げた金融機関を指す〕を増やし、無利子融資の制度を導入することであった（HM Treasury, 2018b）。2018年度政府予算には、手頃な価格の融資に関する検討が直接的に反映した。「金融包摂政策フォーラムでの検討を踏まえ、政府予算は、公正で手頃な価格の融資へのアクセスを増やし、あわせて人々が債務問題に陥らないよう相談体制を設けることにより、世帯が想定外の費用をやりくりするのを支援する」（HM Treasury, 2018c: 80）。公表された施策には、無利子融資制度の試験運用や、手頃な価格の融資とクレジットユニオンのマッチング貯蓄制度の試験運用のために休眠口座資金5500万ポンドを運用する独立機関の設置が盛り込まれた。

異なる立場の間の対話の欠如

　金融包摂を支持する立場の議論には、金融包摂への批判的研究をほとんど参照しないという、驚くべき特徴が見られる。金融包摂協議会は、批判を無視する典型例だ。金融包摂協議会は最新のレビューを提供しているが、金融化や新自由主義に関する論争を全く参照していない。金融包摂を支持する説は、金融包摂は善きものであるという暗黙の前提に立っているため、理論的な論争については論じないのかもしれない。支持論はむしろ、現在の経済システムの行きすぎを抑制するために金融包摂が必要だという、実践的な立場をとっているのかもしれない。いずれにせよ、支持論にとって、批判論に関与することはやは

り有益であろう。それによって、政策の内容や方向性をより良いものにしていけるからだ。例えば、実践的な方針をとることの危険性は、政策立案者は対案や異なる政策を追求せず、既存の（もしかすると欠陥のある）政策の細部を改善することだけに囚われるはずだという宿命論的な見方を強めることにある。批判論は、政策研究が異なる政策を取捨選択して、さらに追求すべき領域や、挑戦すべき別の領域を浮かび上がらせるのに役立つ。理論的な論争に基づいた熟考は、これらの政策に対する批判者の議論に直接向き合うため、特定の政策への幅広い支持を築くことにもなるだろう。

　例えば支持論は、年金改革に埋め込まれた「大いなるリスク移転」に関する批判的研究を利用することができる。集団課税の形で国の年金財源を増やすことは、確定拠出型年金制度による貯蓄促進策への対案となる。国の年金制度は、退職後のリスクを社会全体で分散するものであり、退職後の家計の安全を民間が保障するよりも優れている。

　近年の支持論は年金改革を考察しているが、その考察の大半は民間の貯蓄を奨励する政策に向けられている（Financial Inclusion Commission, 2015; House of Lords Select Committee on Financial Exclusion, 2017）。例えば金融包摂協議会は、職域年金への自動加入（AE）のような取り組みを取り上げ、確定拠出型年金の保険料の引き出しに焦点を当てて年金の自由を論じている。同様に、貴族院金融排除部会は、自動加入（AE）を他の貯蓄商品に拡大すべきだという。だが、退職に向けた民間貯蓄への対案として国の年金制度の拡大を論じた報告書はない。このことが、政策の選択肢を限られたものにしてしまっている。批判的研究に関与することで、支持論は政策の発想を豊かに育むことができよう。

　支持論の関心が年金自動加入のような改革に限定されていたとしても、批判的研究に関与することから得られるものがあろう。研究者は、年金自動加入には重大なジェンダー不平等が埋め込まれていると指摘した（Ginn and MacIntyre, 2013; Grady, 2015; Foster, 2017）。女性はパートタイム労働に従事し、無報酬のケア労働の責任を果たしているため、男性より収入が少なく、年金額のギャップが生じている（第3章で詳述する）。このことは、男性より女性が年金自動加入の最低所得水準に満たない可能性が高いことを意味する。金融包摂協議会も、貴族院金融排除部会も、ジェンダーと年金自動加入について触れ

ていない。これら最近の報告書が年金自動加入に関する提言をまとめる際に、ジェンダーに関する研究に関わっていれば、得られるものはあったはずだ。

　それとは逆に、理論に基づく批判論は、支持論や多様な政策の選択肢に関する議論に関わることにより、得られるものがあるだろう。支持論は、金融包摂政策の純粋な価値と、その政策を実現するための多様な方法を強調する。支持論と関わることで、批判的研究はその理論的アプローチを洗練させ、金融包摂のより繊細な分析を展開できるようになろう。政府は金融教育政策などを通じて、金融ケイパビリティを高めようとしている。批判的研究者は、金融ケイパビリティのねらいが、金融市場のために人々を消費者に変質させることにあるという。Marron（2014: 497）は以下のように述べる。

　　人々が金融化された現代世界の欲求に適応できないのであれば、それは資金の管理、選択方法、動機づけが根本的にシステム化され、政府によって再調整されなければならないのである。金融ケイパビリティは一連のプログラム介入を通して、合理的な異時点間の消費を実現する試みを行ってきたのである〔訳注：異時点間の消費とは、現在と将来の収入と支出の間でトレードオフを経験するという経済学の概念。将来支出する予定のお金を貯蓄する、ないし将来の収入をあてにして現在多めに支出すること〕。

　イギリスでは、金融庁が独自に金融ケイパビリティの国家戦略を展開してきた。金融庁の初期の金融ケイパビリティ戦略の主要部分は、新自由主義を支持するものであったといえる（Financial Services Authority, 2006）。商品の選択、金融の履歴の記録、情報収集の継続はいずれも、市場で情報を得る消費者にとって重要なものに見える。しかし支持論の価値は、金融ケイパビリティが異なる方法で設計可能だということを強調する点にある。金融ケイパビリティはイギリスで発展をみせている。家計を立て直す力を支えるため、金融ケイパビリティを用いることに重点が置かれている。国の金融ケイパビリティ戦略の改訂版によれば、

　　人々は職業生活を送りながら、解雇、離婚、重病、死別による家計への

衝撃を切り抜けて立て直す力を身につけ、住宅の購入、結婚、退職といったライフイベントに備えなければならない。人々は予算を立て、貯蓄によるバッファーを設け、財政的な困難を避ける方法を理解しなければならない（Money Advice Service, 2015a: 9）。

　金融ケイパビリティ戦略の改訂版は、いくつかの主要なテーマに焦点を絞った。すなわち日々のお金の管理、ライフイベントへの備え、財政的な困難への対処である（Money Advice Service, 2015a, 2015b）。2007年以降の財政緊縮政策により福祉国家のセーフティネットの利用可能性が縮小したことに対応して、この種の金融ケイパビリティは多かれ少なかれ、経済的な困窮を切り抜けられるようにするというよりも、人々を知識のある消費者にするといったものであった。理論的な議論は支持論に関わることにより、金融ケイパビリティ政策が常に投資主体アプローチを主導する必要はないということ、そして日常の金融化に対するより繊細な分析を生み出せるということ、を認識できるだろう。

金融包摂は何を意味するか

　金融包摂は一般的に、主流の金融サービスにアクセスすることを指す（Financial Inclusion Commission, 2015; House of Lords Select Committee on Financial Exclusion, 2017; HM Treasury and Department for Work and Pensions, 2019）。例えばイギリス政府の2018〜19年金融包摂報告書によれば、「『金融包摂』とは、個人が、その背景や所得とは関わりなく、有用で手頃な価格の金融商品・サービスにアクセスすることを意味する。ここには、銀行サービス、信用、保険、年金、貯蓄、および取引・決済システム、金融技術の利用が含まれる」（HM Treasury and Department for Work and Pensions, 2019: 7）。Salignac, Muir and Wong（2016）は、この「アクセス拠点」の定義が金融包摂の需要・供給という概念を生み出しているという。需要側の要因は、金融システムへのアクセスを形づくる個人の要因に焦点を当てる。例えば、人々は金融市場で意思決定するための知識やスキルを持っていないかもしれない。供給側の要因は、社会政策、規制、金融機関の行動が金融システムへのアクセスをどのように許容し、

あるいは拒絶するのかに焦点を当てる。例えば、銀行は低所得者を歓迎せず、低所得者による口座開設を妨げているかもしれない。

　金融包摂の特定の内容は、金融排除の特定の原因に依存しているかもしれない。例えば、もし金融排除の主因が供給側の要因であれば、金融機関に対する規制は最も適切な対応だといえよう。金融にアクセスする人々への障壁を引き下げるよう、政府が金融機関に介入・規制するかもしれない。

　Salignac, Muir and Wong（2016）は、アクセス拠点の定義が金融包摂の見方を狭くしてきたと主張する。彼らによれば、金融システムで取引をする際に、人々は多様な資源を利用していると認識するのが大事だという。例えばレイションらは、多様な種類の人々が金融市場との関わりの中で多様なネットワークと資源にどうアクセスしているかという金融生態系アプローチを提唱した（Leyshon et al., 2004; French et al., 2011; Salignac et al., 2016）。Leyshon et al.（2004）は、個人向け融資や保険サービスへのアクセスに関する研究において、ゆとりのある中産階級の消費者と、低所得者を区別する。これらの研究者によれば、消費者は併存する金融生態系の中で生きており、中産階級者のネットワークは主流の金融サービスに容易にアクセスできるのに対して、社会的弱者集団は、高利貸し業者の支配下の「遺物のような」生態系にいるのだ。

金融包摂はなぜ重要なのか

　貧困プレミアムを減らすことは、金融排除を減らすことの核心をなしている。「消費者が主流の金融から排除されるというのは、商品の『貧困プレミアム』を支払い、選択肢が少なくなることを意味する。そのことは職を見つけ、住宅を安定して確保し、身体的・精神的な健康を保ち、収入・支出の変化から立ち直る能力に影響をもたらし得る」（Financial Inclusion Commission, 2015: 9）。貧困プレミアムとは、貧しい人ほど主流の金融サービスからの排除に苦しみがちであるという意味だ。排除を経験する人は、主流の金融に自由にアクセスできる人々に比べて、余計な費用ないしプレミアムを負担せざるを得ない。例えば、銀行口座からの引き落とし（デビット）で支払うと燃料費が割引になる場合、銀行口座を持たない人はその恩恵にあずかれず、貧困が加速度的に悪化

する（Caplovitz, 1963; Hills, 2012; Financial Inclusion Commission, 2015）。貧困プレミアムの多寡については様々な推計がなされている（Westlake, 2011; Davies et al., 2016; Corfe and Keohane, 2018）。例えばDavies, Finney and Hartfree（2016）は、貧困プレミアムは1世帯当たり年間490ポンドと推計している。

　Lister and Sodha（2006）は同様に、人々が容易に貧困に陥るという意味で、貧困に陥る脆弱性があると主張している。例えば洗濯機の故障といったような、比較的ささやかで生じがちなトラブルを乗り切るのが難しい人々がいる。こうしたトラブルに対処するために高利貸しのところに行ってしまうかもしれない。メインストリームの金融機関〔訳注：銀行のこと〕は、貧しい人々を相手にしない。融資する側にとって貧しい人々は利益にならないからだ（Leyshon et al., 2004）。メインストリームの融資へのアクセスを拒否された人々は、極めて高金利の高利貸しや、メインストリーム以外の金融機関〔訳注：ノンバンクの消費者金融など〕の餌食になってしまう（Appleyard et al., 2016）。競合市場局（Competition and Markets Authority）によれば、2012年には180万人の高利貸し利用者がおり、融資総額は28億ポンドにのぼる（Competition and Markets Authority, 2015）。

　貧困に陥る脆弱性は、家計を立て直す力の概念とも関連している。家計を立て直す力とは、人々や世帯が逆境に直面した際に、生活水準を維持する能力のことを広く指している。Salignac et al.（2016: 282）は、家計を立て直す力の意味について以下のように問う。

　　人々は経済的に逆境にあるときに、適切かつ手頃な価格で、いかなるアクセス可能な資源と支援を引き出せるのだろうか。彼らは、経済的な逆境に対処する際に、支えてくれる内的・外的資源を持っているだろうか。信頼によって資源ベースアプローチが可能となる。また、状況や個人の対処能力が時代とともに変化し、情勢・構造・支援に依拠していることがわかる。

　Dagdeviren et al.（2016）によれば、立て直す力の概念は、経済的困難に直面した人々や世帯に、2つの方法で適用されてきたという。第一は、逆境に直

面した人々や世帯の態度・技能に適用される。Dagdeviren et al.（2016: 4）は、「金融危機とそれに続いて起きた不況に関連して、これは特定のシステムの範囲内で、財政不足、生活費の増大、債務の増加などに対応する世帯の能力・技能・態度のことである」という。第二の概念は、人々や世帯が逆境に対応するために展開する戦略や実践に関連して適用される。

　家計を立て直す力の概念には強い批判がなされてきた（Dagdeviren et al., 2016; Hickman, 2018; Donoghue and Edmiston, 2020）。Donoghue and Edmiston（2020）は、立て直す力というのは犠牲者を指弾しがちな新自由主義の一種だと主張する。すなわち、逆境の原因と闘うのではなく、逆境を乗り切ることが、能動的な市民として重視されているのだという。彼らによれば、「エンパワーメントという主張とは裏腹に、立て直す力という論点のために低所得の市民はさらなる責任を負わされるし、程度の差はあれ、依拠する社会保障システムによって**力を喪っている**」（Donoghue and Edmiston, 2020: 24, 強調は原著者）。Hickman（2018）は、立て直す力が個人の属性なのか、人々や世帯が実施する過程なのかが不明確だと論ずる。彼はまた、立て直す力が積極的な意味合いを持っているのかについて疑問を呈する。北アイルランドで低所得世帯を対象に行われた質的調査をもとに、彼は立て直す力が欠陥のある概念だとして「日々の家計のやりくりに苦心する低所得世帯をポジティブかつ非現実的に描き出している」と述べる（Hickman, 2018: 421）。

　批判論に共通した論点は、家計を立て直す力の概念は構造や社会的文脈の重要性を無視しているというものである。Dagdeviren et al.（2016）はむしろ、社会的な状況の中に立て直す力を位置づけることが大事だという。彼らによれば、立て直す力が社会的文脈から乖離すると、その概念は誤って適用されるようになり、立て直す力の変化の説明に問題が生じたり、イデオロギー的な目的に悪用されたりするおそれがある。これらの問題点に対処する一つの考え方としては、家計を立て直す力という概念を頭から否定することだ。こうした考え方は、お金に関する意思決定が日常生活における不変の一部分をなしており、逆境を乗り切る際にトラブルに対処できる能力が重要だということを見過ごすおそれがある。そこで別の考え方としては、そうした技能が重要だということを認めたうえで、他の改革（例えば公的扶助の水準を上げる）を含めた幅広い社

会的文脈の中にそれを位置づける試みがあり得る。

個人の自由

　金融包摂の支持者は、この議論は個人の自由にとって重要だと主張する（Johnson and Sherraden, 2007; McQuaid and Egdell, 2010; Klapper and Singer, 2014; Demirgüç-Kunt et al., 2018）。個人の自由は膨大な議論の主題であり、多様な自由の概念がある。あらゆる系統の政治家が個人の自由を支持しているが、その価値の解釈は極めて多様である。Berlin（1958）は、消極的自由と積極的自由という古典的な区別をしている。消極的自由とは、広く捉えれば個人が制約から解き放たれていることを指す。政府その他の団体は、個人の選択を制限するので、消極的自由は個人の選択の自由を守ろうとする。しかし、個人が自由に選ぶにしても、選択を実現するための資源がなければ、その自由というのは単に形式的な、あるいは空虚なものかもしれない。積極的自由は、選択を実現ないし達成する「ための自由」を包含している。

　Berlin（1958）による区別は、無数の議論を呼び起こした。消極的・積極的自由に関して様々な議論が進展した。個人の自由に対する説明として、消極的・積極的自由を混合する、ないし別の自由のあり方を発展させるという方法もある。例えば、マキャベリ（Machiavelli）やジェームズ・ハリントン（James Harrington）といった共和党的な思想家に源流を持つ共和党的な自由の明確な概念があるということを、研究者は議論してきた。共和党的な自由とは、他者から支配されない自由のことである。特に、ある人が他者に依存せざるを得ないとすれば、外部からの搾取に対して脆弱になるおそれが生じる。共和党的な自由は、個人の自由や独立にとって強力な基盤とみなされる（Pettit, 1997; Jayasuriya, 2000; White, 2003）。

　新自由主義は常に、他の価値よりも自由を優先する。実際、新自由主義はその名前に自由主義を含んでいる。しかし、新自由主義は常に、消極的自由を好む。Hayek（2001［1944］）のような新自由主義思想家は、国家による自由への介入が奴隷制を引き起こすほどの影響をもたらすと懸念しているのだ。金融包摂の支持者の多くは、積極的自由ないし共和党的な自由を好む傾向にある。金

融システムへのアクセスは、個人の選択を実現するうえで重要なものとみなされている。例えば人々は通常、公式に利用できる機会を活用するには、資金を必要とする。人々はこれらの機会をものにするために必要な資金を借りる必要があるかもしれない。第2章では、ケイパビリティ理論と市民権の考察において、これらの概念に着目する。

　自由を支えるうえで金融包摂が果たす役割は、ある種の人々にとって特に重要であろう。例えば、フェミニズム経済学は、世帯内における男女間の不平等に焦点を当てる。男女の世帯においては、男性が女性よりも幅広く統制する、経済的に優位な地位にある。例えばイギリスでは、女性は常に、育児や高齢者介護といった、世帯内で無報酬のケア労働を多々行っている。女性は経済的に男性に依存し、それによって自由を損なうかもしれない。例えば、共和党的な自由は、経済的な依存に注目する。その経済的な依存とは、世帯内で男性が統制することで、女性が搾取の被害に遭いやすいことを意味する。女性の経済的自立を支えることは、女性の自由を広げるための実践的な方法といえよう。現在、金融システムの中には重大なジェンダー不平等がある。例えば、Demirgüç-Kunt et al.（2018: 4）は、「中国やインドのように、銀行口座を持たない成人が少数しかいない国においても、またバングラデシュやコロンビアのように人口の半数以上が銀行口座を持たない国においても、銀行口座を持たない女性の割合は高い」と指摘する。金融包摂は、女性の自立の途を提示しているといえる。

● **自己排除**

　だが、個人の自由が、金融包摂を明確に支持しているというわけではない。情報を得て熟慮したうえで、金融システムから自らを排除するような場合、自由は自己排除を正当化するためにも用いられる（Salignac et al., 2016; House of Lords Select Committee on Financial Exclusion, 2017）。例えば、人は銀行に貯金するのではなく、ベッドの下に現金をしまっておくのを好むかもしれない。Salignac, Muir and Wong（2016）は、自発的な自己排除と、強いられた排除を区別することが重要だという。彼らによれば、人が自由意思で自己排除を選ぶ

のであれば、それは尊重されるべきである。人が自己排除を強いられると感じるのは、金融の意思決定をするための知識が欠けているためだ。「金融商品・サービスにアクセスし使用しないことを選んだとしたら、それは本当に金融排除といえるのだろうか？　その人の選択とエイジェンシーは尊重されるべきである。しかし……個人が情報を得たうえで選択するエイジェンシーをどの程度持っているのかということが重要だ」(Salignac et al., 2016: 282)〔訳注：ここでいうエイジェンシーとは、ルース・リスターのいう主体的行為能力を指すと思われる〕。

　Salignac et al. (2016) によれば、自発的な排除か、それとも強制的な排除なのかを見極めるのは容易ではない。（もし排除が自発的であれば）人は気が変わりやすく、（もし排除が強制的であれば）環境は変わり得るものなので、人が自由に金融システムにアクセスできるよう保障することが重要だと主張する。Salignac et al. (2016: 282) は以下のように記録する。

　　まだ実家暮らしをしている若者は、フォーマルな信用にアクセスしていないだろうし、それを「金融排除」とは呼ばないだろう。彼ら若者は経済的な困難に陥っても、親などの資源や支援に頼ることができれば、リスクはほとんどあるいは全くないだろう。だが、適切でアクセス可能で手頃な価格の資源に頼ることができず、社会の主流から取り残されていれば、重大なリスクを抱えることになろう。

　この引用文は金融包摂に関して少なくとも2つの論点を示している。第一は、個人のニーズを満たすには、金融包摂への対案があるということだ。この例では、若者のニーズを親が満たしている。このことは、家庭内での移転を示していて、金融包摂への対案の重要性に着目するものである。第5章では、公共政策の目標を達成する方法として、金融包摂の実現可能な対案を論じる際に、立ち返ることになろう。しかしながら第二の点は、金融システムへのアクセスが若者のニーズを支える方法だということを、この例は示唆している。例えば、信用にアクセスできれば、若者が目標を達成するために充分なお金を確保できるだろう。金融システムの存在は、特に親の支援がなくなったときに、重要になるだろう。このように、家族の支援は金融排除への対案だとしても、金融シ

ステムへのアクセスは、若者が状況の変化に適応するために重要なものだといえよう。

例：銀行口座を持たない人を減らす

　金融包摂の議論は、多様で幅広い領域に適用されてきた。金融包摂の領域は銀行サービス、信用、貯蓄、保険などにわたっている。各領域の範囲内でも多様性に富んでいる。銀行口座にアクセスできない人を減らすのは、金融包摂の重要な例である。銀行口座へのアクセスは、銀行融資のような、他の金融サービスの入口として、特に重要なものである（Financial Inclusion Commission, 2015; House of Lords Select Committee on Financial Exclusion, 2017; Demirgüç -Kunt et al., 2018）。銀行口座がないと様々な費用がかかる。例えば、先進国の雇用主は賃金を銀行口座に振り込む。銀行口座がないと、就職して賃金を得ることの障害となり、したがって個人の自立や機会を制限することになろう。公的扶助のような現金の受け渡しも、銀行口座がなければ難しくなる。Demirgüç -Kunt et al.（2018）は、銀行口座を持たない成人が世界中に約17億人もいると推計する。これら研究者は、銀行口座を持たない人は主に途上国にいるという。銀行口座を持たない人の約半数は、バングラデシュ・中国・インド・インドネシア・メキシコ・ナイジェリア・パキスタンの7か国にいる。Demirgüç-Kunt et al.（2018）によれば、世界中で銀行口座を持たない人の過半（56%）は女性である。Demirgüç-Kunt（2018: 1）は、銀行口座を持つことと、より一般的な金融包摂が重要だと述べる。「金融サービスは発展を加速する。金融サービスは、人々の健康、教育、事業に投資を促すことにより、貧困から脱却できるようにする。また、家族を貧困に陥れるような失業や凶作といった経済的危機を切り抜けやすくする」。

　銀行口座を持たない人に関する懸念は、途上国に限られたものではない。銀行の決済口座も、EUの銀行包摂政策の重要な一部をなしている（Gomez-Barroso and Marban-Flores, 2013: European Commission, 2014）。EUは2014年に決済口座指令を発し、基礎的な機能を備えた決済口座を設けるよう、全ての加盟国に義務づけた。決済口座というのは、「支払いを実行するために用いる、利用者

の口座」である（European Union, 2015a: 23）。EU全体で、基礎決済口座で預金をしたり、預金を引き出したり、デビットのように代金を受け取ったり口座から直接支払ったりすることができる。これらの口座は、当座貸越や信用を提供する必要はない（European Union, 2017）。EUはまた、第二の決済口座指令を発し、消費者が第三者と口座の詳細をオンラインで容易に共有できる。この「オープン・バンキング」化により、クレジットカードやデビットカードに代わって、第三者が銀行口座からの引き落としを容易にできるようになった（European Union, 2015b）〔訳注：オープン・バンキングとは、銀行が保有するデータを外部事業者に開放・連携して、新たなサービスを生み出す仕組みを指す〕。イギリスでは、基礎口座（BBAs）は銀行口座を持たない人々にとって主要な口座である（HM Treasury, 2015a; House of Lords Select Committee on Financial Exclusion, 2017; Edmonds, 2017）。バーミンガム大学の調査によれば、2018年時点でイギリスの100万人強の成人が銀行口座を持っていなかった（McKay et al., 2019）。基礎口座は拡充が求められている（Financial Inclusion Commission, 2015; House of Lords Select Committee on Financial Exclusion, 2017）。

調査によれば、銀行口座を持たない最大の理由は、お金がないことである（Demirgüç-Kunt et al., 2018）。この点は後の章で論じる予定だが、はっきりいえば、金融包摂の改革を十全に行うには、人々が充分なお金を持つことが重要な要素となると思われる。お金がないという問題に対処することは、銀行口座を持たない人を減らすために重要だ。基礎決済口座は、低所得者への貯蓄奨励策と関連があるかもしれない。Sherraden（1991）は個人開発口座（IDA）の制度を作り上げた。個人開発口座は、公的機関ないし民間組織が専用口座にある個人の貯蓄にマッチング補助するものであり、その貯蓄を訓練や起業、住宅購入資金のような個人の成長だけに充てる。貯蓄のマッチング補助は、ウガンダのような国で試行された（Karimli et al., 2014）。

政府は基礎決済口座を信用政策に結びつけるかもしれない。信用政策は低所得者に適したものだ。その一つの方法は、基礎決済口座を提供する方法として政府がクレジットユニオンを支援することである。クレジットユニオンは、信用サービスにアクセスするのが難しい低所得の人や世帯に対し、そうしたアクセスの障害を減らす協同組織金融機関である。貴族院金融排除部会は、「クレ

ジットユニオンは伝統的に、組合員から預金を獲得してきた。組合員に形式上差異はないが、一般的に融資対象は低所得者層に軸足を置いている」(House of Lords Select Committee on Financial Exclusion, 2017: 83)。クレジットユニオンは、イギリスのような国では確かに小規模だが、基礎決済口座をクレジットユニオンに紐づけることで、口座保有者に口座利用を促し、適切な信用を提供することに資するだろう。

現在課題となっているのは、銀行口座の利用を増やすことだ。特に途上国において、銀行口座の利用を拡大するには、電力や水道といった公共サービス料金の支払いをデジタル化することが一つの方法である。Demirgüç-Kunt et al.（2018: 103）は「世界的に口座の利用を増やす唯一最高の方法は、水道や電力などの公共料金の支払いを完全にデジタル化することだ」という。2017年にエジプトの口座保有者の81％、ブラジルとインドネシアの口座保有者の半数は現金で料金を支払っており、約2500万人の女性は口座がありながら現金払いしていた。携帯電話技術と銀行口座をつなげ、貯蓄を公的なものにすれば、口座の利用促進に役立つとデミルギュチ－クント（Demirgüç-Kunt）らは提案する。Klapper and Singer（2014）は、支払いのデジタル化によって女性の経済的エンパワーメントを高められるという。女性が持っている現金は世帯内で男性に取られてしまうが、デジタル払いは個人情報であり、女性がお金をより統制できるようになるからである。開かれた銀行サービスは、デジタル払いの普及を提案しているが、サイバー・セキュリティ関連の問題、すなわち口座が乗っ取られたり、個人情報が盗まれたりするリスクがあることも理解しておくべきだろう（Edmonds, 2018）。

金融化

金融包摂は支持だけでなく強い批判にも遭っている。金融化に関する研究が、金融包摂に対する主な批判の出どころである（Langley, 2008; Montgomerie, 2008; Froud et al., 2010; Coppack, 2013; Van der Zwan, 2014; Appleyard et al., 2016）。金融化に関する研究は1990年代に登場し、2007～08年の世界的金融危機以降に急速に成長を見せた。金融化とは、ある経済社会において、金融市場が拡

大し、その重要性が高まっていることである。Van der Zwan（2014: 99, 強調は原著者）は「1990年代末から2000年代初頭以降、政治学、社会学、人類学、地理学、経済学など多様な学問分野の研究者が、産業資本主義から金融資本主義への移行を表現するために、**金融化**という概念を使っている」と述べる。

　金融化に関する議論は極めて多様で、数多くの潮流を含んでいる。Van der Zwan（2014）は、この議論を概観し、金融化の3つの主要な潮流を指摘した。1つめの潮流は、現代の経済において金融市場が蓄積に果たす役割である。金融化の理論家は、金融市場が、経済発展のためにフォーディズムのような手法を駆逐したと主張する。フォーディズムとは、工場の組立ラインで自動車のような標準的な製品を大量生産することである。2つめの金融化の潮流は、企業の株主モデルの普及である。このことは、企業経営者が株主利益、すなわち収益の最大化のみを追求することを意味する。3つめの金融化の潮流は、日常生活の金融化であり、それは金融市場が人々や世帯の日常生活をどのように形づくっているかを示している。

　日常生活の金融化は、金融包摂を考えるうえで最も関連の深い潮流である。McIntosh and Wright（2019）は、「生きた」経験という概念が社会政策研究で一般化しつつあると主張する。この概念は直感的に訴えるものがあるが、はたして信頼に足る中身があるのかと問いかける。「生きられていない経験って何だ？」（McIntosh and Wright, 2019: 450）。彼らは、この概念に流れ込んでいる様々な理論的潮流を探求し、「生きた」という概念は経験に何かを加えていると主張した。彼らによれば、生きた経験というのは、多くの人々によって共有された典型的な生活を洞察し得るものである。そのことは、女性のような、社会における特定の層の人々が直面している不平等に光を当てる。McIntosh and Wright（2019: 463）は、生きた経験というのは「政策の過程や結果に影響を受けたり関与したりする人々の生活と関心事に感情移入することと関連しており、そうした人々にはエリートの政策立案者や、影響力のある作家、経営者、現場労働者に加え、権力のない被抑圧集団もいる」という。生きた経験という概念は、日常の金融について研究する根拠を与えてくれる。お金に関する日々の意思決定は、多くの人々にとって、生きた現実の重要な一部分を占めるものといえよう。

批判者の懸念は、金融包摂は単に人々を金融システムのリスクに曝すことになるだけではないか、ということだ（Van der Zwan, 2014; Langley, 2008; Finlayson, 2009; Montgomerie and Tepe-Belfrage, 2017; Lai, 2017; Santos, 2017）。失業や疾病、退職後の貧困といった、日常生活で直面するリスクから人々を守る手段として、20世紀に福祉国家が興隆してきた。福祉国家においては、福祉を供給する際のリスクは社会全体に広がっている。金融システムへの参加を高めることが自動的に福祉国家を犠牲にするわけではないにせよ、金融包摂は結局のところ、金融市場における個人の投資を選好する状態へと福祉国家を後退させることになるのではないか、と批判者は主張する。Van der Zwan（2014: 113-14）は、「金融市場の拡大は、多くの先進国、特にアメリカとイギリスで、福祉国家の後退と軌を一にしている」という。

　金融のパフォーマンスに連動した個人向け金融商品は、個人を重大なリスクに曝すものである。例えば、国の年金は退職後の財政を保障するものだが、それに代わるものが、確定拠出型年金への私的な貯蓄を促進することだ。しかし、年金投資の成果が乏しくなるリスクに曝される（Hacker, 2008; Standing, 2011）。特に配当が乏しい場合、配当が乏しいことだけでなく、手数料も高いため、年金給付額に深刻な打撃をもたらす。Standing（2011）は、金融機関が2007〜08年の世界的な金融危機に主な責任を負っており、金融危機後に年金の財源が底をついたため、年金生活者は直接影響を受けたと主張する。彼は、「貯蓄者は過去20年間政府の勧めに従ったこと以外は、何も悪いことをしていない。国際通貨基金、世界銀行、OECD（経済協力開発機構）はいずれも、『私的な貯蓄口座』や確定拠出型年金制度を推奨してきたが、今はそんな助言に従うと痛い目に遭う」（Standing, 2011: 13）。

　人々は銀行サービスに内在する構造的なリスクに曝されているのかもしれない。金融機関が商品やサービスに関して誤解させる情報を伝えるという、不適切販売の問題が起きている。例えばイギリスでは、融資に対して返済保証保険がひそかにかけられている。アメリカでは、銀行などの金融機関が低所得の個人や世帯に、無理をさせて持続不可能なほどの債務を負わせるといった、「サブプライムローン」危機に関与した。こうしたサブプライム住宅ローン市場の問題は、2007〜08年の世界的な金融危機の一つの引き金となった（Ferran,

2012; Garratt et al., 2014; Sane and Halan, 2017; Kotarski and Brkic, 2017)。

●主体か、代理人か？

　こうした批判者の多くは、金融包摂が人々を主体に変質させようとする文化的プロジェクトだと位置づけている。Rowlingson, Appleyard and Gardner (2016: 530) は、この「『日常生活の金融化』という手法は、市民を『福祉の主体』から、個人がリスクを負うという新たな規範を内面化した『個人投資家』や『個人債務者』へと変質した存在として見るものだ」と指摘する。

　こうした研究の多くは、社会学、特にミシェル・フーコー（Michel Foucault）の統治性概念から着想を得ている（Langley, 2008; Finlayson, 2009; Van der Zwan, 2014; Montgomerie and Tepe-Belfrage, 2017; Lai, 2017; Santos, 2017）。Lai (2017: 916) は、「フーコーの統治性概念は、国家が『個人の責任』や『自己充足性』という言説を通して、いかにして『距離を保ちながら』ふるまいを統制するかについて、特に金融化の研究に影響を与えてきた」という。フーコーによれば、一般的に個人は、自分の生活を統制する権力に弱い。国家は各個人を観察し統制できるように多様な手段を開発してきた。金融包摂に当てはめてみると、政府は金融市場の欲求を受け入れるよう人々を型にはめるために、この方法を用いることになる。

　服従の強調はとりわけ、こうした議論に忍び寄る「投資主体」(investor-subject) という図式の中に見出すことができる（Langley, 2008; Finlayson, 2009; Montgomerie and Tepe-Belfrage, 2017; Lai, 2017; Santos, 2017）。投資主体は、自らの幸福のために投資をしなければならない。人々は投資に際して、金融市場に付随するリスクに曝される。それはすなわち、投資の選択がまずかったり、本人の統制が及ばない要因によって投資の実績が悪かったりするかもしれない、ということである。人々は、銀行の不適切販売問題のような、構造的なリスクに曝されるおそれもあるのだ。

　投資主体という表現は一見抽象的な言葉であるが、多様な種類の人々に柔軟に当てはまる。おそらく就労年齢の成人に当てはめて考えてみると、最も明らかだろう。その人たちは株や債券、貯蓄といった一連の金融商品に投資するか

もしれない。住宅といった金融以外のものに投資するにしても、住宅を購入するために住宅ローンを借りるので、金融市場と住宅は関連している。

投資主体という考え方は、こうした中核的な主体集団〔訳注：就労年齢、いわゆる現役世代の成人を指す〕以外にも関係しており、ふだん投資とは縁のない人々にも当てはまる。例えば、学齢期の子どもは金融商品に投資する必要はないが、投資主体という考え方は別の方法で関係している。例えば、政策が学校で金融教育を推進するかもしれない。金融教育の内容は、子どもたちに投資の基礎を教え、成人になってから一人前の投資主体となるための準備をすることをねらいとしているかもしれない。同様に、退職者はもはや年金保険料を払ってはいないが、確定拠出型年金をいかに活用するかの選択を迫られているかもしれない。年金受給権を購入するか否かといったように、さらに投資する選択肢もある。したがって、投資主体に関連して多様な経験があり、投資主体の種類も様々であるといえる。

●金融化と新自由主義

金融化に関する研究は、政治経済学にその源流がある。特に、金融市場の拡散は新自由主義ないし自由市場論と関連してきた。新自由主義との関連は、金融包摂のイデオロギー的側面を強調するものであり、それはすなわち、特定の政策を選択することは、少なくとも部分的には、イデオロギー的ないし政治的な選択を反映しているということである。金融化と新自由主義は緊密に関連しているものの、両者は異なるものだ（Davis and Walsh, 2017; Karwowski, 2019）。Davis and Walsh（2017: 31）は「現実の世界で両者の主張を考えてみると、金融化と新自由主義は明確に関連しているが、異なるものである。産業や行政セクターの規模に比して大きな金融センターを抱える国もあり、新自由主義がどのように、どの程度金融化されているかは相当程度異なる」と述べる。

金融化のイデオロギー的側面が、金融包摂への批判を呼び起こしている。金融排除の批判者は、金融システムへのアクセスを増やすよりも、自由市場への対案を計画すべきだと主張するだろう。特に、新自由主義や自由市場は、金融排除を含みつつ、それを超えた一連の排除の源泉とみなされている。批判者

は、金融包摂が貧困プレミアムを成功裏に減少させ得ることを認めながらも、政策立案者はその背景として最初に問題が生じるところの経済構造に切り込むことがより重要ではないか、と主張する。批判者が貧困プレミアムの関連性を認めたとしても、金融包摂はより緊急度の高い課題にとって邪魔なものだと主張するかもしれない。

金融包摂の擁護者が、より根本的には自由市場の改革が課題だと認めたとしても、自由市場に代わるものを生み出すことは大規模で長期的な作業になると言うだろう。自由市場の改革に力点が置かれたとしても、人々や世帯が当面の課題に直面しており、その当面の課題と闘うことが重要なのだ。貧困プレミアムを減らすことと、新自由主義の対案を作り出すことは、互いに矛盾しないのである。

別の見方をすれば、思考を先に進めて、金融化を新自由主義から切り離すことができる。Davis and Walsh (2017) は、金融化は主に5つの点で新自由主義と異なると主張する。第一は、金融業界は複雑な商品を開発してお金を生み出すことができるが、新自由主義は資金供給の統制や配分といった狭い範囲に焦点を当てている。第二は、金融市場の主要な関心は取引にあるが、新自由主義は、原材料の価格や、土地・労働・資本といった生産要素などの幅広い関心事を有する。第三に、金融化とは、金融市場が経済全体に資本を配分する最上の方法だと考えるのに対し、新自由主義は、金融以外の市場形態が経済の資源を配分する余地を認めている。第四に金融市場は、企業統治において株主や投資家が支配的な役割を果たすことを強調するが、新自由主義は企業統治においてステークホルダーの役割を認めている。第五に、金融市場の参加者は主にミクロ経済の段階に集中するのに対し、新自由主義の政策立案者はミクロ・マクロ経済の両者を分析する。Davis and Walsh (2017: 32) は、金融化と新自由主義が重複することを認める。

　　一般的なイデオロギーの段階では、新自由主義経済学者と金融学者は、低率の税金や市場の規制緩和から、自由貿易や自由な資本移動に至るまで、一連の経済政策について合意する。中核的な経済原理や、知性の枠組みを比較すると、両者とも市場を好み、世界的な自由貿易を支持する。

金融化と新自由主義が異なるという見方は、金融化を新自由主義から切り離すことが可能だということを意味する。日常の金融化とは、個人の「生きた経験」や、お金の「生きた現実」という意味でもある（Appleyard et al., 2016; Rowlingson et al., 2016）。人々が生きるためにお金がかかるということ、例えば家賃や住宅ローンを払い、食料を買い、家を暖房するためにお金が必要だという認識である。実際、金融排除に苦しむ人々の多くは（もしかすると大部分の人は）金融市場における投資家にはなれないのが経済の現実である。原理的には、日常の金融化とは、お金に関する人々の生きた経験があらゆる経済システムに当てはまるということである。人々は、金融が広く社会化されたシステムの中で、生きるためにお金を必要としている。金融化と新自由主義の関連は、日常の金融化の一形態とみなすことができるが、それとは異なる選択肢も存在するということだ。新自由主義を撃退することで、必ずしも日常の金融化を消し去ることにはならない。

本書の構成

　本章では、批判論と支持論の分離によって金融包摂の研究が不毛となっていると論じた。支持論は、金融包摂をめぐる理論的な論争をあまり扱わず、詳細な政策論議に終始している。支持論は、理論的な論争に関与しないので、今後発展させるべき金融包摂策や、挑戦すべきことが明らかな他の政策を紐解いてみようとしない。批判論は、金融包摂政策に対して不愛想な態度をとる。批判論は、支持論の中で政策の選択論議に関与せず、金融包摂を他の方法で設計し得ることを考慮しない。批判的な関心事に向き合うような、異なる金融包摂の方法もあり得るだろう。また、学問的研究は、日常の金融化が結局のところ、お金に関する人々の生きた経験のことだという事実、また何らかの社会経済システムの下で生きるためにお金がかかるという事実を見過ごす危険性もある。
　したがって本章は、異なる立場の主張が相互に交流することがはるかに望ましいと主張した。あらゆる領域において、金融包摂の概念を互いに豊かなものとし、銀行業務、貯蓄、保険、指導助言の領域に及ぶこととなろう。包摂的な手法は今や、金融包摂の研究をさらに前進させるために必要とされている。

第2章は金融ケイパビリティを検証する。この章では、金融包摂とは人々が金融システムにアクセスすることと広く捉えた。しかし、金融システムに完全にアクセスできても、情報をもとに選ぶ能力が欠けていれば、賢明でない選択をしてしまうこともあろう。逆に、良い選択をする能力が充分にあっても、金融サービスから排除されていれば、実際には選択することができない。

これは、「金融ケイパビリティ」が金融包摂の要素として重要だということを示している。金融ケイパビリティとは、人が金融に関わる選択をするための知識・技能・自信のことである。批判者は、金融ケイパビリティは結局のところ、人々を消費者や「投資主体」に変質させるものだと説く。この章の主張は、金融ケイパビリティがそうした方法で発展することもあり得るが、市民権を支える対案の一つともなり得るというものだ。人々が金融の意思決定をする能力は、市民権の重要な一部分であり、なすべき課題は金融ケイパビリティの概念を頭から拒否することではなく、適切なやり方で金融ケイパビリティを形づくることである。

第3章は、はじめの章で紹介した理論的な論争に立ち戻り、金融排除に関連する政策的な議論を見ていく。金融包摂に関して多様な議論があり得るが、この章では貯蓄に注目する。貯蓄は、資産ベース福祉や貯蓄商品への自動登録といった、最も革新的な金融包摂政策の対象となってきた〔訳注：資産ベース福祉（asset-based welfare）とは、勤労者や貧困者に適格要件を限定した財産形成・資産蓄積プログラムを指す。アメリカの個人開発口座（IDA）、イギリスの児童信託基金（CTF）をはじめ、英米を中心に展開された政策〕。

「資産ベース福祉」は、貯蓄、年金、不動産といった、個人の資産所有を促進するものである。それは、イギリスの児童信託基金（CTF）や貯蓄支援（Help to Save）、アメリカの個人開発口座（IDA）といった制度に結実した。貴族院金融排除部会や、金融包摂協議会のような機関はいずれも、貯蓄政策に人々を自動加入させることを支持する（House of Lords Select Committee on Financial Exclusion, 2017; Financial Inclusion Committee, 2015）。イギリスは近年、職域年金への自動加入を実施したが、それは世界でも例を見ない重要な国の制度で、国際的にも注目されている。

批判者は、これらの政策は最終的には、人々を投資主体に変質させることを

ねらいとしており、福祉国家を駆逐するためのものだという。しかし、この章では、これらの政策が貧困と闘い、市民権を支えるためのものとなり得ると主張する。これらの政策はどのように設計されるかにかかっている。この章は、資産ベース政策の多様な適用方法と、児童信託基金（CTF）に内在する「進歩的普遍主義」と、職域年金への自動加入に内在するジェンダー不平等との闘いとの関連について考察する。

　第4章は、住宅を例に考察する。「投資主体」の図式は、金融包摂政策への批判の中心をなす。この図式は、少なくとも2つの理由から、住宅の特別な役割を考える重要性を示している。第一に、住宅は投資主体によってなされる最も重要な投資である。例えば、個人開発口座（IDA）は、3つの主要な使途、すなわち訓練への支払い、起業、住宅購入のための貯金がある。実際、資産ベース福祉の批判者は、この特定の政策が主に持ち家の増加に焦点を当てていると論じ、「住宅資産ベース福祉」と言い換える説も登場している。

　第二に、投資家は住宅を購入するために住宅ローン市場でお金を借りなければならない。そのため「投資するために借りること」が投資主体アプローチの主要な論点となっている。批判者は、「投資するために借りること」から、個人の債務が記録的に高まり、住宅価格が高騰して、2007～08年の世界的な金融危機の引き金となったという。このことは批判者にとって、金融包摂論が経済の不安定化に直接寄与したことの証左だとみなされる。

　この章は、資産ベース福祉の支持者の多くが住宅の果たす役割を無視してきたと論じる。金融包摂の擁護者は、これらの議論に正面から反論する必要がある。この章はまた、金融包摂が必ずしも住宅価格バブルを招くわけではなく、むしろ持ち家の本質に関する議論を始めることになると述べる。

　本書の主張の一つは、金融包摂を新自由主義から切り離すことができる、というものだ。第5章は、金融包摂の対案をいくつか検討する。そのねらいは、日常生活における金融を別の方向に発展させる可能性を模索することだ。第5章の前半は、対案として普遍的ベーシック・インカムと、普遍的ベーシック・サービスを検討する。第5章の後半は、もう一つの未来の実現可能性を検証する。具体的には、ウェールズ政府が行った、固定資産課税の改革の事例からどのような教訓が得られるかを考察する。

第6章の結論では、金融包摂の批判者が支持者から学び取れることを検討する。この章では、若者向けの金融教育を例に、政策の変化が金融の日常生活に与える影響についての理論的な議論を補完する。第6章はまた、本書で触れた議論を踏まえ、今後のさらなる研究領域を示唆する。

第2章

金融ケイパビリティ：市民か主体か？

はじめに

　第1章では、金融包摂が金融システムに個人の参加を促進していることを論じた。人が金融システムに参加するには、金融システムにアクセスするだけでなく、金融について決定する能力や動機も必要となる。本章は金融ケイパビリティについて考察する。金融ケイパビリティとは、広く捉えれば、人が金融について決定するための知識・技能・自信のことである。

　金融ケイパビリティは、2007～08年の世界的な金融危機以降、特定の政治的関心の領域となってきた（Commission for Financial Capability, 2015; National Strategy for Financial Literacy, 2015; Financial Investor Education Foundation, 2019）。その主な理由の一つは、金融ケイパビリティの欠陥が金融危機の直接の原因となったという見方である。O'Donnell and Keeney（2010: 362）は、世界的金融危機が「金融ケイパビリティの重要性を強調したにすぎない。世界的に予期せぬ結末を招いたアメリカのサブプライムローン危機は、金融ケイパビリティが貧弱なレベルであったことを示すものだ」と指摘する。例えば、人々や世帯は、賢明でない意思決定や住宅投資をしてしまったがゆえに、金融危機の素地を生み出したと考えられた。

　政府は、金融教育のような政策を通じて、金融ケイパビリティの欠陥に対処しようとした。批判者は、投資主体を創出する動きの一環として金融教育の側面を重視する。Santos（2017: 414）によれば、

金融教育政策は、現代の資本主義社会の文脈の中で捉えなければならない。現代の資本主義社会は市民を消費者に変質させ、集団的に勝ち取った個人の権利を、多種多様な商品やサービスへのアクセスに置き換えつつある。これは集団的な供給形態を犠牲にしながら金融市場の拡大を促進する広範な戦略の一環であると捉えるべきで、そこにおいて世帯は債務者・投資家・保険者の立場で金融市場との関係を強めている。

　金融ケイパビリティへの注目は、福祉政策における個人の行動（behavior）への関心の一環とみなせる。このことは、国家から個人へと責任が転嫁される流れを示すものである。Donoghue and Edmiston（2020: 9）は、「社会的市民権を新自由主義化・生産主義化し続けるもの」として、能動的市民権に注意を向けている〔訳注：社会的市民権とは、福祉国家の誕生とともに形成された市民権で、標準的な生活を送る権利。社会保障や教育保障などを含む。イギリスの社会学者マーシャル（Thomas H. Marshall）の提唱した「社会的権利」に由来する〕。これに対して、個人の行動は個人のウェルビーイングにとって重要だとの反論もあるだろう。Brüggen et al.（2017）が提起している金融ウェルビーイングとは、生活水準を達成し維持できるという感覚のことである。金融ウェルビーイングの概念は主観的で、現在および将来の生活水準に集中している。彼らによれば、この概念は「金融ウェルビーイングに直接の影響を及ぼすため、行動をモデルの中心に」位置づける。破壊的な金融行動をやめ、健全な金融行動を促進し、あるいは重要な生活の場面で行動を安定化させる」ものだ（Brüggen, 2017: 231）。
　本章は金融ケイパビリティの概念を擁護し、この概念を異なる形に作り上げ得ることを示す。むろん、人々を投資主体にする文化的プロジェクトにもなり得るし、社会的市民権を支えるために活用することもできる。おそらく最も可能性の高いモデルは、ケイパビリティ・アプローチと内容が重複している。金融ケイパビリティをいかに最善のものになし得るかという議論があることを本章で紹介したい。すなわち金融教育の価値と行動のナッジのいずれの利点をとるかをめぐる論争である。本章の結びでは、金融ウェルビーイングを高めるには、金融ケイパビリティに加えて、お金そのものにアクセスする必要があることを述べる。

金融ケイパビリティとは何か

　研究者は金融ケイパビリティに対して充分な関心をいだいてこなかった。Lusardi and Mitchell（2011: 498）は、「2000年以前は、貯蓄や金融の意思決定に関する理論モデルに金融リテラシーを取り入れる研究者は比較的少なかった」と述べる。「金融リテラシー」はもともと、政策論議の中で好んで使われる用語であった。金融リテラシーとは、広い意味では金融に関することを理解する能力のことである。「金融リテラシー」の用語は今でも使われているが、金融ケイパビリティが次第によく使われるようになってきている。その理由の一つは、知識や技能以外に、意思決定のための大事な要素があるのではないかという認識が、研究者や政策立案者の間に強まってきたことである。知識や技能以外の要素としては、行動特性、態度、自信といったものが挙げられる。Atkinson et al.（2007: 29）は「このように、基礎的な技能をはるかに超える要素があるので、『リテラシー』より『ケイパビリティ』のほうがふさわしい」と述べる。

　イギリスにおける金融ケイパビリティ研究は、金融ケイパビリティの測定を多国間で調和させる取り組みに影響を及ぼしている。例えば、ブリストル大学の個人金融研究センターは、金融ケイパビリティに関するイギリス初の全国調査に協力した。こうした貢献は、金融ケイパビリティを多国間で測定するための共通の指標を開発する際に影響力がある（Atkinson et al., 2007; Kempson, 2009; Atkinson and Messy, 2012）。

　一般的に、イギリスの金融ケイパビリティ研究は国際的に重要な位置を占めているため、イギリスで金融ケイパビリティがどのように理解されているのかを詳しく見ることは妥当である。

　世界中で、金融ケイパビリティの重大な欠陥の根拠が挙げられている（Atkinson et al., 2007; Lusardi and Mitchell, 2011, 2014）。イギリスでは、金融庁が2005年に初の金融ケイパビリティの全国調査を行った。マネー・アドバイス・サービス（Money Advice Service）は2015年と2018年に追加の調査をした（The Money Advice Service, 2015a, 2015b, 2018）〔訳注：マネー・アドバイス・サービスは、

イギリス政府が2011年に設立した公的機関。前身は2010年設立の消費者金融教育機関。国民の金融知識向上を目指し、金融に関する情報、教育、助言を提供する〕。これらの調査によれば、金融ケイパビリティの程度は人々の属性によってまちまちであるという。マネー・アドバイス・サービスの報告書は、若者と失業者に特に問題があると指摘する（Money Advice Service, 2015a, 2015b）。例えば、18〜24歳の人のうち家計管理ができているのはわずか51％にとどまっていた。それに比べて、55〜74歳の人のうち、家計管理ができているのは65％であった。2015年調査では、最初の調査から10年後に同じ質問を行ったところ、金融ケイパビリティが悪化した地域があった（Money Advice Service, 2015a, 2015b）。例えば、2005年には回答者の91％が銀行の明細書に書かれている残高を正しく読めていたが、2015年には回答者の78％にとどまった。

OECD（2016, 2018）は、世界中の金融ケイパビリティ測定の取り組みを調整してきた（Kempson, 2009; Atkinson and Messy, 2012）。それにより、金融リテラシーについて金融知識・行動・態度の達成度を一つにまとめた指標を創り出した。OECD（2016）は、金融リテラシー全体の程度は比較的低いと指摘する。OECDの報告書は29か国（OECD加盟国・非加盟国を含む）の調査結果であり、調査対象国はポーランド、ブラジル、イギリス、フィンランド、ヨルダン、カナダなどである。調査対象国全体の平均点は、21点中13.2点で、最も低い国はポーランド（11.6点）、最も高い国はフランス（14.9点）であった。

マネー・アドバイス・サービスは、イギリス政府の金融ケイパビリティ戦略に責任を負っている（Money Advice Service, 2015a, 2015b）。マネー・アドバイス・サービスは現在行われている、あらゆる金融ケイパビリティ活動のハブを築いた（ウェブサイト www.fincap.org.uk/uk_strategy を参照〕〔訳注：現在は www.moneyadvice.co.uk に変更〕。金融ケイパビリティの定義は時代とともに進化してきた。金融庁による当初の金融ケイパビリティの定義は、5つの主なテーマからなっていた（Financial Services Authority, 2003, 2006; Atkinson et al., 2007）。

- 絶えず情報に接していること。この側面は、インフレ率や金利のような一般的な経済情報に人々がどの程度接しているかを見ている。
- 信用履歴をたどっていること。これは、人々が自身の金融を詳しく見て、

銀行の明細書や給与の明細書を見たり、請求書の履歴をたどったりすることである。
- 収支のつじつまを合わせること。これは、人々が家計を効果的に管理し、例えば収入と支出の双方を見られることである。
- 今後の計画を立てること。これは、人々が将来に向けていかによく計画を立てようとするかを見ることである。特に退職後の計画に注意を向けている。
- 選択すること。この局面は、人々が消費者として購入する際に、どの程度情報をもとに選択するかを調べるものである。

金融ケイパビリティは、主に個人の知識や技能として理解されている。この定義は、人々が金融システムにアクセスすることには言及していないが、人々が金融の意思決定をするには、金融システムへのアクセスは重要である。知識や技能だけを持っていても、金融システムにアクセスできなければ、意思決定を中断することになろう。

● **金融ケイパビリティと金融包摂**

金融ケイパビリティと金融包摂、すなわち金融システムへのアクセスをつなげて考えることが重要だ。このつながりが重要だという認識が高まってきている（Atkinson et al., 2007; Johnson and Sherraden, 2007; OECD, 2016）。OECD（2016: 54）は、「しっかりした消費者保護の枠組みを前提として、金融リテラシーと金融包摂は個人のエンパワーメントのために、また金融システム全体の安定にとっても重要だと世界的に認められている」という。

人々が早い段階で金融にどの程度「つながっているか」を測定するための主な基準が開発されてきた。OECD（2016）は、金融包摂について4つの測定方法を用いている。第一は、貯蓄口座、クレジットカード、保険、モバイル決済口座といった様々な金融商品を有していることである。この点は、貯蓄、信用、保険の市場とのつながりを測るものである。第二は、様々な金融商品が周知されていることである。周知は、金融システムにつながる手前の重要な段階

である。第三は様々な金融商品の選択である。これは、過去2年間で様々な種類の金融商品の中から人々がどの程度選んだのかを調べるものであり、人々が様々な選択肢の中から商品をどこまで広く観察・比較・選択しているのかを見ている。第四は、フォーマルな金融システムに代わる選択肢、例えば家族・友人といったインフォーマルな関係にどの程度依存しているのかということである。

　イギリスでは、金融ケイパビリティの議論において、金融包摂への言及がより重要になってきている。マネー・アドバイス・サービスは、金融ケイパビリティが「人々の技能・知識・姿勢・動機次第で高まるものであり、また包摂的な金融システムと支援的な社会環境によって実現可能となる。金融ケイパビリティは、人々が最上の金融ウェルビーイングを達成できるようにするものである」と述べる（Money Advice Service, 2015a: 8）。

　この定義は3つの主要部分からなっている。第一に、技能と知識に力点が置かれている。この定義の部分は、金融庁（Financial Services Authority, 2006）による金融ケイパビリティの定義で挙げられた5項目、すなわち、絶えず情報に接していること、信用履歴をたどっていること、収支のつじつまを合わせること、今後の計画を立てること、選択すること、に沿ったものである。

　第二に、「考え方」に注目していることである。これは、人が自信を持って金融の意思決定を行うといったような、一般的な姿勢や動機のことを指している。人の考え方に注目すると、人が金融の意思決定をするには、その決定が可能であり、**かつ決定する意思がなければならない**という点がわかる。

　第三に、この定義は包摂的な金融システムと支援的な社会環境に言及している。これは、金融システムに容易にアクセスできることが、金融の意思決定に重要という認識である。

ケイパビリティ・アプローチ

　金融ケイパビリティは、新自由主義的な福祉アプローチの一種ではないかという説もあろう（Donoghue and Edmiston, 2020）。金融ケイパビリティは、市民を消費者に変質させるものだという説に対する答えは、人々は市民にも消費者

にもなり得るというものだ。人々は市民に関連する権利や受給権を享受し得るし、市場での選択も行う存在だ。マーシャルは、市民権の発展について古典的な見解を述べている。彼は市民権を、市民的・政治的・社会的な権利の蓄積として捉える（Marshall, 1950）。マーシャルの主張はこうだ。発言の自由といったような市民的権利は17世紀に登場した。投票権のような政治的権利は19世紀に定着した。そして20世紀の主な遺産は、健康や教育といった社会的権利を描き出したことだと。

　市民権についてのマーシャルの説明は、多くの論争を呼び起こした。例えば研究者は、市民権は彼の述べたような形で現れたのか疑問を呈した。Marquand（1997）は、イギリスでの市民権の付与は不充分であって、市民的・政治的・社会的権利への確固とした途はないと主張する。フェミニスト研究者も、女性は常に男性と同じ権利を享受してきたという見方に異議を唱える。例えば女性は、男性よりも遅れて投票権を与えられてきたし、それは19世紀までに政治的権利が確立したという見方と相いれない。Lister（2003[1997]）は、男女間の格差を認識して取り組むために、市民権の概念をジェンダー化することが重要だという。

　金融ケイパビリティが、市民を消費者にすることを支持するにしても、それは市民の権利と共存し得る、という主張もあり得る。これに対する反論は、市民の領域を犠牲にして、消費者の領域が拡大している、というものだ。政府は既存の受給権を、市場での需要と供給に転換することで、社会権を毀損するかもしれない。理論上は市民と消費者を一体のものとなし得るが、実際には、消費者の側面を重視して市民権を後退させるかもしれない。

　金融ケイパビリティの支持者は、社会的市民権を強調する。その主な主張は、金融ケイパビリティはアマルティア・セン（Amartya Sen）のケイパビリティ・アプローチの一環だというものである（Johnson and Sherraden, 2007; McQuaid and Egdell, 2010; Balakrishnan et al., 2011; Storchi and Johnson, 2016）。ケイパビリティ・アプローチは、幅広い理論と多くの研究に広がりを見せている（Jayasuriya, 2000; Robeyns, 2005, 2016）。Robeyns（2016）は、ケイパビリティ・アプローチの一般概念と、個別のケイパビリティの理論や説明を区別することが重要だと説く。ケイパビリティ・アプローチの中心的な研究者はアマルティ

ア・センとマーサ・ヌスバウム（Martha Nussbaum）である。ケイパビリティの説明や理論は実に多様で、それらを一言で要約するのは難しい（Hick, 2012; Robeyns, 2005, 2016）。Robeyns（2016）は、ケイパビリティ・アプローチの理解のため「車輪」モデルという重要な概観を示した。ロベインスによれば、車輪の中心にケイパビリティ・アプローチの中核があり、ケイパビリティや機能はその中心に属している（Robeyns, 2016）。ケイパビリティは、人がどのようになれるのか、何ができるのかに焦点を当てる。機能は、人が何を達成できたのかというものであり、例えば行ったことや、達成した状態のことである。ロベインスは、全てのケイパビリティ理論は「人がどのようになれるのか、何ができるのか（その人のケイパビリティ）、および・あるいは、その人が実現したケイパビリティ（その人の機能）に焦点を当てる」と説く（Robeyns, 2016: 403）。車輪の残りの部分は、様々な部分の外縁からなっている。Robeyns（2016）は、ケイパビリティ理論の目的、測定や実証、機能やケイパビリティの選択といったテーマを挙げる。

センは通常、ケイパビリティ・アプローチの創始者とみなされており（Sen, 1985, 1992, 1998, 2009）、他の研究者はケイパビリティ・アプローチを別の方向に発展させていった。例えばNussbaum（2000, 2011）は政治学理論をもとに、社会正義に根ざした注目すべきケイパビリティ理論を示した。金融包摂に関する数多くの研究はセンの理論に言及する傾向がある（Johnson and Sherraden, 2007; McQuaid and Egdell, 2010; Balakrishnan et al., 2011; Storchi and Johnson, 2016）。金融包摂研究がセンに注目したことで、センの概念はより詳しく論じられるようになった。

センの理論は、社会資源へのアプローチに関する2つの重要な考え方に反対している。第一は、効用を最大化させるために資源を配分すべきという、普通の経済的な考え方である。すなわち、個人は一定の選好を持つ者であり、選好を満たすことで効用感や幸福感を得られる。効用を最大化するように資源を配分すべきである、という考え方だ。この見方は19世紀の功利主義者の発想に根ざしたものである。センの主張はこうだ。人々は、制約条件の範囲内で選好しているにすぎず、個人の幸福（happiness）は個人の福祉（welfare）を導くには不充分だというものだ〔訳注：センにおける幸福（happiness）は、人を中心に捉

え、人の望む生き方や夢などの主観的な感情の状態を表すのに対し、福祉（welfare）は客観的な指標で測定できる生活の質などを指す〕。

　第二は、資源を社会全体で平等に分配すべきだという、平等分配論である。こうした考え方に最も近いのはRonald Dworkin（1981）である。センは、平等分配論は、同等の生活を享受するために他人より多くの資源を必要とする人々がいることを見逃すという（Sen, 1985, 1998, 2009）。例えば、身体障がい者は、それ以外の人と同等の生活をするために余分な資源を必要とする。

　センの理論は公共政策に重大な影響をもたらした（Sen, 1985, 1992, 1998, 2009）。例えば、センのケイパビリティ理論は国連の人間開発指標を下支えしている。人間開発指標は、3つの中心的なケイパビリティ、すなわち健康な生活を送る能力、知識を獲得する能力、そして人間らしい生活を送る能力に焦点を当てる。これら多様なケイパビリティを達成するために、多様な手段が重要となる。国連は、知識を獲得する能力を測定する指標として、学校教育の平均・予測年数と、一定の生活水準を達成する能力を測定する指標として、1人当たり国民総所得を用いている（United Nations Development Programme, 2018）。

●ケイパビリティと自由

　センは、ケイパビリティ・アプローチと個人の自由を直接結びつける。センは、「機能を達成するためのケイパビリティ（すなわち、人が持てる機能の束）が、幸福になるための個人の自由——本当の機会——を構成する」（Sen, 1992: 40）という。ここで、ケイパビリティと自由のつながりが、センのアプローチを実現する根拠となっている。特に、ケイパビリティ・アプローチの追求は、個人の自由を支えるために重要なのである。

　Jayasuriya（2000）は、センのケイパビリティ理論は共和党的な自由の概念を暗示しているという。すなわちセンは、消極的自由のための前提として、積極的自由の実現が必要だと認識している。「要するに、本当の選択の自由（消極的自由の一形態）のためには、個人が何らかのケイパビリティを達成できるように、一定の積極的自由が必要である」（Jayasuriya, 2000: 290）。消極的自由は、選択の自由と、制約がないことに焦点を当てる。積極的自由は、人ができるこ

とに焦点を当てる。Jayasuriya（2000）は、積極的自由と消極的自由を混合することで、他者に支配されない自由という考え方ができると主張する。

　Robeyns（2016）は、センの理論と自由主義の間にはつながりがあるけれども、センを超えた幅広いケイパビリティ・アプローチが一連の政治的伝統と相性が良いと説く。Robeyns（2016）は、自由主義はケイパビリティ・アプローチの中心をなしているわけではないとし、規範的個人主義という別の倫理概念がその中心を占めると説く。規範的個人主義というのは、個人が倫理理論の中心であるべきだという考え方のことである。自由主義から平等主義に至るまで幅広い倫理概念が、規範的個人主義と共存可能だ。ロベインスによれば、「右寄りの自由主義のケイパビリティ理論を発展させることも理論的には可能だ。自由主義における公正さや正義の理解は、既存のケイパビリティ研究で好まれるような、平等主義的で極めて再分配的な社会正義の考え方とは大きく異なっている（Robeyns, 2016: 402）。Robeyns（2016）の主張は、ケイパビリティ・アプローチが必ずしも社会的市民権を支持するとは限らないというものである。例えば、公共政策は市民的・政治的権利を正当化するためにケイパビリティ理論を利用するだけかもしれない。ケイパビリティ理論をいかように発展させるかにかかっている。センのケイパビリティ理論は再分配論を支持しており、社会的市民権のための基礎を示すものである。

●ケイパビリティ・アプローチと貧困

　センのケイパビリティ理論を支持する論者は、ケイパビリティと反貧困政策を直接結びつける（Johnson and Sherraden, 2007; McQuaid and Egdell, 2010; Balakrishnan et al., 2011; Storchi and Johnson, 2016）。McQuaid and Egdell（2010: 19）は、「アマルティア・センが発展させた幅広いケイパビリティ・アプローチは、その中に金融ケイパビリティも含まれるが、反貧困戦略で共通に用いられるようになっている」という。この引用文には2つの主張が見られる。ケイパビリティ・アプローチは反貧困政策にとって重要だということと、金融ケイパビリティがケイパビリティ・アプローチの一部だということである。本章はそれぞれの主張を見ていきたい。

社会政策において、貧困分析には2つの伝統、すなわち貧困の直接分析と間接分析の伝統がある〔訳注：一般的に貧困分析における直接的な方法は、貧困の定義と測定に焦点を当て、貧困線を設定して、貧困の程度を測定する。これに対し間接的な方法は、貧困の影響や結果に焦点を当て、貧困と健康、教育、学業、犯罪などとの関係を分析して、貧困が人々の生活に与える影響を明らかにするものである。なおセンのケイパビリティ・アプローチは、直接・間接の区分を超えたアプローチである〕。直接分析は、人々の経験した生活水準に焦点を当てる（Hick, 2012; Deeming, 2017; Davis et al., 2018）。貧困の間接分析は個人、特に低所得者の有する資源に焦点を当てる。人々が貧困線以下の所得に陥った場合、彼らは貧困状態にあるとみなされる。Hick（2012）は、ケイパビリティ・アプローチが貧困の直接分析に貢献するものだと主張する。ヒックは、ケイパビリティが貧困分析の枠組みにおいて、資源（手段）に優越するものとしてケイパビリティ（目的）を位置づけ、多面的な観点を採用して、人間の生活を制約する要因に幅広く光を当てたことを強調する（Hick, 2012: 301）。Hick（2012）は、ケイパビリティ・アプローチが貧困分析でいくつか貢献をしたと述べる。第一に、手段と目的を区別したことである。特に、重要なことは反貧困政策の目的であって、目的を達成するのに必要な手段ではない。ケイパビリティ・アプローチの支持者は、ケイパビリティや機能に重きを置くべきであり、目的を達成するための付随的な手段ではないと主張する。例えば、お金はケイパビリティや機能を支えるのに重要ではあるが、お金は単なる手段にすぎず、注目すべきは実際のケイパビリティや機能である。第二に、ケイパビリティ・アプローチは、単一の価値ある目的ではなく、一連の価値ある目的があることを認めている。多様なケイパビリティが重要であり、多様な貧困の様相がある。第三に、ケイパビリティや機能の役割は、人々が幅広い制約に直面していることを認識させるものである。

センは、固定的なケイパビリティ群を指し示してはいない。むしろセンは、ケイパビリティが時代によって変わり得ること、民主的な討議によって形づくられるものであることを示唆している。金融ケイパビリティとケイパビリティ・アプローチは名称が共通しているが、だからといって、前者が後者の一部であるとは限らない。金融ケイパビリティとケイパビリティ・アプローチの間で最も重複が起きそうなのは、金融知識を強調する場合である。

金融に関する決定能力は、市民権の価値ある一部分だとみなされ得る。確かに、社会的市民権について満足のいく概念は、金融の選択を行うための資源に加えて能力にも言及するものである。ケイパビリティ・アプローチは、人々がケイパビリティないし機能を発展させるために資源が必要であると主張する。金融ケイパビリティを意味あるものにするには、お金が重要だろう。もし、人が選択するための能力や動機を持ち、金融システムにアクセスできるのに、お金を持っていなかったとしたら、金融に関する決定はほとんど無意味なものとなる。そうなると、人々が経験する機会は、現実味がなく形式的なものとなるだろう。したがって、3つの要素が重要だと思われる。すなわち、お金、金融ケイパビリティ、そして金融包摂だ。他の要素よりもお金の供給を重視する人もいるだろう。例えば、政府は金融ケイパビリティを高める対策をとるよりも、各世帯に充分な額のお金を配ろうとするかもしれない。しかし、これらの要素は併存し得るものであり、政府は所得や資産の増加とあわせて、金融ケイパビリティや包摂を進めることも可能だ。

金融ケイパビリティの構築

　一つの論点は、金融ケイパビリティを構築する最善の方法は何かということである。こうした議論の多くは、金融教育や行動変容が金融ケイパビリティを高めるということを中心に据える。金融教育は、金融ケイパビリティを構築する方法として明らかなように見える。Lusardi（2019: 6）は、「金融教育は、金融リテラシーを育て、次世代の消費者・労働者・市民を教える重要な基盤である」という。

　こうした見方は全ての研究者に受け入れられているわけではない。Willis（2008, 2011）は、重大な「金融教育の間違った考え」が2点あると述べる。まずウィリスは、金融教育が金融知識を改善しているのか疑問を呈する。Willis（2008, 2011）は、金融教育についての最も実証的な研究は、設計が不充分であり、例えば金融教育の講座の受講者による自己認識に依存した研究があるという。金融教育の講座の参加者は、実際に金融知識が身についたか否かにかかわらず、知識が身についたと答えたがるものだから、そうした研究にはバイアス

がかかっているのだというのがウィリスの言い分である。金融教育を受けた「実験群」と、金融教育を受けなかった「対照群」を比較するランダム化比較試験を適切に設計していないと Willis（2008, 2011）はいう。

　次に Willis（2008, 2011）は、仮に金融教育が金融知識を改善したことが示され、知識が増えたとしても、それが行動の変化につながるという根拠はほとんどないと主張する。ウィリスは、行動を変える手段として、金融教育に代わる別の方法を探ったほうがよいという。Willis（2011）は、消費者を金融市場で助ける方法として、金融教育に代わる2つの対案を提示する。1つは、政府が消費者のために独立した金融助言者を用意するというもので、もう1つは、政府が行動変容のためにナッジ（背中をひと押しする）を行うというものである。「もう1つの可能性は、人々を変えようとすることを諦めて、人々の持つバイアスをうまく利用し、幸福の拡大に向けて金融の『決定』ができるようにすることだ」（Willis, 2011: 432）。

　Willis（2008, 2011）はおそらく金融教育に対して最も厳しい批判者といえる。ウィリスの金融教育論に対して、以下のような反論もあろう。すなわち、金融教育が金融知識を改善することを強調した適切な実証研究が存在している（Heinberg et al., 2014; Lusardi et al., 2017, 2019）。Heinberg et al.（2014: 698）は、「したがって次の重要な段階は、『一般的に』金融教育が機能する**かどうか**といった、誤解を招くような議論を超えて、金融教育のより良い設計と、適切な提供方法を通して、いかに金融教育を機能させるかという理解に進んでいくことだ」と主張する。アメリカの研究からわかることは、インターネットで提供される動画と金融技術が金融リテラシーと自己効力感を高め得るということ、したがって意思決定の改善につながるということである（Lusardi et al., 2017）。Heinberg et al.（2014）は、YouTube動画と、財政計画を改善する5段階の方法についての説明書がもたらした結果を報告した。その5段階の方法は、退職後の計画で中心をなす5つの分野、すなわち複利、インフレーション、リスク分散、退職後の蓄えに対する税制優遇、そして確定拠出型年金制度への雇用者負担に特化して知識を教えるものである。5段階の実験において、動画と説明書による教育の前と後を比較し、また対照群とも比較して測定した。金融リテラシーは、その国際調査に準拠して測定した（Lusardi and Mitchell, 2011;

Heinberg et al., 2014)。Lusardi et al. (2017) は、Heinberg et al. (2014) の研究を発展させ、動画と情報チラシと説明書に加えて、オンライン教材（例えば双方向の視覚教材）を補強してその効果を検証した。Lusardi et al. (2017) は、動画が最も影響力があるが、アクセス容易な双方向の視覚教材の効果をもっと研究する必要があると述べる。こうした教材はスマートフォンでも提供され得る。

● 行動のナッジ

Willis (2011) は、金融教育への対案として行動のナッジを提案する。このことは、行動経済学と公共政策への関心の高まりを反映している。Thaler and Sunstein (2008)『ナッジ』は近年、行動経済学への関心を高める契機となった（Camerer and Loewenstein, 2004; Thaler and Sunstein, 2008; House of Lords Science and Technology Select Committee, 2011; John et al., 2011; Oliver, 2013, 2015; Jones et al., 2014）。

Altman (2012) は行動経済学における2つの潮流を峻別する。その1つは「誤りとバイアス」アプローチで、Kahneman and Tversky (1979) のような研究者の研究に根ざしたものである〔訳注：ここでバイアスは、思い込みや周囲の環境などの要因により、非合理的判断、偏った傾向や見方をすることを意味する心理学用語〕。この潮流は、個人に共通に見られる心理的なバイアスに注目する。この研究で取り上げられるバイアスは、損失回避（人々は利益を得るよりも損失を避けることを好む）、自信過剰と群集心理（人々は群れに従う傾向がある）など、様々なものがある。Kahneman (2011: 300) は、「損失回避の概念は確かに、心理学が行動経済学に対してなした最大の貢献である」と述べている。「誤りとバイアス」アプローチは、自動的な「1型」思考と、統制された「2型」思考の違いを明らかにしている（Schneider and Shiffrin, 1977; Camerer et al., 2004, 2005; Camerer, 2007; Kahneman, 2011）。自動的な過程は、あまり考えずに素早く起きる脳の活動のことだ。統制された過程は、論理と計算を要する思考だ。バイアスの多くは、統制型思考ではなく自動的な思考に根ざしている。

もう1つの行動経済学の潮流は、有限の合理性に関する研究に基づいた「速

くて簡潔な」アプローチである。ハーバート・サイモン（Herbert Simon）は、このアプローチの先駆者だ。Simon（1955）は、普通の経済学における意思決定モデルには欠陥があるという。それは、人々が個人の幸福を最大化するための意思決定に必要な情報を吸収し処理する能力について、非現実的な想定をしているからである。サイモンによれば、処理には限界がある。サイモンの趣旨は、「世界的な合理性や経済人という想定をやめて、人間を含む生き物が、存在している環境下で、実際に有する情報へのアクセスと処理能力の範囲内で合理的な行動をする者だとみなすこと」（Simon, 1955: 99）にある。Altman（2012）は、この行動経済学の学派は、人は意思決定に際して近道をする、すなわち「ヒューリスティック」（訳注：人が何らかの意思決定をするときに、完璧な分析はせずに、簡略化した思考で判断する手法のこと）を適用する点を強調する。人は大量の情報を分析する代わりに、有益な近道として現状維持というバイアスを見せる。情報を処理するには時間と労力がかかりすぎるので、現状維持のほうが容易で簡単だと人は考える。

　Altman（2012）は、これら様々な行動経済学の要素が金融教育に対して様々な示唆を与えてきたという。「誤りとバイアス」の潮流からは、人々に備わったバイアスが変化しにくいため、金融教育が行動にはほとんど効果をもたらさないということをアルトマンはいう。政策立案者にとっては、人々の持つバイアスを利用して、ある種の行動を促すのがよいと主張する。Altman（2012）は、金融教育が「速くて簡潔な」アプローチでより役に立つと述べる。制度設計は、人々に特定の選択をさせるように仕向けるという点で、後者の「簡潔な」アプローチは重要だが、金融教育は、人々が特定の制度的文脈の中で選択する際の情報を改善できると主張する。例えば、

> 　意思決定者の行動特性を変えようとするのではなく、有限の合理性という見方から貯蓄行動を変える際に、金融教育は役割を果たし得る。むしろ、従業員に知識を与えることで、退職後に向けて投資を増やすことを選ぶ従業員が現れるかもしれない。また、年金計画の選択肢の情報を提供することで、特定の年金に関わるリスクをよりよく理解できるようになる（Altman, 2012: 683）。

●Save More Tomorrow 事業の例

　Altman（2012）は、退職後の蓄えを増やすために金融教育と行動経済学を有意義に統合できると説く。このことは、行動経済学の最重要の応用である。本項は、Save More Tomorrow（SMarT）事業を特に取り上げて論じる。デフォルト〔訳注：相手に既定の選択肢を1つ提示し、何もしなければそれが自動的に選択され、別の選択をしたい場合は能動的に意思表示をしてもらう行動選択の提示方法のこと〕を設計することは行動経済学からの重要な提案だ（Willis, 2013）。Willis（2013: 157）は、「『ナッジすること』——実質的に選択肢を減らすことなく、良い結果につなげるために、人々の選択を誘導すること——は大流行していて、仕向ける手法として最も人気がある手法は政策のデフォルトである」という。デフォルトの設定に重みがあるのは、人々が現状維持に執着しがちだからだ。Thaler and Sunstein（2008: 8-9）は、「現状維持バイアスと呼ばれるものを考えてみれば、惰性をしゃれた表現にしたものだ。我々が探求する多くの理由から、人々は現状のままか、あるいはデフォルトの選択肢で進めていく傾向が強い」と述べている〔訳注：現状維持バイアスとは、未知のものや変化を受け入れず、今のままでありたいと望む心理作用のことで、心理学や行動経済学における認知バイアスの一つである〕。

　現状維持が当てはまる領域の一つは、退職後のための私的な貯蓄を増やす計画である。Thaler and Sunstein（2008）は、標準的な経済理論が用いる主なライフサイクル・アプローチに疑問を呈する。ライフサイクル理論によれば、人々は退職後の消費支出のために、働いている間に貯蓄をする。人々は人生全体を通して消費を平準化させるため、貯蓄計画を立てる（Attansio et al., 2005; Crawford et al., 2012）。

　Thaler and Sunstein（2008）は、こうしたライフサイクルモデルには2つの大きな問題があるという。第一に、生涯にわたる最適な貯蓄計画を立てるのはほぼ不可能だということを人々は認識する。Ring（2012）は、年金の選択の複雑さが、いかなる合理的な意思決定も困難にしてしまっていると主張する。Ring（2012）によれば、年金の効果とリスクをめぐる不確実性は、年金の決定において信頼が重要であることを物語っている。リングは、職域年金への自動

加入は信頼をより重要なものとすると付け加えている。というのは、より多くの人々が確定拠出型年金制度に移行しており、人々は雇用主と金融機関が適切な制度を提供するだろうと信頼するしかないからである。

　第二に、Thaler and Sunstein（2008）によれば、仮に最適の貯蓄計画を立てられるにしても、そうした計画を維持するのは難しいということを人々は認識する。人生の様々な時点において人がいだく様々な需要は、例えば奨学金の負債と住宅購入費のように、互いに競合する。そのため、退職後の蓄えはいつも優先されるわけではない（Creedy et al., 2015; Foster, 2017）。先行研究によれば、年金計画は年齢と相関しており、30歳台・40歳台以下は年金の受給についてあまり考えておらず、また女性は男性よりも考える時期が遅いという（MacLeod et al., 2012; Scottish Widows, 2020）。

　セイラーらは、退職後の蓄えを促すために、政府は選択の枠組みを作るべきだと提言する（Thaler and Benartzi, 2004, 2007; Thaler and Sunstein, 2008）。セイラーらは、年金の蓄えを考える際の4つの主なバイアスを強調する。

　　有限の合理性、自己統制、先延ばし（それにより惰性が生じる）、そしてごくわずかな損失回避。これらの世帯は、現在の貯蓄ではきっと足りないことはわかっていながら、どの程度貯蓄すべきかわからない。しかし、貯蓄を増やすことを先延ばしして、それは後でやろうと考えるのだ（Thaler and Benartzi, 2004: 170）。

　Thaler and Benartzi（2004, 2007）は、こうした行動のバイアスに基づいてSMarT事業を設計した。SmarT事業は2つの柱からなる。第一に人々は自動的に年金制度に加入し、第二にその加入者は既定の率で貯蓄を行う。現状維持バイアスは、人々が年金に加入した状態を続け、既定の率で貯蓄することを意味する（Thaler and Benartzi, 2004, 2007; Thaler and Sunstein, 2008）。損失回避効果を緩和するため、賃金の上昇に合わせて年金保険料額も増加すべきである。従業員は、いつでも自由に脱退できる。

●行動のナッジは自由を阻害するのか

　前述の議論では、ケイパビリティ・アプローチを支持するために金融ケイパビリティが使われることを示唆している。さらには、センのケイパビリティ理論は社会的市民権に拡張して使われ得る。前述の議論はまた、金融教育や行動のナッジが金融ケイパビリティの構築により良く位置づけられるかの論争も検討した。教育は通常、ケイパビリティ・アプローチの重要な一部であるが、行動のナッジはその倫理をめぐる論争という潜在的な問題も生み出している。

　行動経済学の支持者は、行動経済学は自由主義原理を尊重していると主張する。Thaler and Sunstein（2008）は、これらのナッジ理論は「自由主義的パターナリズム」の一種だと主張する。彼らによれば、

　　我々は、選択の自由を維持し拡大する政策の立案に努めている。我々が**パターナリズム**の修飾語として**自由主義**と言うとき、それは単に自由を守ることを指している。自由を守ると言うとき、それは本当にそういう意味で言っている。自由主義的パターナリストは、人々が自分の道を行きやすくしてやりたいと考えており、自由の行使を望む者に負担を与えたくはない（Thaler and Sunstein, 2008: 5, 強調は原著者）。

　Thaler and Sunstein（2008）は、彼らの理論はパターナリストであり、それは彼らの理論が、政府による個人の選択の背景設定を含んでいるからだという。政府は選択の枠組みを設定し、人々が特定の選択をなすようにナッジしようとしている。Thaler and Sunstein（2008）は、最終決断は個人に委ねられていると述べる。この点は、ナッジ理論が選択の自由を保障しているという趣旨であり、そのため自由主義者に模倣され得る。

　Hausman and Welch（2010）は、ナッジ理論が本当に自由主義なのか疑問を呈する。ハウスマンとウェルチは、パターナリズムは通常、個人の選択を制限するものであり、ナッジ理論は個人の選択を制限しようとするわけではないから、典型的なパターナリズムにはあたらないと主張する。彼らによれば、ナッジ理論というのは、政府が個人の選択を形づくろうとする場合に限ってパター

ナリズムとみなされるという。すなわち、

> 人間の意思決定の欠陥を利用して、あるものとは別の選択肢を選ぶように人を仕向けることを、選択を「形づくる」と呼ぶことにしよう。合理的な説得をせずに、「形づくる」ことを意図するものである。「人心の操縦」と言ったほうが自然な名づけ方であろうが、人の選択を形づくることが正当化され得るのか懸念されるため、非難の意を含む語の使用を避けた（Hausman and Welch, 2010: 128-9）。

Hausman and Welch（2010）は「人心の操縦」の語を避けたものの、ナッジ理論をめぐっては倫理的な論争の中では用いられてきた（Thaler and Sunstein, 2008; Bovens, 2009; Wilkinson, 2013）。人心の操縦は個人の自律性を損なう、すなわち人が自身の決定を統制し得なくなることから、倫理的な問題を呼び起こす。そのため、Hausman and Welch（2010）は、ナッジ理論が本当に自由主義なのかと疑問を呈する。他の論者は、人心の操縦から人々を保護するためには、ナッジの存在に関する透明性や、ナッジから退出する機会が容易かつ極めて廉価であることが十分条件だと述べる（Bovens, 2009; Wilkinson, 2013）。

Thaler and Sunstein（2008）は、ナッジの存在を人々に意識させる公開性の原則を支持する。すなわち、

> Save More Tomorrow事業を考えてみよう。人々に提案の本質を明確に説明し、それを受け入れたいかどうかを具体的に尋ねる。同様に、企業が年金の自動加入を適用する際にも、企業はそれをこっそりやるのではなく、自動加入の計画に参加することで労働者の多くがより良くなるからやるのだ、ということを正直に説明できる（Thaler and Sunstein, 2008: 245）。

Thaler and Sunstein（2008）は、彼らを人心の操縦の恐れから保護するためには、従業員にSMarT事業からの退出の機会を与えることに加え、事業のナッジを意識させることが十分条件だという。

行動経済学と行動の緊張関係

　初期の年金自動加入の事例は、アメリカの企業で見られた。この制度に関する研究からわかったことは、自動加入は職域年金への加入を増やせるということである（Madrian and Shea, 2001; Choi et al., 2002, 2004）。自動加入の政策で最も引用された研究の一つ、Madrian and Shea（2001）は、年金制度を自由加入から自動加入に変更したアメリカ企業経営者の証言を報告している。彼らの報告によれば、従前の加入率は48.7％だったが、従業員が脱退を選択する新制度になると加入率は85.9％になった。Madiran and Shea（2001）は、この結果は「提案の力」、すなわち職域年金制度への参加が自動加入によって提示されたことの力を示すものだという。提案の力の背後には、先延ばしが重要な要素となっていると彼らは指摘する。彼らは、提案の力の背後にある要素についてはさらなる研究が求められるとして、複雑さのゆえに貯蓄の意思決定の先延ばしが起きているのだとすれば、政策立案者は意思決定を単純化する方法を探求すべきだと述べる。人々が年金自動加入に関する適切な情報や助言がないために先延ばしが起きているとすれば、教育が良い対策だと主張する。

　Madrian and Shea（2001）は、行動変容の方法として、一般的に最上の方法を挙げる。行動のナッジは、金融知識よりも姿勢や動機に焦点を当てる。金融知識が行動変容に影響をもたらすのか疑問を投げかけられているが、行動のナッジは独自の問題提起をしている。行動のナッジを正当化するために用いられる想定は、ナッジの限界を導出することにもなるだろう。このことは、貯蓄を増やすためのSMarT事業のテクニックに見られる。Thaler and Benartzi（2004: 169）は、ここには「自動加入の不都合な面がある。自動加入がなぜ加入率を高めるかを説明するものはまさに惰性であり、その惰性が自動加入の参加者の貯蓄率を下げることにもなっている」と認める。既定の貯蓄率は、全ての退職者にとって充分な収入を保障するものではないので、行動の欠如は問題である。人々は、既定の貯蓄率以上に貯蓄することを期待されており、そのためには何らかの行動を必要とする。

　行動と受動性の間の緊張関係はイギリス政府による年金自動加入制度の検証

でも述べられている。年金自動加入については第3章で検討する。イギリス政府は自動加入政策の次の段階を考察するために、2016年に検証を行った。この検証の最終報告は2017年12月17日に公刊された（Department for Work and Pensions, 2017）。この検証で論じられた3つの主要な戦略的課題の一つが、職域年金への個人の関与を高めることである。「貯蓄の状態をデフォルトに設定し、自然な惰性をうまく利用することによって、自動加入は数百万の人々の行動を変えつつある。しかし、多くの人は年金貯蓄に参加していない」（Department for Work and Pensions, 2017: 73）。

　自動加入制度以前は、私的年金の貯蓄の参加者はほとんどいなかったと、この検証では指摘されている。かつては年金貯蓄には多くの障害要因があって、その障害要因は現在も続いているため、自動加入制度が必要とされており、多くの解決すべき問題を浮き彫りにしている、という。

> 　年金に関する決定に直面したとき、人は決定を先延ばしにすることが行動分析で示されている。保険料の増額オプションといった年金の複雑な実態、または複雑だという認識のゆえに、人は決定を遅らせる。こうした複雑性という困難は、読み書き能力や計算能力の低さによって、さらには複数の種類の貯蓄に分散していることによって、さらに悪化し得る（Department for Work and Pensions, 2017: 75）。

　前述の引用は、人が先延ばしすることを述べている。しかし、先延ばしは年金の意思決定の困難につながる。それに対するわかりやすい対策は、こうした複雑さに耐えられるように助けることだ。前述の引用は読み書き能力や計算能力の低さを挙げていたが、それへの対策は政府が金融教育の拡充を試みることである。これが、行動のナッジを超えた、先送りに対する直接的な対策となろう。

　この検証はまた、他の要因も挙げている。「この検証に対する反応は、年金や金融サービスに対する人々の不信感を示唆しているのかもしれない。信頼の欠如は誤解と結びつき、貯蓄を思いとどまらせることになる」（Department for Work and Pensions, 2017: 75）。繰り返すが、これらの要素は本質的な認識の限界

というよりは、金融サービスの問題点に対する合理的な反応である。政府は、さらなるナッジを求めるよりも、金融サービスに対する規制を強化することに注力したほうがましかもしれない。

結　語

　本章は金融ケイパビリティを検証した。人が金融の意思決定をなすとき、選択のための能力と動機、それに加えて金融システムへのアクセスを必要とするので、このテーマは重要である。この領域は金融化にも関連がある。というのは、批判者は金融ケイパビリティを、投資主体を生み出す取り組みの一部として示しているからである。本章は、金融ケイパビリティが投資主体を生み出すために使われ得ると述べた。本章はまた、金融ケイパビリティが市民権を支えるために使われ得ることも示した。後者への最も確実な途は、金融ケイパビリティをケイパビリティ・アプローチの一環として見ることである。こうした立場は、人々や世帯が金融ケイパビリティや金融包摂に加えてお金も必要としているということを認めるべきだ。したがって政府は、人々が金融ケイパビリティを高めるのとあわせて、お金を持てるように保証すべきである。本書は第5章でこの論点に立ち返り、人々に定期的な収入を支給する方法としてベーシック・インカムのような考え方を検討する。

　本章はまた、多様な金融ケイパビリティの構築方法を検討し、金融教育や行動のナッジが果たす役割を反映した。これらの多様なアプローチが時には相対立するものとして提示されるが、これらのアプローチが一つに統合されるべき理由がある。本章は、SMarT貯蓄制度を例に、このことを検討した。次章では、金融包摂と貯蓄について、これらのテーマを取り上げて検証する。検討の対象はイギリスの職域年金の自動加入制度で、そこにはSMarTの発想が反映している。

第3章

金融包摂と貯蓄

はじめに

　冒頭の2つの章では、金融包摂と金融ケイパビリティの概念を紹介し、金融包摂と金融ケイパビリティが相互補完的であることを示した。人々が金融に関する決定をするとき、金融システムにアクセスする必要がある。この点は金融包摂の重要性を示している。人々はまた、ひとたび「メインストリームの金融」にアクセスしたら、金融に関する決定が可能でなければならないが、意思決定のための知識、技能、自信を持っていないかもしれない。加えて、金融に関する決定の能力は個人の自由を構成する重要な部分とみなされる。この点は、金融ケイパビリティの重要性を強調するものである。

　本章は、以前の章で述べた一般論から離れて、金融包摂が実践の場でいかなる意味を持つのかを考察する。金融包摂の具体例を見ることにより、金融包摂の一般論を実質化するとともに、金融包摂が直面するジレンマや困難に光を当てることができる。考察可能な領域は幅広い。第1章では、金融包摂が銀行業務、保険、信用、貯蓄といった領域にわたることを述べた。これらのセクターの各々に、多様な種類の政策がある。全ての関心領域を調査することは不可能だ。そうではなくむしろ、本章はイギリスの特定の政策の関心領域として、貯蓄政策に焦点を当てる。統計データによれば、人口のかなりの割合が、ほとんど、ないし全く貯蓄していないという。例えば、イギリスの22〜29歳の人口の約53％は、2014〜16年に、貯蓄口座への貯蓄が全くなかった。イギリスの

63

世帯の貯蓄率、すなわち世帯所得に占める貯蓄の割合は、2015年から2018年の間に半減した。また、イギリスの世帯の貯蓄率はEU全体の平均よりも低い（McKay et al., 2019）。

イギリス政府は、無貯蓄問題に取り組もうとしてきた。例えば、前労働党財務大臣のアリスター・ダーリング（Alistair Darling）は、貯蓄増加のため「貯蓄の入口」（Saving Gateway）政策を2010年に導入することを約束した。これは、低所得者向けの2年間の特設貯蓄口座であり、「貯蓄の入口」口座の名義人が1ポンドを貯蓄するごとに政府が50ペンスを支給する（政府の支給上限は25ポンド／月）（House of Commons Library, 2009; HM Treasury, 2010a）。貯蓄の入口と、児童信託基金（後述）は、保守党・自由民主党連立政権が2010年の総選挙で誕生した後、最初の歳出削減の対象とされてしまった。この削減は、緊縮財政による歳出削減の一環であった。2011年、全国的な「貯蓄の入口」の導入計画は撤回され、児童信託基金への支出は中止された。

しかしながら、これらの取り組みが消滅したわけではなかった。「貯蓄の入口」は、イギリスの政策立案者の間では今なお支持を集めている（Financial Inclusion Commission, 2015）。2015年の総選挙後、保守党の大臣ジョージ・オズボーン（George Osborne）は、2016年予算において、彼は「貯蓄支援」（Help to Save）制度の導入という形で「貯蓄の入口」を復活させた。勤労者タックスクレジット〔訳注：2003年に導入された、低所得者向けに支給される公的扶助〕やユニバーサル・クレジット〔訳注：2013年に導入された、低所得者向けに支給される公的扶助で、従来の多様な公的扶助を統合した〕を受給し、週16時間の最低稼得収入ないし全国生活賃金（National Living Wage）〔訳注：最低賃金額を算定する基準として2016年に導入された指標〕を得ている350万人の成人が利用できる。2年にわたり「貯蓄支援」口座に毎月上限50ペンスを貯蓄すれば、政府が貯蓄額の50％を補助する。したがって、個人が2400ポンドを貯蓄すれば、政府が1200ポンドを補助する（HM Treasury, 2016）。児童信託基金の復活も望まれている（Atkinson, 2015）。

本章は、人々に長期的な貯蓄を促す2つの政策、すなわち児童信託基金と、職域年金への自動加入を詳しく検討する。両者とも貯蓄政策の先駆的な例である。児童信託基金は、全ての若者に、18歳になったときに貯蓄へのアクセス

を保障するものである。職域年金への自動加入は、退職後の私的な貯蓄を支援するためのものである。

児童信託基金は極めて短い間しか続かなかったが、金融包摂の設計について有益な洞察をもたらしてくれる。児童信託基金は資産ベース福祉の例として引き合いに出されてきた。児童信託基金に対する批判の一つは、児童信託基金が結局のところ、投資主体を生み出すことをねらいとしているということであった（Watson, 2008; Finlayson, 2009）。Finlayson（2009: 409）は「資産ベース福祉政策は、労働党政権が実施したように、富の再分配が主な政策目標ではなく、個人を主流の金融システムの中に組み込むことであり、金融リテラシーを高める機会を開くことだ」と主張する。本章は、労働党政権の児童信託基金への批判が影響力を持っているにしても、そうした批判はイギリスの様々な領域で、異なった方法で政策が展開されていたことを見過ごしている点を論じる。特に、権限移譲されたウェールズ政府は、従来と異なる平等主義的な観点から児童信託基金を形づくった。

職域年金への自動加入制度の将来はもっと確実なものである。金融包摂協議会（Financial Inclusion Commission, 2015: 17）によれば、

> 職域年金への自動加入制度は全国的に導入されつつあり、2018年までには全ての雇用主が制度を提示しなければならなくなる。労働者は自動的に制度に加入し、退出の選択をすることになるので、この制度変更は年金貯蓄の利用を大きく増やすはずだ。このことは、退職後の蓄えをしたことのない数百万もの人々が貯蓄を始めるということであり、家計を立て直す力をつける前向きな一歩となる。

金融包摂協議会は、他の職域貯蓄商品に自動加入を取り入れることを勧めている（Financial Inclusion Commission, 2015）。本章は、この政策の働きについて独自の定性調査を行う。そこから得られた知見は、金融包摂が平等主義的な方針で設計されたとしても、困難に直面するはずだという点である。

本章の構成は以下の通りである。第1節は、児童信託基金の根拠となる資産ベース福祉を概観する。第2節は、児童信託基金が金融市場における投資主体

を生み出すためのものだという批判を示す。第3節は、イギリスにおいて異なる方法で児童信託基金が展開されていることを述べ、特にウェールズ政府による児童信託基金の改革に着目する。この議論は、異なるやり方で金融包摂政策を立案することが可能だということを強調するうえで重要となる。その次の節では職域年金への自動加入を考察し、続いて自動加入政策の限界を論じ、政策が取り組むべき課題を示すこととする。

資産ベース福祉

　資産ベース福祉は、児童信託基金や「貯蓄の入口」の施策に対し、大いに合理性を付与した。アメリカの研究者マイケル・シェレイデン（Michael Sherraden）は、年金や貯蓄といった個人資産の重要性を強調する新たな社会政策のアプローチとして、1990年代に「資産ベース福祉」という言葉を創り出した（Sherraden, 1990, 1991, 2003; Schreiner et al., 2002; McKernan and Sherraden, 2008）。シェレイデンの発想が初めて最もよく示されたのは1991年に出版された彼の著書『資産と貧困者：新たなアメリカ福祉政策』であった（Sherraden, 1991）。著書の標題で資産と貧困者を直接つなげ、そうすることによって、彼の理論が貧困対策の社会政策の伝統の一部であることを強調しているのである。

　「資産効果」は、資産ベース福祉の中心概念である。シェレイデンは、課税と補助金による所得移転が、貧困に取り組む社会政策の中心的な方法となっていると主張する（Sherraden, 1991）。シェレイデンは、所得移転は貧困の症状を緩和するものの、貧困の背景となる原因を解決することにはならないという。シェレイデンによれば、資産はストック指標であるのに対し、所得はフロー指標なので、資産と所得は根本的に異なるものである（Sherraden, 1991）。Nam, Huang and Sherraden（2008: 2）は、「社会政策の文脈における資産のストックは通常、金銭的な資産（退職金口座や教育用貯蓄口座への補助など）や有形物の資産（持ち家への補助など）の形をとる」と述べる。シェレイデンは、資産のストックを人々に提供することによって、所得の提供を超える「資産効果」が生まれ、それによって人々の思考・行動様式が変わると説く（Sherraden, 1991）。

人々は問題の発生を避けるようになる。例えば、人々は解雇されないよう職業訓練に投資するだろう。

　Sherraden（2003）は、資産ベース福祉と、センのケイパビリティ・アプローチを直接結びつける（第2章で論じた）。シェレイデンは、「社会政策の最善の選択肢は、消費を福祉だとする見方を超えて、センが機能やケイパビリティと呼ぶものへ向かうだろう。人々が資産を築くことは、ケイパビリティを高めるとともに、経済成長と社会開発のトレードオフを改善するための一つの政策手法だ」（Sherraden, 2003）と述べる。Nam, Huang and Sherraden（2008）によれば、センは開発すべきケイパビリティを特定していないが、多様なケイパビリティを特定して試してみることが重要であり、資産ベース福祉がケイパビリティ・アプローチを具体化する機会を与えているという。

　3つの要素が資産効果に寄与しているといえる。第一は、この効果が資産の保有から生まれることであり、第二は資産を得たり築いたりする過程で人々の思考・行動様式が変わり得ることであり、第三は、資産の使い方から資産効果が生まれることである（Bynner and Paxton, 2001; McKernan and Sherraden, 2008）。各要素が資産効果に寄与する程度は、資産によって様々に異なる。多様な要因の組み合わせが、資産政策の設計にとって重要である。例えば、資産の獲得が資産効果の主な要因であれば、政策は資産の保有や使用よりも資産の獲得を支援すべきだということになる。

　資産効果の仮説は論争的だ。こうした効果の存在を認める実証研究が増えているとはいえ、全ての論者に受け入れられているわけではない。しかも批判者は、望ましい政策効果を達成する最善の方法が資産であるのかについて疑問を投げかけている。例えば、個人開発口座（IDA）への個人的な投資を促すよりも、学校や大学に公的資金を支出するほうが、個人の技能を高められるのではないかといった議論である（Bynner and Despotidou, 2000; Bynner and Paxton, 2001; Emmerson and Wakefield, 2001; Loke and Sacco, 2011; Gregory, 2014）。

●個人開発口座（IDA）

　シェレイデンは、資産ベース福祉を体現する個人開発口座（IDA）を開発し

た（Sherraden, 1991）。個人開発口座は低所得者を対象とする特別な貯蓄口座だ。この口座に預けられた個人の貯蓄は民間の委託先（企業など）または公的機関（中央政府または地方政府）からマッチングで補助金を支給される。マッチング補助金額には通常上限が設定される。個人開発口座の期間はまちまちだが数年間継続する。Sherraden（1991）は、これらの口座への貯蓄は個人の開発、特に起業、訓練、住宅購入の積立を使途とすべきだと述べた（Sherraden, 1990, 1991, 2003; Schreiner et al., 2002; McKernan and Sherraden, 2008）。

個人開発口座は大いに関心を惹いた。シェレイデンはワシントン大学セントルイス校にて社会開発センターの設立を支援し、同センターは世界中で個人開発口座に関する研究をコーディネートして広めている。アメリカやウガンダといった国で個人開発口座の試行が行われてきた。アメリカでは、個人開発口座が低所得者層の貯蓄にもたらす効果に関する実証研究がある。初期の研究は、1997〜2001年に実施されたアメリカンドリーム・デモンストレーション事業というものであった。この事業の最終報告書によれば、より貧しい人でも個人開発口座に貯蓄できるのだという。この事業の平均的な参加者は、1ドルの貯蓄に対し2ドルが補助され、12か月中約6か月間貯蓄を行った（Schreiner et al., 2002）。児童開発口座や大学貯蓄基金などの関連する取り組みに関して一連の研究が行われ、これらはアメリカの金融包摂や貯蓄政策に関する研究だといえる（McKernan and Sherraden, 2008）。

Feldman（2018）は、個人開発口座の実証研究に批判的な観点を提起する。フェルドマンは、既存研究の成果に対する3つの疑問を検証した。すなわち、個人開発口座は貯蓄を増やすのか、個人開発口座は利用者の人生観を変えるのか、そして個人開発口座が資産の蓄積に与える一般的な効果は何かというものである。彼は、これらの既存研究に共通した特徴として、適切に設計されたランダム化比較試験で個人開発口座の実験群と統制群を比較する研究が欠如していることを指摘する。彼は、個人開発口座の影響に関する実証的な支持が弱いものにすぎないとの批判的な見解を示している。

Feldman（2018）は続けて、資産ベース福祉は貧困研究にとって重大な欠点があるという。第一に資産ベース福祉と個人開発口座は、貧困の構造的な原因よりも、個人のエイジェンシーを優先している。貧困を広汎な不平等よりも

個人の失敗から生じるものとみなしている。第二に、彼は個人開発口座において持ち家に重点を置くことに疑問を投げかける。彼は世界的な金融危機の経験から、持ち家を促したことが問題の解決どころか悪化をもたらしたという。第三にFeldman（2018）は、高等教育が高賃金につながるのか疑問を呈し、まともな賃金が払われるような仕事が欠如していることを見落としていると主張する。彼は、新自由主義的な福祉政策の手法が多様にあるという。「資産形成の事業は新自由主義的な論理を弄する。というのは、そうした事業は、人々が自らの能力を高め、市場中心の社会でよりよく競争できるように、貯蓄して資本蓄積を行う、訓練された市場のアクターに人々を変質させるのが役割だからだ」（Feldman, 2018: 187）。

　Feldman（2018）は、資産ベース福祉を完全に拒否しているわけではない。むしろ彼は、この論点の方向性を変えるべきと述べる。例えば、集団的な資産所有の方向で持ち家の議論を始めるために資産ベース福祉を活用できるという。本書は第4章で住宅の問題を詳述する。Feldman（2018: 195）は以下のように述べる。

　　クレジットユニオンや協同組合は、人々の上昇志向の夢を悪夢に陥れるような搾取行為に関わらないので、支配的なメインストリームの資本主義経済のなかで単独の優れた参加者となる方法を説くよりも、クレジットユニオンや協同組合のような別の銀行形態を通して人々は集団的に資産を形成できる。また、政府が出資・規制する手頃な価格の住宅を促進することにより、気まぐれな民間住宅市場に対抗することもできる。

　彼はまた、人々がいかに資産ベース政策や貧困政策全般に参加するかについての質的研究を呼びかける。そうした研究によって、貧困に暮らす人々の生活を形づくる構造的制約をより深く洞察できるからである。本章は、職域年金への自動加入についての独自の質的研究を論じる際に、この点に触れるつもりだ。

長期的な貯蓄：児童信託基金

　労働党政権は2005年に児童信託基金の制度を導入した。この制度は2002年9月以降にイギリスで生まれた全ての乳児に250ポンドを支給し、さらに低所得世帯の子には250ポンドを追加支給するものであった。低所得世帯の子への追加支給は「進歩的普遍主義」、すなわち最も困窮する者への追加支給を盛り込んだ全員への補助金、という趣旨である。この補助金は18年間有効の口座に支給され、年間最大1200ポンドまで貯蓄できる（HM Treasury, 2003）。

　児童信託基金政策の公表の準備段階で、シェレイデンはこの政策の発展に貢献するため、労働党政権から特に招聘された。児童信託基金の原型はシェレイデンの個人開発口座に倣ったものであった（Kelly and Lissauer, 2000）。Bynner and Despotidou（2000）による、資産効果に関する研究は、児童信託基金への最初の補助金額の計算に影響を与えた。彼らの研究はイギリスの全国児童発育調査から、（約数百ポンドの）ささやかな金額でも個人の状態の改善（健康の向上など）につながる資産効果を充分生み出せることを示した。

　児童信託基金は全ての乳児に資本を供与するものであった。進歩派はこの政策を再分配政策の実現の機会とみなし、政策の支持に回った。この点は、第5章で論じる予定の「ベーシック・キャピタル」論と重なる。ただし、ベーシック・キャピタル論の支持者は全ての若者に対してはるかに多額の補助金を求めている。例えば、Le Grand and Nissan（2000）は、18歳の全ての若者に1万ポンドの補助金を求めた。児童信託基金の補助金の少なさは進歩派を失望させた。労働党政権は、人々に貯蓄を習慣づけるために児童信託基金を活用すると強調していたため、この政策の急進的な可能性が押しつぶされてしまうと彼らは考えた。労働党は「全ての人に貯蓄と資産を」「貯蓄と資産を届ける」といったキャッチフレーズに示される貯蓄戦略の中に児童信託基金を位置づけたことから、児童信託基金における貯蓄習慣の重要性が見て取れる（HM Treasury, 2001a, 2001b）。諮問文書によれば、労働党は労働・熟練・所得補償・公的サービスに続く福祉国家の新たな柱として、資産ベース福祉の計画を考えていた（HM Treasury, 2001a）。労働党はまた、児童信託基金を学校の金融教育

と統合したいと考えた。児童信託基金は結局のところ、富の不平等を根本的に是正するのではなく、投資主体アプローチを支持するために使われたと、批判者は主張した（Watson, 2008; Finlayson, 2008, 2009）。

●考察

児童信託基金への労働党の政策は個人の責任と貯蓄の重要性を強調していたものの、平等主義者の主張を参考にした政策も含まれていた。低所得世帯の子に対する追加の250ポンドは、「進歩的普遍主義」の概念を導いた。ゴードン・ブラウン（Gordon Brown）は、彼が財務大臣であった2002年にこの用語を取り入れた（Gregory and Drakeford, 2011）。進歩的普遍主義は、普遍的なサービスを約束しつつ、最も困窮する人に進歩的な援助を追加するという意味である。2002年のプレバジェット・レポート〔訳注：財務大臣から毎年議会に提出される経済報告の一つ。翌年春に提出される予算案に先立って、税金や歳出など重要な論点について国内での議論を喚起する目的がある〕において、進歩的普遍主義は主に児童信託基金に適用されていた。

> 児童信託基金は普遍的な口座であり、誕生の時点で全ての子に開かれており、政府からの補助金が支給される。進歩的普遍主義の原理で設立され、全ての子が補助金を受け取るが、貧困の世帯の子が多額の補助金を受け取る。児童信託基金は、全ての若者が家庭環境にかかわらず、資産のストックに直ちにアクセスして大人の人生を確実に歩み始められるようにすることで、貯蓄機会の促進という政府の目的を後押しするだろう（HM Treasury, 2002: 98）。

進歩的普遍主義に関する労働党の政策は、貯蓄の強調に偏っていた。労働党の主要な児童福祉基金政策は実務上、全体的に不平等を増幅させる効果があるものだった。第一に、高所得世帯は低所得世帯よりも貯蓄に有利な立場にあった。児童信託基金は、その子の家族や友人が専用口座に年間1200ポンドまで追加で貯蓄できる制度であった。公式統計によれば、2002年9月1日か

ら2010年4月5日までに生まれた子について、追加貯蓄ができた低所得世帯は13%にとどまったのに対し、貯蓄ができた高所得世帯は28%であった。児童信託基金の平均貯蓄額を見ると、高所得世帯の子は年間平均321ポンド、低所得世帯の子は年間181ポンドと、高所得世帯のほうが多かった（HM Revenue and Customs, 2011）。このことは、低所得世帯を対象とした特別な政策なしには、児童信託基金は全体として不平等の増幅をもたらすことを意味する。

　第二に、2000年代末の金融危機以来、預金の実質金利がしばしば極小ないしマイナスとなった。そのため、児童信託基金のような政策で人々に長期的な貯蓄を促すべきか、疑わしくなっている。こうした疑問に対する反論としては、無貯蓄の場合のリスクを指摘する議論がある。

　だが、児童信託基金は満期を迎えた際に、全ての18歳の人に対して、直ちにアクセスできるささやかな緩衝材をもたらしてくれる。追加の補助金を得た人は500ポンドの児童信託基金を持っている。児童信託基金口座に追加で貯蓄しなかった場合、補助金の実質価値は18年間で下落する。年間のインフレ率が2%（政府のインフレ目標値）で、500ポンドの補助金に金利がつかなかったと仮定すると、補助金の実質価値は350ポンドに下落することになる。そのため、誕生の時点ですぐ支給するよりも18歳まで待つのがはたして良いことなのかという疑問も生じるが、それでもなお、補助金はささやかな金銭の緩衝材となってくれるだろう。

　第三に、幼い年齢の間に資産を与えるよりも、所得を増やすことに政策が注力すべきか否かという議論がある。調査によれば、子が幼いうちは、家族、特に女性は最も財政的な制約に直面するという（Ginn and Arber, 2002; Women's Budget Group, 2010）。そのため、児童信託基金よりも児童手当を増額して所得を増やしたほうが、貧困削減政策として優れているのではないかという問いが生まれてくる。児童貧困行動グループ（The Child Poverty Action Group）は、幼い子のいる世帯に援助するという、児童信託基金に体現された理念を支持する一方、児童手当の増額がより望ましいとしている（The Child Poverty Action Group, 2005）。児童信託基金の擁護者は、児童信託基金と児童手当を二者択一にする必要はないという。所得代替と資産を包含した政策にすべきだとSherraden（1991）は主張する。彼によれば、資産所有は貧困の世代間連鎖

を防ぐためであり、所得補償と並んで役割を発揮するという。こうした主張に対する反論は、両者を二者択一にする必要はないものの、限られた資源で政策効果を最大化しなければならないというものである。したがって選択肢は、児童手当か児童信託基金のいずれかということになる。しかしここで、政策の選択肢の枠組みがどのように設定されるのかという疑問をいだくかもしれない。White（2010）は、他の選択肢、例えば高等教育への補助金といったものと比べれば、資本の支給のほうがましだと述べる。だが、児童信託基金は進歩的な目的を達成する最善の方法かどうか、疑いが生じるかもしれない。

　第四に、児童信託基金は労働党政権下で金融サービスの弱体化を招いた。労働党は児童信託基金を、中低所得層向けの「ステークホルダー」貯蓄商品として宣伝した。ステークホルダー商品には通常、上限1％の手数料が適用される。金融機関は、児童信託基金を提供するには、上限1％はあまりに低すぎると主張した（Select Committee on Treasury, 2003）。最終的には、上限1.5％の手数料率で合意に達した。金融機関による利益追求が成功して上限が1.5％になったが、金融機関にとって児童信託基金は上等な商品とみなされなかった。金融機関は一般的に、児童信託基金の資金を幅広い事業に活用することができた。銀行はリテールと投資の機能を分離することもできるが（Independent Commission on Banking, 2011）、労働党政権下では分離が義務づけられていなかった。児童信託基金の資金を投機に充てることも可能だった。しかし、金融危機の責任をより重く問われる金融機関もあった。例えばロイヤル・バンク・オブ・スコットランド（Royal Bank of Scotland）やノーザン・ロック（Northern Rock）は他の多くの金融機関よりも大きな役割を果たした（クレジットユニオンに関する後述の議論を参照）（Independent Commission on Banking, 2011）。

ウェールズ政府の改革

　これまでの議論から、児童信託基金に関してはもっともな懸念があることがわかる。確かに、労働党政権は平等性よりも個人責任に力点を置いた政策を打ち出した。実際、その政策は不平等を減らすどころか悪化させそうである。したがって労働党の児童信託基金は本質的に、広く捉えれば投資主体アプローチ

の一環だといえよう。こうした労働党批判は説得力を持っているが、話はこれで終わりではない。児童信託基金の政策を他の方向に向けるような反作用の側面があった。本節は、イギリスのある場所で児童信託基金を他の方向に推進した例を示す。特にウェールズ政府は児童信託基金を改良し、政策を異なる方向で設計できる可能性を示したのである。

　イギリス政府は地方分権化されているため、各政府によって児童信託基金政策に違いが生まれる。1990年代末に連合王国の中央政府はスコットランド、ウェールズ、北アイルランドの各国政府に行政権限を委譲した。中央政府は、国家予算の統制などを通じて各国政府を支配しているが、政策の実施や具体化に関しては各国政府が裁量権を有する。

　Williams and Mooney (2008) は、地方分権化によって、イギリス内部で異なる社会政策の議論が生じる余地が生まれたと述べる。本節では、イギリス全体で適用された政策、すなわち児童信託基金をウェールズ政府が採用しつつも、労働党政権の中央政府とは異なる方向に政策を推進したことを論じる。ウェールズ政府は、イギリス国内の他地域よりも進歩的普遍主義を拡張して取り入れた。政府が取り入れた新たな工夫としては、とりわけクレジットユニオンを通じた児童信託基金の支給を支援したことが挙げられる。

● 進歩的普遍主義

　進歩的普遍主義はイギリス全国の児童信託基金に見られる特徴の一つであった。ウェールズ政府の手法の明確な特徴は、イギリス国内の他地域に比べて、児童信託基金の進歩的普遍主義の部分を優先したことである。その主な方法は、国内の他地域で提供されるよりも多くの追加補助をウェールズ政府が提供することだった。ウェールズの金融包摂戦略の重要な点は、手頃な価格の融資と貯蓄を提供することである。進歩的な追加補助は、ささやかな金銭の備えを用意するのが難しい人に追加分を支給することで、この戦略を強化する。追加支給分は確かにささやかな額であるが、追加補助金はウェールズ政府の予算的制約があり、財源を増やす能力は限られている。ただ、ウェールズ政府は進歩的普遍主義を、児童信託基金の主要な要素に位置づけようとしたことについて

は、イギリス国内の他地域と異なっていた。

　進歩的普遍主義は、ウェールズ政府にとって特に重要であった（Morgan, 2006; Drakeford, 2007; Williams and Mooney, 2008; Chaney, 2009）。ウェールズ首相ロドリー・モーガン（Rhodri Morgan）は2006年の演説において、ウェールズの21世紀社会主義の方策を規定する原理を立案すると明らかにした。その演説では「ウェールズ労働党は、いわゆる進歩的普遍主義とともにある。進歩的普遍主義は、普遍的サービスの便益を維持しながら、最も必要とする者に追加の資源と政策の関心を向けるものだ」と述べた（Morgan, 2006: 4）。Hatherley（2011）は、2006年ウェールズ統治法に、ウェールズ政府が提供するサービスは機会の平等を保障されるというイギリス独自の法的義務が盛り込まれている（Government of Wales Act, 2006）。ハザレイは、こうした社会正義のモデルが進歩的普遍主義への関与を示していると主張する。それは、全ての人がサービスにアクセスでき、かつ最も必要とする人に追加の援助がある場合にのみ、機会の平等が有効となるからである。

　ウェールズ政府による児童信託基金への追加補助は、進歩的普遍主義の言説と一致していた。「全ての人への配慮」（Welsh Government, 2009b: 50）は、「ウェールズ政府は2009年秋以降ウェールズに住む全ての条件を満たした子に対して児童信託基金にウェールズ・プレミアムの提供を目指す。条件を満たした子は追加で50ポンドを受け取り、低所得世帯の子は追加で50ポンドを受け取る」と宣言した。Mooney and Williams（2006）は、地方分権化された組織はしばしば、国のアイデンティティを築くために社会政策を利用すると指摘する。ウェールズ政府による児童信託基金への追加補助は、その格好の例であり、ウェールズの児童信託基金は「児童信託基金ウェールズ」（CTF Cymru）という愛称をつけられた〔訳注：Cymru（カムリ）はウェールズ語で「ウェールズ」の意味〕（Lewis, 2010a）。2002年9月1日から2003年8月31日までに生まれた、条件を満たす全ての子への追加補助50ポンドと、低所得世帯へのさらなる追加補助50ポンドを2009～10年に支給すると、ウェールズ政府は約束した。2003年9月1日から2004年8月31日までに生まれた子には、2010～11年に支給すると約束された（Welsh Government, 2008）。2009年7月1日、2009年9月に最初の世帯がウェールズの追加補助金「児童信託基金ウェールズ」を受け取る予

定だとウェールズ政府は公表した。

　ウェールズ政府はまた、特定の集団に追加補助を支給した。地方政府の養護下にある子については、子1人につき年間50ポンドを地方政府に支給した。2008年に、ウェールズ政府はこの補助金を年間100ポンドに増額すると宣言したが、イギリス国内の児童信託基金制度は養護下にある子に年間100ポンドを支給することとなった。したがってウェールズ政府は2007年4月1日以降、1年を超えて養護下にある子1人につき年間200ポンドの追加補助金を地方政府に支給したのに対し、イギリス国内の他地域では同様の子に対する追加補助金は年間100ポンドだった（Welsh Government, 2008）。

●制約

　これまでの議論からわかるように、ウェールズ政府は様々な方法で進歩的普遍主義に依拠して児童信託基金を形づくってきた。こうした政策の段階は、ウェールズ政府が中央政府から受ける制約に対して設定されるべきである。中央政府はイデオロギーと政策の両面から、一つの国の中で進歩的普遍主義を追求するウェールズ政府の力量に対して制約を課す。Mooney and Williams (2006) は、国の明確なアイデンティティを築こうとしたウェールズ政府の努力が中央政府の新自由主義的主張によってしばしば制約されると述べている。彼らによれば実際に、ウェールズとスコットランドの社会政策が新自由主義的アプローチに変更ないし変質するという。金融化によって、資産の議論を特定のやり方で組み立てる限り、ウェールズ政府は金融化の制約を受けることとなった。これに加えてイギリス政府が強いる財政緊縮政策による制約もあった。保守党・自由民主党連立政権が児童信託基金を中止すると、ウェールズ政府は、進歩的普遍主義の児童信託基金を継続する財源をもはや見出せなかった。副児童大臣ヒュー・ルイス（Huw Lewis, 2010b: 2）は2010年12月3日の声明で、以下のように述べる。

　　イギリス政府の決定を考慮し、我々は児童信託基金ウェールズの追加補助を継続する方法を見出そうと努力し、選択肢を検討するため児童信託基

金の提供者側と数多くの議論を重ねてきた。だが熟慮の結果、継続は現実的ではないということが明らかとなり、結果的に児童信託基金ウェールズを閉じなければならないということにひどく失望した。

ウェールズ政府がなぜ資産ベース福祉に適応したのかを理解するには、ウェールズ政府の政治と、ウェールズが直面する特定の政策上の困難が参考になる。平等性への責任が、ウェールズ政府の根本に組み込まれている（Chaney, 2004, 2009; Drakeford, 2007）。1998年ウェールズ統治法は、政府のあらゆる機能に、機会の平等を促進する義務を盛り込んだ（Government of Wales Act, 1998）。2006年ウェールズ統治法はこの義務の範囲を、ウェールズ政府の大臣にも広げた。1999年の総選挙以来、社会正義はウェールズ政府の重要な要素となってきた。ロドリー・モーガンは2000年から2009年にかけて、ウェールズ労働党の首相となった人物だが、スウォンジーの全国公共政策センターで行った演説で以下のように述べた。「首相に就任して以来の私の意図と、目指していることを明確にさせておきたい。それは、政府を社会正義に導き、我々のあらゆる政策を目的達成のために最大限貢献させることだ」。彼はそれを、ウェールズ政府と中央政府との間の「透明な赤い水」（Clear red water）の一部として表現した〔訳注：ウェールズ労働党は、トニー・ブレア（Tony Blair）首相率いる新労働党（New Labor）の方針と一線を画し、より進歩的な政策を採用したが、そのウェールズ労働党の方針を「透明な赤い水」と呼んだ〕（Morgan, 2002; Drakeford, 2005）。

●金融包摂

ウェールズ政府は金融包摂政策の一環として資産ベース福祉を位置づけた。ウェールズ政府が金融包摂に関心をいだいたこと自体は、独特なことではなかった（HM Treasury, 2004; Scottish Executive, 2005）。ウェールズ政府は金融包摂政策において、資産ベース福祉に明確に注目した点で他と異なる。例えば労働党政権は2004年に金融包摂戦略を公表し、2005年に政策諮問機関として独立の金融包摂特別委員会を設置した。金融包摂特別委員会のウェブサイトによ

れば、手頃な価格の融資、銀行サービス、無償の対面の金融相談へのアクセスについて答申を求められたという。後に金融包摂特別委員会は貯蓄について検討したものの（Financial Inclusion Taskforce, 2011）、これらの戦略は、資産や貯蓄の形成を促すことに明確な関心を向けていなかった。

　これと対照的にウェールズ政府の金融包摂政策は、資産ベース福祉にとって極めて大きな役割を果たした。ウェールズ政府は児童信託基金を金融包摂政策の中に位置づけた。2009年、ウェールズ政府は「全ての人への配慮」と題する総合的な金融包摂戦略を公表した（Welsh Government, 2009b）。この文書は、低所得が金融排除の決定的な要因であることを強調している（Welsh Government, 2009b: 10）。こうした認識から、金融包摂政策は低所得者が直面する困難に焦点を当てることとなる。「全ての人への配慮」（Welsh Government, 2009b）の金融包摂戦略は5つのテーマからなる。すなわちメインストリームの金融サービス、手頃な価格の融資・貯蓄、借金の相談へのアクセス改善、金融ケイパビリティの向上、そして所得の最大化である。

● クレジットユニオン

　資産ベース福祉は広い意味で、手頃な価格の融資と貯蓄を促進する第二の潮流に位置づけられた。この一環として、児童信託基金を提供する際にクレジットユニオンの活用が強調された（Welsh Government, 2009b）。クレジットユニオンは、会員によって所有・運営される相互型の金融機関であり、外部の出資者には配当金を支払わない。クレジットユニオンは、金融サービスへのアクセスをかねてより妨げられてきた低所得者層に対し、サービスを届ける手段の一つとして、社会政策の界隈全般から関心をいだかれてきた。クレジットユニオンはメインストリームの銀行に比べて、低所得者を歓迎しているとみなされている。人は、自分が所有権の一部を持つ組織と取引することに自信を持ちやすい。逆に、金融機関は組織の所有権を持つ人を無視することはないだろう（McKillop and Wilson, 2008; Gregory and Drakeford, 2011; Morgan and Price, 2011）。クレジットユニオンは資金を銀行に預ける必要があるが、多くのクレジットユニオンは、倫理的な投資方針を持つ協同組合銀行（Co-operative Bank）への預

金を選ぶ。McKillop et al.（2011）によれば、クレジットユニオンは銀行間の取引市場にアクセスしないという点で、他の銀行とは異なっている。そのことは、クレジットユニオンの貸出金利は、金融市場によって形成されたものではないということだ（その金利上限は月利2％）。こうした特徴はクレジットユニオンが金融市場の最悪の問題に関わっていないことを示すものだとMcKillop et al.（2011: 42）は主張する。

　クレジットユニオンはしっかり定義された会員制度に基づいて組織され、株主の利益期待に左右されたりはしない。法律上、高リスクの金融商品を提供することはできない。こうした理由からクレジットユニオンは、金融市場の混乱の際に最悪の余波から護られるだろう。ただし、不況の影響はクレジットユニオンにも等しく降り注ぐものだ。

クレジットユニオンへの関心はイギリスの金融包摂政策全体に共通して見られるものの、ウェールズ政府は資産ベース福祉を活用してクレジットユニオンの会員を増やすという明確な政策目的を持つ点で際立っている。Gregory and Drakeford（2011）によれば、最初の段階ではクレジットユニオンが児童信託基金の口座を持つことは認められていなかったが、ウェールズ政府がそれを変えるために圧力をかけた。

　2005年9月に児童信託基金が開始されたとき、クレジットユニオンはその基金で貯蓄できる金融機関リストに含まれていなかった。ウェールズ政府は、クレジットユニオンが児童信託基金の預金を惹きつけることで、出資と会員をいかに増やせるかを示すための宣伝活動に補助金を出した（Gregory and Drakeford, 2011: 122）。

ウェールズ政府は、児童信託基金の口座を提供できるクレジットユニオンの数を、2009年6月までに3から18まで増やす目標を立てた。これは、ウェールズにあるクレジットユニオンの60％に相当する数である。ウェールズ政府は目標を達成するために35万ポンドを支給し、2009年5月までに目標を達成し

た。ウェールズのクレジットユニオンは、イギリス国内の児童信託基金の提供機関の25％を占めることとなった（Welsh Government, 2009a）。2018年時点でウェールズのクレジットユニオンの会員数は7万9000人で、イングランドのクレジットユニオンの会員数は84万1000人であった（Bank of England, 2019）。

イギリスにおける職域年金への自動加入

　第2章では行動経済学について論じ、職域年金への自動加入に言及した。本節ではイギリスでこの構想がいかにして実施されたのかを詳しく述べる。職域年金がヨーロッパで金融化を促進し得る方法とみなされていることから、イギリスにおける年金自動加入は興味深い（Natali, 2018）。イギリスの年金自動加入は、イギリスの年金改革の一環として導入された（Thurley, 2019）。重要な変化は、2016年4月6日以降に実施された年金制度一元化であった。一元化された年金の支給額は、資力評価に基づく最低限の補助（2015/16年時点で151.25ポンド以上／週）にある。2019/20年における国の年金支給額は168.60ポンド／週であった（Gov.UK, 2019）。年金制度一元化は、年金供給制度の簡素化と、貯蓄の促進をねらいとしていた。雇用年金局は、人々が「貯蓄の基礎になるものとして、単一のレートで一元型の年金を受け取り、さらに自動加入の仕組みを通して職域年金へのさらなる貯蓄を奨励・支援されることになろう」と述べている（The Department for Work and Pensions, 2013a: 54）。

　年金自動加入は2012年10月に導入され、最初は従業員数が最多の企業が制度を導入した。250人以上の従業員を雇う雇用主は、2012年10月から2014年2月までの間、賃金額に応じた年金保険料額を導入した。続いて、従業員数50〜249人の企業の雇用主は、2014年4月1日から2015年4月1日までに導入した。従業員数50人未満の雇用主は、2015年6月1日から2017年4月1日までに導入した（Pensions Regulator, 2014）。

　イギリスの年金自動加入制度は広く中低所得者層を対象とするものだ。イギリス政府は、退職後に充分な収入が得られるかどうかを示す基準として所得代替率を用いている。所得代替率とは、現役の際の収入に対する退職後の収入の割合（パーセンテージ）のことである。イギリス政府の計算方法によれば、退職

前の収入とは、税金と年金保険料を控除する前の粗収入で、50歳から年金受給開始年齢までの収入の平均額を指す。退職後の収入とは、国の年金および私的年金の収入で、年金受給開始年齢以降の粗収入の平均額を指す（Department for Work and Pensions, 2013b）。理想的な所得代替率は、必ずしも100%とは限らない。というのは、退職後は少ない収入で足りるからだ（例えば、住宅ローンを完済するなど）。所得代替率は、退職の前後で生活水準がさほど変わらないことを目標としており、イギリス政府によれば、相当な低所得者は80%、高所得者は50%を目標値としている（Department for Work and Pensions, 2013b）。相当な低所得者は、年金自動加入で貯蓄すると、所得代替率93%分の年金が供給されるはずである。高所得者は、私的年金から充分な年金を得られる。年金自動加入は、中低所得層を対象としているが、それは彼らの所得代替率が不足すると思われるからである。政府の政策対象となる人々は、自動加入制度の導入時に、年金制度で貯蓄していなかった人々、あるいは雇用主の保険料負担額が賃金の3%未満で、雇用主の保険料が確定給付型への支払いでない場合である（Department for Work and Pensions, 2013b, 2015a）。

年金自動加入の加入要件は2つある。第一は、22歳以上かつ国の年金の受給開始年齢以下であること。第二は、一定の収入の範囲内であること。所得税の基準値が年金自動加入適用のきっかけとなり、2014/15年時点で1万ポンドが収入の基準値となっている。収入の基準値は2019/20年も据え置かれた。加入要件を満たす基準値は、年金保険料を支払える収入の範囲を示すものである。加入要件を満たす下限の基準値は、国民保険料（National Insurance Contributions）の主要な基準値と同じであり、2014/15年時点では5772ポンド／年、2019/20年時点では6316ポンド／年が収入の下限であった。収入の上限は国民保険料の上限の基準値と同じであり、2014/15年時点では4万1865ポンド／年、2019/20年時点では5万ポンド／年であった（Pensions Regulator, 2019）。

自動加入の下では、個人の要件を満たす収入の中から確定拠出型年金への保険料支払いは最低8%となっている。雇用主は、8%のうち最低3%分を拠出しなければならない。この規定の拠出率は段階的に導入され、2019年4月に完全施行された。このように、自動加入制度の下で規定の拠出率が上がっていったのである。2017年9月30日までは、年金保険料の拠出率は全体で最低2%（う

ち雇用主の拠出率は最低1％）であったが、2018年4月1日以降は、拠出率は全体で5％（うち雇用主の拠出率は最低2％）に上がった。全体で8％という拠出率は、2019年4月1日から適用された（HM Treasury, 2015b）。

　従業員は、年金制度から脱退する際には、脱退の通知をしなければならない。従業員は、拠出した保険料を全額返金してほしければ、年金制度に加入してから1か月の間に脱退する必要がある。従業員が1か月経過後に脱退すると、支払った保険料は、退職時まで年金の資金として留め置かれることになる。雇用主は、脱退通知を配布・回収することが自動加入政策によって定められ、その通知に最低限盛り込むべき内容も記載されている。雇用主が従業員に年金からの脱退を依頼・強制できないこと、従業員は3年後に年金に再度加入すること、転職した場合は自動加入の審査を受けるということを、従業員に通知しなければならない（Pensions Regulator, 2017）。

　雇用主は、自動加入の要件を満たすものであれば、いかなる既存の職域年金を適用してもよい（ただし、既存の年金供給のレベル低下を招くのではないかと懸念する評論家もいる）（Van de Ven, 2012）。この要件は既存の年金の種類（確定拠出型、確定給付型、混合型）によって異なる（Department for Work and Pensions, 2014a）。政府はまた、雇用主が自らの年金制度を設定していない場合に備えて、年金提供者を新設した。これは国民雇用貯蓄信託（National Employment Savings Trust: NEST）と呼ばれる。NESTは公益企業として設立され、利益は企業に再投資され、株主には配当されない（National Employment Savins Trust Corporation, 2015）。

● 定性調査

　利用者の反応を調べることは、低所得者が貯蓄する際の障害要因を明らかにするうえで重要だとFeldman（2018）は述べる。本章の残りの部分はこうした提起に応え、職域年金への自動加入に対する人々の態度を、独自の定性調査の結果から示してみよう。驚くことに、年金への自動加入はもとより、年金改革一般に対する人々の態度に関しても、ほとんどデータがない（Foster, 2012; MacLeod et al. 2012; Jaime-Castillo, 2013; Inland Revenue, 2015）。これまでにイギリ

ス、イタリア、ニュージーランドの3か国で、全国レベルで自動加入制度が導入されている（Collard and Moore, 2010; Rinaldi, 2011; Collard, 2013）。イタリア政府は退職金制度改革の一環として、2007年に自動加入制度を導入した（Fornero and Monticone, 2011; Rinaldi, 2011）。ニュージーランドは、2007年にキウイセイバーという制度を導入し、人々が就職した時点で特別な貯蓄制度に自動加入させることにした（ただし、子どもなど他の人もキウイセイバーに加入できる）（Inland Revenue, 2012, 2015）〔訳注：キウイセイバーとは、ニュージーランド政府が2007年に導入した自発的な退職貯蓄制度。退職後の生活に備えるための貯蓄を促進することを目的とする。同国民の約6割が加入している〕。だが、人々がなぜ自動加入から脱退するのか、それとも脱退しないのかについては、イタリアの制度・ニュージーランドの制度いずれにおいても、調査は限られたものしかない（Rinaldi, 2011; Fornero and Monticone, 2011; Inland Revenue, 2012, 2015）。ニュージーランドでは脱退に関して少数の調査が行われたが、その調査結果によれば、キウイセイバーからの脱退の最も一般的な理由として、手頃感がないことが挙げられている（Inland Revenue, 2015）。

　定性調査の手法により、極めて繊細に参加者の意見を分析できる（Bloor et al., 2000; Barbour, 2007; Stewart et al., 2007）。定性調査では、人々がなぜ自動加入から脱退したのか、それとも脱退しなかったのかについて、あり得る理由を調べられるため、この種の調査に向いている手法だといえる。人々が年金から脱退しないことについてほとんど考察していないとすれば、厳密な検証が重要になる。また、参加者自身から提起された問題を見出すことも重要だ。自動加入に対する人々の態度について過去のデータがほとんどないため、証拠を集めることは特に意義が大きい。

　この調査ではフォーカス・グループが用いられた。フォーカス・グループ内部で意見交換することにより、様々な意見が模索され、参加者間で共通した論点が浮かび上がる。この調査で、フォーカス・グループにお勧めの実践が用いられた。例えば、各グループの司会役が、グループのメンバー全体での意見交換を促し、メンバー間で共通の論点が見出された後、振り返りを行った（Bloor et al., 2000; Barbour, 2007; Stewart et al., 2007）。

　フォーカス・グループの参加者を募るために市場調査会社を利用した。この

調査会社は標準的な市場調査のフィルター（選別基準）を用いた。例えば、最近似たような事業に参加したことのない人を参加者に選んだ。調査の応募者は事前に説明を受けたうえで参加に同意し、交通費および調査参加の謝金として30ポンドを受け取った。調査参加者は各フォーカス・グループの開始時に、この調査事業のねらいと目的を、説明された。フォーカス・グループから、議論の録音と文字起こしの承諾が得られた。各グループの意見交換は約1時間続けられた。

　この調査の実施地には大ロンドン市が選ばれた。それは、すでに年金自動加入を導入した多様な大企業が存在していたからである。フォーカス・グループは2014年4月から6月初旬までの期間開催した（納税年度は2014/15年）。参加者募集の期間中、各フォーカス・グループの人数は上限8人と設定した。この人数は、グループ内で議論が起きるようにするためである。この調査に計44人が参加したが、この人数は別の類似の調査と同規模である（Opinion Leader Research, 2006; GfK NOP Social Research, 2010）。雇用年金局が用いた年齢層区分を、この調査でも用いた。すなわち、20～30歳台、40歳台、50歳台の区分である。自動加入の要件を満たす人々を、年齢層と脱退者・非脱退者で6グループに区分した。6グループのうち3グループは非脱退者であり、各グループには様々な従業員が混ざっていた。自動加入の導入前には職域年金に加入していなかった人もいた。調査の結果、従業員の約3分の2は、自動加入の導入以来、年金保険料の額が増えたことがわかった（Department for Work and Pensions, 2014d; Clarke et al., 2018）。自動加入の導入により、既存のメンバーがなぜ制度に加入しているのかの理由が変わるかもしれない。この可能性を検討するため、非脱退者のグループには、自動加入が導入されてから職域年金のメンバーになった従業員も含めた。

　当初、20～30歳台の脱退者グループは他のグループより人数が少なかったため、20～30歳台の脱退者グループをもう1つ設けた。そのためこの調査は計7グループとなった。

　加入要件を満たす人というのはすなわち、22歳以上かつ国の退職年齢以下であり、また自動加入の基準値から上限値までの間の収入を稼いでいる人である。2014/15年時点では、1万ポンドから4万1865ポンドの収入を得た人であ

る。脱退に関してジェンダーの影響を調査するため、各フォーカス・グループ内で男女をほぼ同数にした。

　フォーカス・グループでは主な質問を2つ尋ねた。第一に、人々は自動加入についてどの程度知っているのか。自動加入に関する認識を調べることは、人々がどの程度情報を得たうえで自動加入の脱退の可否を決めているのかを見るうえで重要である。年金に関する認識の欠如は、イギリスでは重要な問題である。イギリスでは国の年金に関する人々の知識の低さが調査で示されている（Clery et al., 2009; MacLeod et al., 2012）。全ての種類の年金の、あらゆる側面を検討するだけの時間的な余裕はなかった。そのため調査では、確定拠出型年金制度の要件に関する認識に焦点を当てることとした。それは、確定拠出型年金は民間企業の雇用主が新規の加入者に勧める最も一般的な種類だからである（Department for Work and Pensions, 2014d）。

　第二の質問は、年金を脱退した理由、ないし脱退しなかった理由である。非脱退者の議論は、以前に行われた雇用年金局の調査を補完するものである。

　下記に紹介するのは、意見交換で挙げられた主な論点を例示したものである。ここで報告する定性調査は中程度の一般化であり、普遍的な一般化と、一般化を全く行わない方法との中間に位置する（Foster, 2012; Payne and Williams, 2005）。Foster（2012）は、定性調査においては中程度の一般化が避けられないと指摘する。

調査結果

●人々は自動加入を意識しているのか

　先行研究では、人々に年金の知識が乏しいことを示していたが、フォーカス・グループでもそれと同様だった（Clery et al., 2009; MacLeod et al., 2012）。参加者の多くは、自動加入が何歳で始まるかを知らなかった。よく見られた反応としては、16歳や18歳という回答で、その理由としては、学校を卒業する年齢だからとか、成年年齢だからというものだった。自動加入の収入区分に言及した参加者はほとんどいなかった。

雇用主が自動加入の年金を供給することが義務づけられているかについては、はっきりしなかった。よく見られた回答は、自動加入が大企業や中堅企業にのみ適用されるというものだった。参加者はしばしば、小企業が適用除外になると言っていた。自動加入の初期段階では大企業に適用されており、多くの参加者は大企業に勤めていたので、自らの経験から回答を引き出していたということを考えれば、こうした回答は驚くにあたらない。

　自動加入の規定の拠出率については、フォーカス・グループの知識は断片的なものだった（加えて、年金の税制優遇についてはほとんど意識していない）。脱退しなかった参加者のうち、自動加入が最初に導入された時点では雇用主の拠出率が最低1％であったという知識は少し見られた。だが、全てのグループに共通して、既定の貯蓄率が最終的に8％にまで上がるということはほとんど意識していなかった。さらに、なぜ既定の貯蓄率が8％に設定されたのか、参加者はあまり知らなかった。「財務大臣のラッキー・ナンバーじゃないかしら」（50歳台、脱退者、女性）。ほぼ全ての参加者が、自動加入から脱退できることを意識していた。実際の脱退の過程は通常、とても簡単だと説明されていた。参加者は、こうした知識を人事部から聞かされていて、電子メールなどを通して容易に脱退できることを知らされていた。

　フォーカス・グループは一元化された年金についての知識を尋ねた。そのねらいは、年金の一元化によって、職域年金を脱退するか否かの意思決定に影響があるかどうかを見るためであった。一元化された年金に関する知識は乏しく、年金一元化は脱退の可否についての意思決定に影響をもたらしていなかった。

● 人々はなぜ脱退しないのか

　イギリス政府による政策の標的対象者層（ターゲットグループ）を抽出するため、自動加入が導入されたときに年金制度に加入していたか否かを参加者に尋ねた。イギリス政府が自動加入で標的対象者と設定した層は、20〜30歳台や40歳台に集中する傾向にあった。

　標的対象者層は、脱退しないことを決めるうえで現状維持バイアスが重要な

ようだった。

> 私は大学を卒業したときに、返済すべき奨学金があり、返済に専念しなきゃいけないと思っていました。明らかに、その返済は私の給与から直接出ていくものでした。私は怠け者なので、加入制度で一定のレベルに到達できるのは有り難いことです。やらなければならないとわかっていても、全く手が回りません。職に就けば、自動的に年金に加入するという通知が届きます。「この制度のおかげで、私は手間が省けたわ」。（20～30歳台、非脱退者、女性）

標的対象者層にとって、陰の暗示力を持つ重要な理由は、自動加入によって職域年金の加入の可否の判断が単純化されたということである。「私は年金に加入する方法がわかりませんでしたが、今は自動的に加入できて、毎月支払う金額も、大したものではありません」（20～30歳台、非脱退者、男性）。適切な情報や助言がないことが、陰の暗示力を持つ、より重要な理由である。「個人に対して誰が実際に本当の、中立の助言をしてくれるっていうの？わからない。そのことが心配。独立した助言をしようとしても実際にはそうではないとすれば、何を目指せばいいのか、どうすれば私はわかるの？」（50歳台、非脱退者、女性）。自動加入の導入時に、すでに年金に加入している人にとって、自動加入年金との関わりは弱い。こうした人々は、自分の年金が自動加入によって変化したのかどうか、ほとんどわかっていない。確定拠出型年金に加入していた人は、自動加入以降に拠出率が変わったのか否かを答えられなかった。

● **人々はなぜ脱退するのか**

以前の雇用年金局の調査（Department for Work and Pensions, 2014b, 2014c, 2015b）は、人々が自動加入を脱退する主な理由として、手頃感のなさや、好ましい年金の選択肢の欠如を挙げた。本章のフォーカス・グループの調査は、この先行研究の知見を裏づた。20～30歳台や40歳台といった若い世代の間で特に、といっても若い世代だけには限らないが、手頃感の欠如が脱退の主な理

由として挙げられた。

　雇用主が女性に脱退するよう（違法な）圧力をかけるということはほとんど確認できなかったが、男性より女性のほうが、手頃感がないことを脱退の理由に挙げていた。この傾向は、イギリスにおける賃金・年金のジェンダー格差と軌を一にしていた。女性のほうが経済的制約は厳しく、それはすなわち、女性参加者が手頃感を理由に脱退しがちであることを示していた。

　　　私は教師で、年金に入らなくてはなりません。約6年前、私には息子がいましたが、配偶者と離婚し、自分の年金保険料を払う余裕はありませんでした。私の保険料はその当時、約300〜400ポンドと理不尽で、とても払う余裕はありませんでした。新たな制度ができて自動的に加入させられましたが、再び脱退しました。（20〜30歳台、脱退者、女性）

　女性より男性のほうが、脱退の理由として、より経済的に魅力的な選択肢が他にあることを挙げる傾向にある。

　その他には、脱退を決めるにあたって、男女間で育児の役割の違いが見られた。このことは、男性より女性のほうが育児の経済的負担を強く感じるという調査結果と符合する（Ginn and Arber, 2002）。男性の脱退者の中では、脱退の理由として育児を挙げる人は誰もいなかったが、20〜30歳台の脱退者の女性グループの中に、脱退の主な理由として育児を挙げる人が2名いた。この参加者にとって、子どもが未就学児だったため、育児費用は高かった。こうした回答は、人々が人生の様々な時点で、競合する費用の圧力を受けており、年金の貯蓄が常に優先するわけではないということを裏づけている。「私の（脱退理由）は育児です。子どもをフルタイムで預けたら月1200ポンドかかります」（20〜30歳台、脱退者、女性）。

考　察

　年金自動加入が、職域年金の加入者を増加させるという根拠がある。自動加入は、金融システムへの参加を高め、ひいては金融包摂に貢献する。しかし自

動加入には限界も大きく、金融包摂の問題も露呈している。自動加入は、職域年金の加入者を増やすが、一定の層の人々にとって有利に働く。これはすなわち、矛盾するようだが、金融包摂政策が金融システムの中で一定の層の人々を排除することになる。

　現在の自動加入の設計は確かにシステム上、女性よりも男性に有利になっている。政策は年金におけるジェンダー不平等を減らすどころか、むしろ強化している。Grady（2015）は、イギリスの年金制度は「異質な男性支配型」の想定に基づいていると述べる。すなわち、年金制度は暗黙の裡（うち）に、典型的な労働者は、年金保険料を完全に支払った記録を持つフルタイムの男性労働者だと想定している。グラディは、年金制度は労働市場における女性の不利な地位を無視しているという。2017年のEU諸国のデータによれば、女性の1時間当たり平均の賃金は男性の賃金より約16%低かった。イギリスでは、賃金のジェンダー格差は約20.8%であった。女性が男性より低賃金なのは、女性が社会の中で賃金の払われないケア労働の大半を担っており、ケアの義務を果たすためにパートタイム労働をしているためである（Dessimirova and Bustamante, 2019）。例えばヨーロッパのデータでは、2018年時点でEU域内の女性の約3分の1（31.7%）は、非就労の主な理由としてケアの義務を挙げており、これに対し男性はわずか4.6%であった（Eurostat, 2019）。

　EUのデータは、EU全体で年金のジェンダー格差が、賃金格差を凌駕していることを示すものである。2017年時点で65〜79歳の年金受給者を見ると、女性の年金は男性の年金に比べて35.7%低い。イギリスにおける年金のジェンダー格差は36.2%であった（Dessimirova and Bustamante, 2019）。Grady（2015）は、自動加入制度のような、明らかにジェンダーを無視した改革が、根底にあるジェンダー不平等をそのまま置き去りにしていると主張する。女性は低賃金のために年金保険料が制限され、その結果男性よりも年金受給額が少ないことが予想される。さらには、女性は稼得収入が少ないために自動加入から排除されがちである。Thurley（2019）の報告によれば、2014/15年時点で年間1万ポンドの稼得収入という基準値は、これによって自動加入から排除される人の69%が女性であると政府は推計している。Van de Ven（2012）は、低賃金の産業では雇用主の多くが過去に年金を支給していなかったため、雇用主の費用

89

負担に不釣り合いな影響をもたらすだろうという。彼によれば、雇用主は自動加入による費用増を、賃金の削減によって相殺し、ジェンダー格差にも影響をもたらすという。それは、女性の半数弱が低賃金の産業で働いているためであり、それに比べて、男性は30%以下にすぎない。Ginn and MacIntyre（2013）は、雇用主は自らの保険料負担を避けるために、自動加入から脱退するよう従業員、特に女性に（違法な）圧力をかけるだろうと述べる。

　雇用年金局によれば、30歳以下の労働者の脱退率は7%で、30〜49歳の脱退率は9%、50歳以上の脱退率は23%である（Department for Work and Pensions, 2015b）。Clarke et al.（2018）によれば、2016－17年において自動加入した従業員の脱退率は約9%で、この割合は2015年以降変化が見られない。手頃感の無さや、あるいは退職後の別の財源があることが、脱退の主な理由として一般に指摘された。50歳以上の労働者は、脱退の主な理由として自動加入の期間が比較的短いことも指摘していた。自動加入の期間が限られていることはすなわち、年金保険料を払っても大した見返りが期待できない、ということになる。女性が脱退する時点で受けていた様々な圧力、例えば育児費用が脱退の決定に与えた影響に注目した研究が今後進められる可能性がある。あるいは、職域年金に加入した女性に焦点を当てた研究もあり得よう。年金のジェンダー格差を縮めるため、女性が担っている、賃金の支払われないケア労働を考慮に入れた形で（自動加入にケア労働者のクレジットを加算して）自動加入の制度を設計する可能性を研究することも考えられる（Ginn and MacIntyre, 2013）。

　自動加入に関するもう一つの問題は、職域年金にいったん加入すると、その後、人々の動きはほとんど見られなくなることである。年金を脱退しない人々は現状維持バイアスにより、制度にいったん参加した人はほとんど行動を起こさない。むろん、この問題解決のために、例えば既定の貯蓄率を設けるなど、さらなる行動の後押しをすることもあり得る。だが、あらゆる人々に充分な所得代替率を保証するような、既定の貯蓄率を設定することは難しいだろう。充分な所得代替率を得るために、既定の貯蓄率を超えて貯蓄せざるを得ない人々もいるだろう。

　年金にはさらなる関与が求められるものの、それは行動のナッジの範囲を超えた関与ではなかろうか。自動加入と並行して情報や案内を提供するというの

も一案である。Dolan et al.(2010)は、人々が情報の発信源や「提供者」に強く影響を受けるという。政府や雇用者は、そうした情報の窓口になりやすい。また、情報提供の際に、助言と案内を区別することも大事だ。イギリスの財務省と金融行動監視機構〔訳注：金融サービス機構（Financial Services Authority）が金融行動監視機構（FCA）と健全性規制機構（PRA）に分離されたうえで2013年に設立された。金融サービス業に携わる企業の行動を規制する機関〕は近年、金融の助言に関する市場調査を行った。この調査は助言を、個人に対する個別の勧告を含む情報と定義している（例えば、特定の拠出率について）。案内は、個人に対する個別の勧告を含まない一般的な情報の紹介のことである（HM Treasury and FCA, 2016）。そのため、情報提供において助言と案内を適度に混ぜるといった研究テーマがある。ただし、助言と案内の適度なバランスについて、あるいは金融教育が金融の意思決定に与える影響については、まだ合意には至っていない（Willis, 2008; Lusardi and Mitchell, 2011）。

結　語

　本章は金融包摂の貯蓄政策を検証した。特に児童信託基金と、職域年金への自動加入に着目した。これらの事例は、国際的な関心を呼ぶ革新的な貯蓄政策の事例であることから、重要といえる。こうした政策が様々な方法で設計され、それら全てが、人々を投資主体に変質させることをねらったものではないことを本章は示唆した。進歩的普遍主義や、クレジットユニオンを活用した児童信託基金の提供に見られる特徴は、政策を設計する方法が多様であることを示している。本章はまた、職域年金への自動加入が、重要な未解決の問題を残していることを主張した。重要問題の一つは、年金のジェンダー格差に取り組む必要性である。第4章は、本章の議論を踏まえて、金融市場と他の市場との関連に焦点を当てる。第4章は、金融システムと強い関連を持つものとして住宅を取り上げ、広い観点から金融包摂に位置づける。

第4章

住宅の場合

はじめに

　投資主体への批判は、金融包摂に対する批判の中心をなしている。この批判は、人々が福祉国家の保護から、金融市場の不安定性へと移行させられるという考えをもとにしている。本章は住宅の場合について考察する。それは、住宅購入が確かに最も重要な投資として投資主体論の中に位置づけられており、住宅の事例は、金融システムと経済の他分野の間の接続を示すものだからである。Hofman and Aalbers（2019: 91; Jorda et al., 2014も参照）は以下のように述べる。

> 　いわゆる金融による支配は多くの場合、不動産と相互依存関係にある。例えば不動産は、銀行が融資する際に最も多く担保とされている。1870年から2010年の間に、OECD 17か国では、銀行融資に占める住宅ローンの割合は30%から60%にまで倍増した。その17か国は、アメリカ・カナダ・オーストラリア・日本・イギリスとその他のヨーロッパの12か国である。金融は経済を支配するが、不動産金融は銀行を支配している。

　Smith（2008）は、住宅購入と金融システムのつながりを強調する。イギリスで行われた2つの定性調査をもとに、スミスは住宅購入（housing）と住宅（home）と金融の概念的な関連性を探求している。Smith（2008）は、「住宅」

93

(home) は多義的であり、英語圏の世界では、住宅の概念は投資の概念と密接につながってきたと述べる。これはすなわち、住宅の所有者は不動産を所有する市民としてではなく、投資家とみなされるということである。Smith（2008）によれば、住宅の投資家は住宅ローン市場にアクセスして投資ができるようにする。住宅購入は金融市場に結びつけられている。彼女はアメリカやイギリスといった土地で執筆している。

　　住宅所有（ないし少なくとも住宅購入）は住宅を取得する一般的な方法であり、特定の形態をとる。一連の金融サービスから資金を得て、保険をかけられ、一定程度マーケティングされる。こうした金融サービスは、現金による家計（貯蓄、消費、債務への態度）を、国際的な金融の世界へとつなげるものである（Smith, 2008: 520）。

持ち家は、退職後の安全をもたらすものであるとともに、消費の基礎となるものと考えられている。住宅購入はそれ自体消費財であり、人々は退職後に住宅から得られるサービスを消費することができる（例えば、住処〈shelter〉と温かさを消費する）。持ち家はまた、リバースモーゲージにより、退職後の収入を得るためにも使われ得る（Smith, 2008; Lowe, 2012）。住宅価格が毎年高騰するため、賃労働で得た収入以上に消費することができる（例えば住宅の所有者は、資金の借り入れのために住宅を利用する）（Crouch, 2008; Watson, 2008）。

調査によれば、持ち家を強調することにより、住宅市場の2つの傾向が加速している。第一は、「投資のために借りる」点の強調である。住宅はしばしば、人の一生の中で最も高価な買い物であり、普通は住宅購入のために住宅ローンを借りなければならない。したがって借り入れは投資主体アプローチの要となる。ここで、持ち家の奨励政策が、個人負債の増加を許すという逆説が生じる。

住宅市場における第二の傾向は、融資を容易に得られることである。住宅購入のために融資を受けるとしたら、融資へのアクセスは容易であるべきだ。そのため政府は、金融機関の融資に対する規制を緩和した。アメリカやイギリスでは、金融機関に対する規制は緩いもので、それがサブプライム住宅ロー

ン市場で低所得者への融資増につながった（Langley, 2008; Montgomerie, 2008; Montgomerie and Budenbender, 2015）。

　住宅購入と融資市場へのアクセスの間につながりができている。したがって金融包摂を、他の政策課題に沿って考察することが重要である。金融システムと住宅購入のつながりは、世界経済に影響をもたらすため重要である（Watson, 2008, 2009, 2010; Toussaint and Elsing, 2009; Doling and Ronald, 2010b; Lowe et al., 2011; Ronald and Doling, 2012; Montgomerie and Budenbender, 2015; Stebbing and Spies-Butcher, 2016; Walks, 2016; Lennartz and Ronald, 2017; Ronald et al., 2017）。例えば、アメリカやイギリスでの、サブプライム住宅市場における住宅バブルの崩壊はしばしば、2007〜08年の銀行・金融危機の引き金であったと見られている（Watson, 2008, 2009, 2010; Lowe et al., 2011; Montgomerie and Budenbender, 2015）。

　本章の構成は以下の通りである。第1節では、民営化されたケインズ主義を概観する。民営化されたケインズ主義は、金融システムと住宅購入を結びつける、影響力のある政治経済学の説明である。第2節では、持ち家の奨励は資産ベース福祉の一部としばしばみなされるが、第3章で論じた資産は住宅と区別すべきことを論じる。第3節は、投資主体アプローチと対置される新たな住宅購入のモデルを開発することの重要性を示す。新たなテーマに取り組むには、住宅課税と、新たな持ち家形態の創造が重要だと述べる。第4節はこの新たなテーマを、住宅購入が直面する主な困難に適用する。この困難とは、ミレニアル世代が住宅購入で直面しているものである。

民営化されたケインズ主義

　近年の政治経済学は、第二次世界大戦後にまだ認識されていなかった政策レジーム（体制）として「民営化されたケインズ主義」(privatized Keynesianism)に注目している（Crouch, 2009; Watson, 2010; Hofman and Aalbers, 2019; Wijburg, 2019）。Wijburg (2019: 146) は「民営化されたケインズ主義は、それと認識されてはいなかったが、ケインズ主義—フォーディズムの新自由主義的な継承者として広く知られるようになった。それは、経済を刺激するためにお金を借りるのは、国家ではなく世帯だという政策レジームである」と述べている。

従来の理解によれば、ケインズ主義と新自由主義は第二次世界大戦後に支配的となった2つの政策レジームである。ケインズ主義はケインズ（John Maynard Keynes）の経済思想をもとにして、1945年から1970年代までの経済政策に主要な影響を与えたと考えられている。ケインズ主義の核心は、政府が経済の需要を管理するために税金を用いて消費すべきだというものである。経済の中で全体の需要が低調であれば、失業を招く。ケインズ主義経済学の主な考察は、政府の借金は不況時に経済を刺激するために使われるということである。特に政府の借金は、道路建設のように、公共事業に支払われる。その際に政府の支出は、民間の支出を刺激するため「相乗効果」がある。これは雇用の増加をもたらすので、経済の需要全体を増やすことになる。Wijburg（2019）は、ケインズ主義と並んでフォーディズムに言及している。フォーディズムは標準化された製品の大量生産をテーマとしている。ケインズ主義は大量消費と大量生産を支持していた。経済が完全雇用を達成して、インフレの状態であれば、政府は経済安定化のために、増税とおそらく公共支出の削減を通して介入する。こうして需要は減退し、インフレ圧力は低下するだろう。

　ケインズ流の需要管理政策は、1970年代まではうまく機能していたが、その後は機能停止したようだ。イギリスでは、政府支出は失業を減らせるようには見えなかったし、失業率が高インフレと共存していた。ケインズ流の需要管理政策が明らかに失敗したことから、自由市場の支持者からの攻撃に拍車がかかった。フリードマン（Milton Friedman）やハイエク（Friedrich von Hayek）らの理論家は、自由市場と小さな国家の立場から論じた。これらの思想家にとって、政府の主な仕事は需要を管理しようとすることではなく、競争を促進して自由市場が及ぶ領域を拡大することを通して、供給側を改革することである。アメリカのレーガン（Ronald Reagan）大統領や、イギリスの首相サッチャー（Margaret Thatcher）といった政治家は、こうした自由市場の思想に喜んで耳を傾けた。こうした主張は、支配的な新自由主義のイデオロギーと政策の下で先導役を務めた。

　むろん、現実は上述の図式化よりも複雑である。研究者は、第二次世界大戦の終戦時に、ケインズ流の社会民主主義をめぐる合意が本当に存在していたのか疑問を呈した。政府による経済への介入は、ケインズの思想に基づくという

より、第二次世界大戦中の国家の規模拡大の遺産として続いたものと見ることもできる。

　新自由主義の本質に関する議論もなされている。レーガンやサッチャーといった政治家は、新自由主義イデオロギーが想定するよりも確かに現実主義的であった。サッチャーは、国家の役割を後退させるのが難しいことを悟った。Crouch（2008, 2009）は、新自由主義政策レジームの内容が一般に誤解されてきたと主張する。彼は、1970年代に生じた主な変化とは、経済成長の基礎として、公的な借金から民間の借金に重点が移ったことだと主張した。第二の政策レジームは、「しばしば考えられているように純粋な市場への新自由主義的な転向ではなく、中低所得者層への大規模な住宅ローンやその他の債務と並行した市場システムであり、その市場システムは、規制されていない金融派生商品の市場と連動していた。それは民営化されたケインズ主義の形をとっていた」（Crouch, 2009: 382）。

　不況の時期、経済を刺激するために借金して消費するというのは、ケインズ主義の思想にとって重要である。民営化されたケインズ主義は、公的セクターから民間セクターへと借金を移行する。Crouch（2008, 2009）は、政府による民間借金の主な拡大策は、住宅ローンの増加であったと主張する。Crouch（2008: 476）によれば、

> 本来のケインズ主義の下では、政府は経済を刺激するために借金を背負った。民営化された形態の下では個人、とりわけ貧しい個人が、市場で借金を背負うことでその役割を引き受ける。主な推進力は、所有者の持ち家とアパートの価値が絶えず上昇することと、それと並んで、リスクを伴う市場が異常なまでに成長することである。

　こうして政府は人々の間に持ち家の重要性を説き、住宅ローンへのアクセスを改善しようとした。実際に、研究者は「住宅価格ケインズ主義」と呼び、民営化されたケインズ主義における住宅の重要性を強調している（Watson, 2010; Wijburg, 2019）。

　2008～09年の金融危機以降、イギリスのような国では持ち家率が低下した。

このことは、住宅価格ケインズ主義の内容が金融危機以降に変化したことを示している。Ronald, Lennartz and Kadi（2017: 185, 強調は原文）がいうように、「金融危機は資産ベース福祉の基礎をなす**持ち家**を台無しにした。社会・経済・福祉の関係の中で**住宅資産が**果たす役割を、この危機は精緻に示した」。

この一つの帰結は、住宅価格ケインズ主義の一環として、民間の地主制度への関心が高まっていることである。Ronald, Lennartz and Kadi（2017: 183）は、「新たな地主制度が資産ベース福祉の『投資主体』によって形づくられてきた」と述べる。Soaita et al.（2017）はこの議論を発展させ、定性調査事業の知見の要約を示した。その調査は、地主が資産戦略としての民間賃貸産業にどのような動機があるかを調べるものだった。調査の結果、地主制度には様々な動機があり、動機は地主の種類によっても異なることが示された。例えば、即席で手に入る収入を得るために民間賃貸産業を利用する地主がいるし、他方ではキャピタルゲインを通した将来の収入源だとみなす地主もいる。特に小規模な資産を所有する地主は、退職後の主要な財源とみなしている。

Wijburg（2019）は、住宅価格ケインズ主義の概念を拡大して、地主制度を含めることが重要だと主張する。彼によれば「単に住宅ローンによる持ち家を促進する政策レジームをはるかに超えて、民営化されたケインズ主義は柔軟な蓄積のレジームであり、民間の地主を含め多様な世帯とその負債を潜在的に結びつけるものである」（Wijburg, 2019: 144）。

住宅価格ケインズ主義はしばしば、イギリスやアメリカのように、持ち家政策を推進した国に関連しているとヴィーバーグはいう。持ち家政策に焦点を当てると、フランスのような国が、国家保証融資を活用して民間の地主制度や賃貸産業を拡大してきたことを見過ごしてしまうと、Wijburg（2019）は主張する。これはすなわち、住宅価格ケインズ主義の適用可能性はアングロ・アメリカ諸国の範疇にとどまらず、持ち家率がずっと低いフランスのような国にも当てはまるということである。

資産ベース福祉と住宅

住宅に関する研究者は、政府が資産ベース福祉を利用して持ち家の普及

促進を図ってきたと主張する（Watson, 2008, 2009, 2010; Toussaint and Elsing, 2009; Doling and Ronald, 2010a, 2010b; Ronald and Doling, 2012; Lowe et al., 2011; Montgomerie and Budenbender, 2015; Stebbing and Spies-Butcher, 2016; Walks, 2016; Wijburg, 2019）。Wijburg（2019: 144）によれば、

> 住宅に関する研究者によれば、住宅ローンはこのレジーム〔訳注：資産ベース福祉レジームを指す〕と関連して大幅に成長したが、それは政府によって財政的・金融的にしばしば促進されてきたものであり、政府は人々が公営住宅から民間の住宅に切り替えることを目指しているのだという。したがって、民営化されたケインズ主義や、「住宅価格ケインズ主義」は部分的に、国が推進する資産ベース福祉レジームとみなされ得る。その資産ベース福祉レジームでは、世帯は収入・福祉の減退を、住宅資産の絶えざる価値上昇で埋め合わせることができる。

資産ベース福祉については、第3章で金融包摂および貯蓄の文脈で検討した。第3章では、貯蓄と住宅が重なり合うことを指摘した。貯蓄は通常、それ自体が価値ある活動というわけではなく、ある目的のために行われるものである。長期的な貯蓄の目的の一つは退職後への備えであり、もう一つは住宅のためである。Sherraden（1991）の個人開発口座（IDA）は資産ベース福祉の草分けだが、個人開発口座の目的の一つは住宅のための貯蓄である。

資産ベース福祉は主に、少額の金融資産に焦点を当てる（Gregory, 2016）。しかし、人口の大多数が所有する資産の中で住宅が主要な役割を占めていることを、資産ベース福祉は見逃していると批判された（Watson, 2008, 2009, 2010; Toussaint and Elsing, 2009; Doling and Ronald, 2010a, 2010b; Ronald and Doling, 2012; Lowe et al., 2011; Montgomerie and Budenbender, 2015; Stebbing and Spies-Butcher, 2016; Walks, 2016; Lennartz and Ronald, 2017; Ronald et al., 2017; Soaita et al., 2017）。Doling and Ronald（2010a: 165, 強調は原文）は、「資産ベース福祉の**資産**は頻繁に、**不動産**や**住宅資産**となった」と報告する。ドリングとロナルドはまた、1990年代末から2000年代初頭に、フランス、ドイツ、イタリア、イギリスにおいて、住宅資産が個人資産の3分の1から2分の1を占めていたという

(Doling and Ronald, 2010b)。2014〜16年に行われた資産調査の公式データでは、イギリスの第4分位から第7分位まで（10分位数）の人々にとって、不動産が資産全体の中でとりわけ重要な部分を占めていることが示された。例えば、第6分位の人々の資産の中で不動産は44％を占めている。最も貧しい人々（第1分位）にとっては、収集品のような物質的資産が最重要であり、他方で最も豊かな人々（第10分位）にとって最重要の資産は個人年金である。55歳以上の世帯主がいる世帯に関する他の調査によれば、ギリシャ、イタリア、スペインでは、個人資産の80％以上を住宅が占めているという（Lefebure et al., 2006）。

住宅に関心を向けない資産ベース福祉の手法は、人々の生活に最も影響をもたらす資産所有に関して実用的な提案を生み出さないだろう。しかし、本節では資産ベース福祉と住宅は異なるものだと主張したい。住宅の資産ベース福祉は、住宅への投資を中心的な関心事としている。非投資という資産効果の重要な系譜がある。「貯蓄支援」のような重要な政策の系譜は、人々が割と一般的なトラブルから自らを守るための金銭的な備えを用意することだ。

近年は、資産ベース福祉が非投資に焦点を当てることを認識した、住宅関連の議論がある。Lennartz and Ronald（2017）は、資産ベース福祉が社会的投資の代替品だとしている。レナーツとロナルドは、資産ベース福祉が人々に、福祉国家が伝統的に供給してきた保護を与えようとしたものであり、それは福祉国家がこの政策によって、社会的投資のための特定の支出形態を目指せるからである。したがって資産ベース福祉は、福祉国家を解体するのではなく作り変えるのに貢献しているという。「資産ベース福祉——と、人生の早い段階での債務の蓄積を通して、新たな世帯を持ち家の集団に取り込もうとする特定の構想——は、基本的には従来型社会政策が抱える財政難への対応策である」（Lennartz and Ronald, 2017: 213-14）。ここで資産ベース福祉は、その範囲と本質が異なっていたとしても、福祉国家が提供してきた伝統的な社会的保護と関連している。

資産ベース福祉が投資に用いられるところでも、それは通常、住宅資産以外のためである。個人開発口座（IDA）はシェレイデンの主な政策構想である。住宅は個人開発口座の目的の一つにすぎず、確かに、想定される使途の中で最も現実味が薄いものだ。というのは、マッチング補助付きの貯蓄は、職業訓練

や起業といった、住宅投資以外に使われやすい。第3章で述べたように、シェレイデンとその同僚は、個人開発口座の実験であるアメリカンドリーム・デモンストレーション事業を実施し、その結果を報告した。それによれば、参加者1人当たり平均預金額は月額19.07米ドルで、個人開発口座で年間約700米ドルを貯蓄した（Schreiner et al., 2002）。この程度の貯蓄では、住宅購入のための貯蓄としては不十分だ。

　資産ベース福祉と住宅は、収入の役割をめぐって違いがある。Sherraden (1991) の主張は、資産は所得と根本的に異なるということである。投資のための借金は、投資主体の手法の中核をなしている。借り入れは、所得（債務）のフローの重要性を示している。実際、住宅の資産ベース福祉に見られるように、資産ベース福祉は、イギリスのように債務全般の増加を招き（Lowe et al., 2011）、債務の増加は自立とは裏腹に、融資者への依存をもたらした。それゆえ投資主体〔訳注：この「主体」（subject）の語は服従や依存を示唆する〕と、資産ベース福祉で力づけられた人との間には根本的な違いがある。

　住宅に関する近年の研究は、将来の福祉ニーズを満たすため、人々に所得をもたらすものとして利用されている点に注目する（Fox O'Mahony and Overton, 2015; Overton and Fox O'Mahony, 2017; Soaita and Searle, 2016; Soaita et al., 2017; Lennartz and Ronald, 2017; Ronald et al., 2017）。Ronald, Lennartz and Kadi (2017) は、持ち家は金融危機が起きる前から資産ベース福祉の主な焦点となっていたと主張する。彼らは、金融危機後に資産ベース福祉がさほど強調されなくなったとはいえ、緊縮財政に伴う公的支出削減が支配的な時代においては、世帯の福祉ニーズに取り組むうえで住宅は依然として重要なものだという。Lennartz and Ronald (2017) と、Ronald, Lennartz and Kadi (2017) は、持ち家が人々に所得をもたらす方法を4つ挙げる。第一は、持ち家に伴う帰属家賃〔訳注：実際には自宅なので家賃の支払いは発生しないが、家賃相当の金額を自らに払っているとみなす〕がある。第二に、不動産の所有者は、収入を生み出すために、不動産を流動化させる商品がある（Fox O'Mahony and Overton, 2015; Overton and Fox O'Mahony, 2017も参照）。第三に、不動産を縮小して資金を得ることができる。第四に、部屋を賃貸に出したり、自宅を担保にさらなる不動産を手に入れ、地主になったりすることで、資金の流れを生み出すことができる（Soaita et al., 2017 も参照)。

住宅購入の異なるモデルを開発する

　民営化されたケインズ主義の議論は、投資主体のアプローチが住宅購入に対する特定の見方を支持していることを示す。住宅購入に対して異なるモデルを開発することは、こうした投資主体のアプローチの束縛を断ち、金融システムと住宅購入の関係を問い直すうえで重要であろう。これにより、住宅価格バブルに至るような方法ではなく、より良い金融包摂のモデルを創り出しやすくもなろう。

　異なる住宅購入モデルを開発する方法の一つは、平等主義的な不動産所有の民主主義の可能性を探ることである。Meade (1964) はより平等な社会を生み出すために富を分散する努力を「平等主義的な不動産所有の民主主義」と呼んだ (Meade, 1964; Rawls, 1971)。「不動産所有の民主主義」はもともと右派から出た用語である。保守党の政治家、ノエル・スケルトン (Noel Skelton) は、1920年代に「不動産所有の民主主義」という言葉を導入し、それ以降、保守党の政策の重要なテーマとなった (Skelton, 1924; Hogg, 1947; Ron, 2008)。スケルトンがこの概念を打ち出したのは、不動産の保有者の権利を、大衆民主主義の台頭から保護するためであった (Skelton, 1924; Ron, 2008; Gregory, 2016)。不動産所有の民主主義はおおむね、マーガレット・サッチャー首相が推し進めた1980年代の公営住宅売却や、ガス・水道などの国営公共サービス事業の民営化と密接に結びついたものであった (Gamble and Kelly, 1996; Ron, 2008; Lund, 2013)。

　中道左派は、公営住宅の売却は不動産所有の民主主義の一形態だと認識している (Gamble and Kelly, 1996; Ackerman and Alstott, 1999)。しかし、中道左派の理論家はサッチャー主義に批判的だ。それは、サッチャーが**平等主義的**な不動産所有の民主主義を生み出そうとしなかったからである (Gamble and Kelly, 1996; White, 2003)。サッチャーはそれと逆のことを望んでおり、福祉国家を削減する手段として公営住宅を売却したのだとPierson (1994) はいう。サッチャーは公営住宅に代わる住宅を用意することなく、公営住宅のストックの大半を売却するために、販売中の公営住宅を「購入する権利」をうまく利用

したと彼は述べる（Jones and Murie, 2006も参照）。Disney and Luo（2017）の記録によれば、1979年にイギリスの世帯に占める持ち家の比率は55％だったが、2000年代初頭には70％に上昇した。その主な原因は「購入する権利」と称する公営住宅の売却にあった。「しかしながら『購入する権利』による資産所有の普及は極めて不均衡であり、未熟練労働者や低所得の公営住宅居住者は、『購入する権利』の住宅購入者に占める割合が小さかった」（Cole et al., 2015）。Gamble and Kelly（1996: 81）は、「新保守主義による不動産所有の民主主義の概念はまやかしだ。イギリス保守党が1920年代以来この概念に固執してきたが……個人の所有と富の保有に関する不平等は変わらず続いている」。保守党的な「不動産所有の民主主義」論は個人責任を強調する一方、個人の選択を制約している不平等が背後にあることには目を向けようとしないのである。

いかに平等主義的な不動産所有の民主主義を生み出せるかという難題が残されている。Piketty（2014）は、『21世紀の資本』において、21世紀の不平等の主因は資本にあると説く。住宅問題の研究者は、住宅購入が富の不平等を助長していることは、現在よく認識されるようになったにもかかわらず、政策立案者はいまだにこの問題への充分な対応ができていないという（Maclennan and Miao, 2017; Fernandez and Aalbers, 2017; Elsinga, 2017）。Maclennan and Miao（2017: 128）は、「住宅政策の立案者は（ピケティの業績から）ほとんど学んでいないということだ……住宅政策は基本的に、世代間の不平等を減らすどころか強化しているということさえも」。

平等主義的な不動産所有の民主主義の創造には、少なくとも2種類の研究が必要だ。第一は住宅資産に対する課税強化だ。Elsinga（2017: 149）は住宅への課税が重要だと主張する。「住宅政策の新たな原理は、社会の不平等を受け入れ可能なものにするため、税制の中に住宅の平等性を考慮に入れることから始めるのがよい」〔訳注：housing equityに、「住宅資産」と「住宅の平等性」を掛け合わせて表現している〕。エルシンガはまた、住宅課税の新たな形態の枠組みを描く必要性を主張する。住宅はしばしば、人の最終的な資産・遺産の重要な一部をなしており、そのため資産・遺産への課税は、住宅資産への課税に関わる（Ackerman and Alstott, 1999; Le Grand and Nissan, 2000; White, 2003; Atkinson, 2015）。資産課税に関しては多数の先行研究がある（概観するにはMirrlees et al., 2011aを

参照)。しかしながら、具体的にいかなる税を優先させるべきか、またどのように税の構想を実現させるかの疑問が残る。

　第二に、新たな持ち家のモデルを開発するにあたり、保守党の議論では所有者による占有と不動産の所有の思想が支配的である (Gregory, 2016)。持ち家は、個人責任と自立を支持するがゆえに、重要とみなされている。投資主体アプローチは、こうした個人責任の思想にかなっている。共同所有権は、個人主義や自立の思想に対抗するために用いられてきたと Gregory (2016: 18) はいう。

　　この目的は、より多くの人々に不動産所有の民主主義を単に小分けにして提供することではなく、共同所有権をめぐる政策の物語を形づくることにある。「自立した」所有者と、「依存した」公営住宅居住者はしばしば二項対立的に区別されるが、共同所有権の政策はそうした両者を混合した性質を持ち、両者をつなぐものとして前向きに語られることを目指している。

異なる持ち家モデルを開発することにより、持ち家の思想を作り変えることが潜在的に可能となる。例えば、Fox O'Mahony and Overton (2015) は住宅所有者に与えた不動産流動化手法の影響について定性調査を行い、そのような手法は住宅や持ち家の意味を変え得るものであることを見出した。したがって共同所有権は、投資主体の思想に対抗するために利用し得るのである。
　Honoré (1961) は、所有権の本質について古典的な説明を概説している。彼の説によれば、対象物の所有権は11種類の権利を伴っており、そこには対象物の所持、使用、管理、送信、統制が含まれる。権利は他にも、資本的価値に対する権利、収入、没収からの保護、自由保有、判断責任、他者を害さない責任が含まれる。これらの権利はそれぞれ、多様な方法で形づくられる。オノレの列挙した権利は疑いなく、他の権利にも重なるほど拡大し得る。ここで重要な点は、いま言及した様々な権利が様々な方法で結合し、したがって多様な所有のモデルが生じることになる。純粋に私的な所有と、共有との間には、複合的な所有や共同所有権といった一連の形態がある (Whitehead, 2010; Whitehead and Monk, 2011)〔訳注：ここでは shared ownership を「共同所有権」、common

ownershipを「共有」と訳出した。shared ownership（共同所有権）は、複数者によって資源が分割されて所有され、各所有者がその所有部分を利用するのに対し、common ownership（共有）は、コミュニティのメンバー全員が資源全体を利用する権利を持つこと（＝コモンズ、入会地）を指す〕。

　住宅資産の保有率に関する議論は、所有権をめぐる新たな議論を築く一つの試みだ（Edwards, 2001; Whitehead et al., 2006）。これは、資産ベース福祉と、住宅資産ベース福祉をつなぐ研究の基盤となるだろう。住宅資産の保有率はむろん、所有権の全ての形態の中では小さな割合にすぎない。例えば、イギリスでは住宅資産の保有率はわずか2％にすぎないとGregory（2016）はいう。大規模に適用され得るモデルを開発することは容易ではない。資産ベース福祉の中に3種類の住宅資産があるとWhitehead, Travers and Kielland（2006）はいう。その第一はアクセス・モデルであり、人々が所有権を獲得・構築できるようにし、人々が完全所有権を築けるよう励ますものだ。第二は、個人の預金を築くために住宅を活用するという貯蓄手法である。例えば公営住宅の居住者が、マッチング貯蓄を求められるかもしれない。そのマッチング貯蓄は、公的ないし民間の団体が何らかの資金を家賃とマッチングさせて、特別の貯蓄口座に振り込むものだ。第三は、不動産に居住する費用を引き下げるような費用削減である（例えば一定の期間、ある不動産に住む人に家賃が減額される）。アクセス・モデルの手法は、完全な所有権を手に入れられるだけの裕福な居住者にとっては都合がよいが、貯蓄手法や費用削減手法は、貧しくて完全な所有権を手に入れられない居住者に好まれると、Whitehead, Travers and Kielland（2006）は述べる。

　新たな所有形態の開発に目的があるとすれば、今後は貯蓄手法や費用削減手法に焦点を当てて研究を進めるべきだ。アクセス・モデルの究極の目的は通常、人々が完全な所有権を獲得することであり、したがって複合的な所有形態を目指すものではない。貯蓄手法は、持ち家をめぐる権利と、居住者が金銭的な備えを築く努力を組み合わせたものであり、それゆえ住宅資産ベース福祉と資産ベース福祉が混ざり合っている。費用削減手法もまた、不動産の権利を様々に組み合わせることで新たな所有形態を生み出し得る。

　共同所有権は、私的地主制度の発展に対抗するために利用できる。私的地主

制度は富と収入をより蓄積し、地主と居住者の格差を広げることから、不平等を拡大する可能性が高い。住宅所有者と非所有者の間の住宅格差に取り組むことは、トップ1％の富の配分に目を向けることよりも、富の不平等を減らすうえで重要だと Maclennan and Miao（2017）は述べる。私的地主制度が不平等にもたらす影響を減らすには、共同所有権のモデルを創り出すことだ。共同所有権は、私的財産に付随するいくつかの権利を認めていない。オノレの言葉を借りれば、共同所有権の形式は、資産から生まれる収入や資本に対する権利を付与することを意味する。

別の住宅のモデルは、資本市場に明らかに示唆をもたらすと思われる。このことは、投資するために借りるということに力点をあまり置かない。住宅の所有は依然として重要だとしても、住宅の所有者の本性を執拗に生み出すようなことはない。すなわち、住宅ローンと私的な負債の量・規模が下がるであろう。また、住宅の持ち分を積み立てていくような、別種の金融商品が求められるであろう。金融サービスは、集団的な所有形態を支えるほうに向かうかもしれない。

例：ミレニアル世代の不安

前述の議論では、新たな住宅の形態を開発することが、公共政策における投資主体アプローチの影響を打破するのに役立つだろうということを述べた。住宅における変化は、金融システムに影響をもたらしやすいことから重要である。例えば、投資のために借りることの重要性を強調するアプローチは、私的な負債を増やしやすい。別の住宅の考え方は、融資の市場の本質に変化をもたらすだろう。

本節は、こうした考えを実世界の例に当てはめてみよう。特にイギリスの若者——ミレニアル世代——が住宅を購入する問題に着目する。若者が直面する問題をめぐっては多くの議論と政策的関心を招いた（Willetts, 2010; Intergenerational Commission, 2018）。世帯の富は21世紀の間に急速に増えているものの、1960年以降に生まれたイギリス人は誰も、年上の世代よりも多くの富を築くことはできなかった。1981～2000年代に生まれたミレニアル世代は、

所得の伸びが停滞し、15年前に同年齢だった人の収入と同じ額である。25歳時点での確定拠出型年金を見ると、1980年代生まれの人の加入率は1970年生まれの人の加入率の半分になった。30歳時点で住宅を所有するミレニアル世代の割合もまた、1946〜65年の間に生まれた世代と比較して半減している（Intergenerational Commission, 2018）。ミレニアル世代は住宅を購入しづらくなっていることから、民間の賃貸産業が成長している。Ronald et al.（2017: 174）によれば、「民間賃貸の復活は、持ち家から排除された若い成人の需要が高まったことと、住宅市場にいる者たちが賃貸用住宅を買い占めたことによるものだ」という。

　公共政策の目的は必ずしも、若者が直ちに住宅を購入できるように促すことではない。ミレニアル世代のニーズ、より一般的には人々のニーズは、完全な持ち家と賃貸の混合によって満たされるであろう。このことに向き合うには、多くの人々にとっての住宅の重要性を熟考しなくてはならない。いうまでもなく、住宅の最も基本的な役割は、人々に（生活に最低限必要な）住処を提供することだ。第5章で論じるように、住宅は住人が住処を消費し、暖をとるための消費財とみなされ得る。賃貸住宅であっても、持ち家であっても、いずれも充分な住処を提供してくれる。しかし、所有権を持つことで、住人は住処の借家権以上に確実に保障を得られるだろう。Honoré（1961）の言葉を借りれば、これは使用権に相当するものだ。若者に使用権を認めても、それが完全な所有権である必要はない。これは、部分所有や共同所有の仕組みで達成し得る。イギリスの住宅改革は、住宅資産の所有に関する世代間の不公平という状況に直面している。

　レゾリューション（Resolution）財団政策研究所は、「世代間評議会」（Intergenerational Commission, 2018）を開催し、若者と高齢者の間の格差解消に向けた提言を出した。保守党の政治家であったデイヴィッド・ウィレッツ（David Willetts）は、世代間評議会の議長を務めたが、それは彼が永年にわたってこの分野に関心を持ってきたことによる。Willetts（2010）は『窮地』（*The Pinch*）という本を著し、その本の中で、1946〜65年の間に生まれたベビーブーム世代がその子どもたちに残す遺産を実質的に盗んだ（pinched）と主張した。グローバル経済、技術、政府の政策における変化はいずれも、ミレニアル世代

の悲運につながっているのかもしれない。しかし、高齢者も責めを負うべきだとウィレッツは主張する。「窮地/盗み」（pinch）の比喩は、子どもたちの将来の繁栄という高齢者の偽りを示すものであった。Willetts（2010: xv-xvi）は述べる。

> ベビーブーム世代は、将来世代の利益を守ることに大失敗した罪の容疑がある。ベビーブーム世代は、自らの世代の手に富を集中させてきた。若者世代にとって、住宅入手の段階を登り始めることや、まともな企業の年金で将来に向けた貯蓄をすることはいっそう難しくなっている。

ミレニアル世代が住宅を購入しづらくなっている問題は確かに、世代間評議会の主な関心事である（Intergenerational Commission, 2018）。その報告書は、決済、住宅、年金、国家に関する提言が述べられているが、他のテーマに比べて住宅に関する提言は2倍もある。

世代間評議会は、世代間公平に関する思想を展開した18世紀の思想家エドマンド・バーク（Edmund Burke）を引用した〔訳注：エドマンド・バークはアイルランド生まれのイギリスの政治思想家・哲学者・政治家で18世紀の人。保守思想の父として知られフランス革命に反対した。主著に『フランス革命の省察』〕。『フランス革命の省察』においてバーク（1999［1790: 96］）は、異世代間の契約として社会の概念を持ち出す。

> 社会とはまさに契約である。それは、あらゆる科学的な連携、あらゆる芸術的な連携、あらゆる道徳的で完璧な連携である。このような連携の目的は多くの世代で達成できないため、それは生きている人々だけでなく、死者と未来の世代との間の連携となる。

バークは、世代間で網の目のような義務・責任が深化してきたという。家族は祖父母・父母・子の間の結合を通して、異世代間をつなげる具体的な方法を提供する。家族は時間をかけて自らを再生産し、こうして社会も再生産される。

第4章　住宅の場合

　バークは、家族の安定したアイデンティティを生み出すために、資産の譲渡が重要だと強調する。彼によれば、

　　私たちの家族に財産を永続させる力は、それに属する最も価値のある興味深い状況の一つであり、社会自体の永続に最も寄与するものだ。それは私たちの弱みを、美徳への手段にするものであり、強欲に博愛を接合するものだ。家族の富の所有者と、世襲的な所有に見られる特徴（これに最も関心がある）を保有することにより、こうした継承が自然に保証される（Burke, 1999［1790］: 51）。

　ここでバークは、世襲と社会の永続を直接的に結びつけている。彼は世襲が個人の道徳を促すという。例えば、親は子どもの幸せを気にかける。バークは世代間の資産継承を支持する。バークにとってこれは家族の永続と、社会の永続を示すものである。資産は多様な形態をとるが、なかでも最も重要なものは持ち家である。

　若い世代の間での住宅格差を解決するうえで重要なことが2つある。第一は住宅の資産をベビーブーム世代からミレニアル世代に再分配することだ。この再分配は、資産課税があり得る。第5章では、住宅のような資産に課税する実用性を検討する。第二は持ち家の本質に関して、新たな議論を始めることだ。バークは世代間での網の目のような結びつきと、暗黙の理解に言及しているが、その探究領域の一つが持ち家の意味に関するものだ。所有とは、権利と義務の複雑な束であり、異なる所有形態を考案することが可能だ。新自由主義者は、投資商品としての住宅に関心を持つ。実際、新自由主義者が住宅に言及する際には、「家族の家」（family home）というよりも資産としての言葉を使い記述する傾向にある。

　バークは持ち家に関する別の見方を駆り立ててくれる。「家族の家」は、保守派の思想にお決まりの言い回しだ。前財務大臣のジョージ・オズボーンは、保守党が相続税の下限を100万ポンドに引き上げて「家族の家」を課税対象外にする計画を発表した際に、この概念を持ち出した。持ち家の本質をめぐる議論が始まると、「家族の家」という概念が用いられることがある。「家族の家」

は集団的所有の一形態を指し、家族は集団的な単位である。家族が意味するものを紐解くと、集団的所有に関連した様々な権利と義務を探求することにつながり、さらには所有の混合的な形態を考案できるかもしれない。こうした別の所有形態の探究は、ミレニアル世代の問題を解決するうえで有益だろう。

結　語

　投資するために貸すというのは、投資主体アプローチの主要な要素である。いうまでもなく、このアプローチが最も明らかになるのは住宅の領域である。イギリスやアメリカの政府は人口に占める持ち家の割合を増やすことを強調してきた。住宅ローン市場へのアクセス改善は、実現した政策の一つである。批判者は、持ち家を強調することが個人の債務を増やすことになったと主張する。この傾向は、異なる政策領域――ここでは住宅――が金融システムへの関与に影響をもたらすことを示している。

　金融包摂が持ち家へのアプローチと関連しているリスクは無視すべきでない。本章は、住宅と信用市場との関係があると指摘しただけではない。住宅と金融システムの異なる関係を裏づける、別の持ち家のモデルを示した。

第5章

対　案

はじめに

　本章は金融包摂と、対案についての議論を検討する。第4章では、住宅や金融システムにおける投資主体の支配に対抗するため、異なる持ち家の形態を利用できそうだということを述べた。本章はこうした対案の議論を拡張する。第1章では、金融化を新自由主義から切り離すことが可能だと主張した。これは、必ずしも新自由主義を招かない金融包摂（および金融化）の形を開発し得るという意味である。

　異なる議論についての理解としては、これを金融包摂への対案として捉えるかもしれない。本書ですでに述べたように、メインストリームの金融サービスへのアクセスを拒否された人々が貧困プレミアム〔訳注：貧困ゆえの高い代価〕を払わされるが、金融包摂はその代価を減らすものだというのが、金融包摂支持者の主張である。貧困プレミアムは、貧困や不平等への関心を示すものだが、貧困や不平等を減らす方法は他にもあるだろう。金融包摂への批判者は、平等のためには金融包摂より良い方法があると主張するだろう。

　そこで、金融包摂と他の政策とを比較してみよう。こうした比較研究で最初にやることは、提供される種々の政策を並べてみることだ。本章は、最も明白で可能な2つの対案を並置する。第一に本章では普遍的ベーシック・インカムの役割を概観する。第2章ではお金と金融ケイパビリティと金融システムへのアクセスの間に関連性があることを述べた。お金がなければ、財政判断の能力

や金融システムへのアクセスがほとんど無意味なものになってしまうだろう。金融ケイパビリティや金融サービスへのアクセスを高めることに注目するよりも、個人や世帯のお金を増やすことに集中するほうを好む論者もいるだろう。普遍的ベーシック・インカムは、あらゆる市民がお金にアクセスするのを保障するものだ。第二に、本章は普遍的ベーシック・サービスを概観する。国家から個人に大きなリスクが移行していることを批判する人々は、福祉国家の強化・拡張を選好する。普遍的ベーシック・サービスは、福祉国家を拡張する重要な方法として提案されてきた。

これらの対案に関する議論は、今後の比較研究の基礎になり得る。本章では、金融包摂がこれらの対案を支持する重要な役割を担い得ると述べる。はじめに、普遍的ベーシック・インカムの主要部分を描き出す。普遍的ベーシック・インカムは、第3章で論じた児童信託基金と関連した政策だ。実際、ベーシック・インカムをベーシック・キャピタルと比較する議論もある。このことは、普遍的ベーシック・インカムと、本書で考察した金融包摂政策が重複していることを示すものだ。本章は次に、金融システムへのアクセスは、ベーシック・インカムを実現させるために重要になりそうだと述べる。

普遍的ベーシック・サービスは、普遍的ベーシック・インカムのより包括的な対案である。後者は単純な政策のためだ。だが、「普遍的ベーシック・サービス」の語は、普遍的ベーシック・インカムを暗示しており、これらの提案の間の関連を物語っている。金融システムは、普遍的ベーシック・サービスの重要な一部分であり、また普遍的ベーシック・インカムがそこに統合され得るというのが、本書の主張である。

改革者の計画が抱える困難は、その改革が実現可能であり、また望ましいものであるか否かということだ。本章の残りの部分では、住宅資産への課税強化を検証することを通して、実現可能性の問題を考察する。第4章では、不動産への課税強化はより平等主義的な不動産所有の民主主義を生み出す方法だと述べたことから、この事例研究は興味深いものである。資産への課税強化は、本章で考察する代替政策にとっても重要であろう。

第 5 章 対　　案

普遍的ベーシック・インカム

　15世紀中に刊行された、トマス・モアの『ユートピア』（Thomas More, 2020[1516]）は、ベーシック・インカム論の先駆けとしてしばしば引用される。私有不動産のない架空社会を描いているものの、その社会では、食料のような人々のニーズはコミュニティによって満たされる（Piachaud, 2018）。普遍的ベーシック・インカムは「ある行政区域に住む全ての住民に対して、資力調査や労働の強制なしに、定期的に個々人に現金を給付する」ことを約束する（Haagh, 2019: 243）。

　普遍的ベーシック・インカムには5つの主要な要素がある。定期的、現金給付、個人対象、資力調査のない普遍性、就労・求職の条件なし、である（Piachaud, 2018; Haagh, 2019）。例えば、Standing（2019）は、イギリスの全ての成人に毎週100ポンド、全ての子どもに50ポンドを支払うという普遍的ベーシック・インカムを提案した。普遍的ベーシック・インカムに好意的な議論が幅広く進展してきた。リベラルな思想に基づく議論は、普遍的ベーシック・インカムは全ての人々に真の自由をもたらすのに必要とされていると説く。人々が全く自由に人生の進路を選び取るには、定期的な所得が必要だという意味だ（Van Parijs, 1991, 1997; Van Parijs and Vanderborght, 2017）。他にも、社会学に基づく議論や、経済の変化する性質に基づく議論もある。普遍的ベーシック・インカムを、自動化やロボットが経済に与える影響に結びつける説もある。自動化は、工場生産ラインでロボットを使い繰り返しの作業を行うことから、コンピュータのアルゴリズムを使って法的助言のような専門的サービスを行うことまで、あらゆる種類の雇用を脅かすと思われている。自動化は雇用を奪うかもしれないが、経済の中に余剰を生み出すこともあると支持者は主張する。そこから、普遍的ベーシック・インカムを通して、この余剰を社会全体に拡散するという考えに至る（Susskind, 2020a, 2020b）。

　完全なベーシック・インカムはまだ世界中のどこにも実現されていない（De Wispelaere, 2016a, 2016b; Piachaud, 2018）。Piachaud（2018: 309）は、「ベーシック・インカムの概念は新しいものではないが、まだどの国も、普遍的で無条件の

ベーシック・インカムは導入していない」という。フィンランド、ウガンダ、ブラジルなどの国で、ベーシック・インカムの試行や部分的な実験は行われてきたが、実証分析の多くは現実の政策の研究よりもシミュレーションに依存している（De Wispelaere, 2016a, 2016b; Matinelli, 2017a, 2017b; Downes and Lansley, 2018; Halmetoja et al., 2018）。

●ベーシック・インカムとベーシック・キャピタル

　普遍的ベーシック・インカムは人々に、定期的なお金の支払いを約束する。ベーシック・インカムは所得のフローであり、第3章で論じた資産ベース福祉とは異なるものだ。しかしながら普遍的なベーシック・インカムは資本補助金（capital grants）のような政策と類似している（Ackerman and Alstott, 1999; Ackerman et al., 2005）〔訳注：ベーシック・インカムの議論の文脈での「資本補助金」（capital grants）は個々人に対して一定の資本を提供することを目指すもので、これにより個々の人々が自身の生活を改善し、社会的な機会を広げることができるという考え方。具体的には土地・建物・設備などを指す〕。このことは、資本補助金に関する近代の主要文献の中に見出すことができる。特に18世紀中、Thomas Paine（1987[1797]）は「土地所有の公正」と名づけた彼のパンフレットの中で、公正の理論を概説した。ペインの主張によれば、ある人が21歳になったら15ポンドの補助金を、また50歳になったら毎年10ポンドの補助金を受け取るのが公正なのだという。各世代の資産は、次の世代への支払いのために課税される。このようにして、資産への課税と、全ての人への資産と所得の給付は結びつくのだ。

　Paine（1987[1797]）は全ての人の平等性を達成するための「ベーシック・インカム」と「ベーシック・キャピタル」の利点に対する現代の関心を予見した（Cunliffe and Errygers, 2003; Ackerman and Alstott, 2004; Ackerman et al., 2005; White, 2011, 2015; Olin Wright, 2004, 2015）。Ackerman and Alstott（1999）は、全てのアメリカ市民が21歳になったときに8万ドルの補助金を1度受け取ることを提案した。Atkinson（2015）は、資産の不平等を減らすための児童信託基金を想起しながら、新たな装いで登場したリベラルで平等主義的な考えを概説してい

る。Atkinson（2015）にとって、「遺産を全ての人へ」というペインの夢を実現するための15の提案の一つがベーシック・キャピタルだ。アトキンソンは、全ての人へ補助金を支払うために生涯資本受取税（lifetime capital receipts tax）（人が一生涯に受け取る贈与や遺産に対して課税する）を導入し、現在イギリス国内における相続税所得から、全ての人に5000ポンドを配分するという提案をした。White（2015）は、ベーシック・キャピタルはベーシック・インカムよりも好まれるが、それは人の一生を変える可能性がより高いためだと述べた。Olin Wright（2015）は、ベーシック・インカムのほうがベーシック・キャピタルより優れており、それはベーシック・インカムが資本主義システムを変える可能性がより高いためだと反論した。

●金融システムとベーシック・インカムまたはベーシック・キャピタル

　銀行口座や貯蓄口座へのアクセスは、ベーシック・インカムやベーシック・キャピタルの仕組みがうまく機能するための前提条件となりそうである。例えばベーシック・インカムの仕組みにおいて、政府は市民に定期的に所得を給付する手段を要する。こうした給付は銀行口座を通して行うだろう。同様にベーシック・キャピタルの給付もおそらく貯蓄口座に預け入れられるだろう。このように金融包摂はベーシック・インカムやベーシック・キャピタルの仕組みを支える一部分と考えられる。言い換えれば、金融包摂は資金の給付を行うための経路を提供しているといえる。

　より広く考えれば、ベーシック・インカムまたはベーシック・キャピタルにおいて市民が選択可能な選択肢を広げるためにも、金融包摂は重要であろう。金融システムへのアクセスは、ある種の政策を他の政策に転換することを可能にする。人々は定期的な所得の流入を前提に、一つのまとまった額のお金の借り入れをすることができる。逆に人々はまとまった額のお金で年金を購入し、その年金で所得の流入を確保することもできる。資本補助金から期待される所得の流入という概念を示すため、イギリス政府の自由で独立した助言サービスであるペンションワイズ（Pension Wise）は、10万ポンドの年金資産〔訳注：退職後に得られる年金の総額〕がある人が2018年に66歳で引退した場合、年間

4200ポンドの課税対象所得を得られると推計した（www.pensionwise.gov.uk/en/guaranteed-incomeを参照）。金融商品・サービスへの適切なアクセスを前提とすれば、ベーシック・インカムとベーシック・キャピタルは同じ一連の政策に含まれる（Fitzpatrick, 2011; White, 2011）。実際に、White（2011）はベーシック・キャピタルとベーシック・インカムの一部を混合した政策を提案している。

　金融ケイパビリティも、ベーシック・インカムやベーシック・キャピタルにとって重要だ。この点は、蕩尽（stakeblowing）〔訳注：ギャンブルなどで資金を全て使い果たすことを指す〕をめぐる議論にみられる。ベーシック・キャピタルに関して指摘されている懸念は、資金を一息で蕩尽した後に後悔するだろうということだ。例えば、ある若者が8万ドルの補助金を無秩序な騒ぎに費消するかもしれない。こうしたことがベーシック・インカムに向けた事例として時折紹介される。後になって後悔するような意思決定をしても、定期的な所得が一つの保険となり、将来の給付があるのでいつでも違う選択をすることができる。Ackerman and Alstott（1999）はこの点に応答し、高校卒業までは8万ドルの補助金を受け取るべきではないと提案した。このことは、補助金の受け取りを最低限の学歴と結びつけるものである。このことは、財政の選択をする個人の能力につながり、また金融ケイパビリティがステークホルダーの補助金のための実務的な支援の一部とみなされていることを示すものである。

普遍的ベーシック・サービス

　近年の議論のねじれから、普遍的ベーシック・インカムよりも普遍的ベーシック・サービスが求められている。普遍的ベーシック・サービスとは、集団的に資金調達され、無償で利用できる公的サービスのことである（Percy, 2017; Coote et al., 2019; Gough, 2019）。議論の出発点は、「近代経済は社会的セーフティネットを必要としており、そのセーフティネットは近代的であり、そして従来受け継がれてきた条件付きの公的扶助よりも柔軟で効果的なものである」（Percy, 2017: 9）という考えである。普遍的ベーシック・サービスは、無償で提供される7つの中核的な公的サービスだ。すなわち医療、教育、法律と民主主義、住処、食、交通、情報である。このうち、多くの国で既にいくつかのサー

ビスが普遍的で、無償で提供されており、なじみがある。例えば、イギリスの保健省（National Health Service: NHS）は全ての人に対して無償で医療サービスを提供する。同様に国家による小中学校の教育制度も普遍的で、無償で利用できる。法律・民主主義のサービスは、社会全体での法律や民主主義の枠組みを指している。

　もちろん、それらの分野を一つ一つ細かく見ていけば、状況はより複雑だ。例えばイギリスでは、ある限定された領域に有償の医療サービスがあり、薬の処方箋の料金を少額徴収される患者がいる。同様に教育においては、学生は大学で授業料を払うことになる。将来、普遍的ベーシック・サービスをめぐる議論は、全ての人に無償で提供するサービスは正確にどれなのかを検証することになろう。

　こうした複雑さを理解するのは重要だが、普遍的ベーシック・サービス手法の主な推進力は、前述のサービスが全ての人に無償で提供される点だ。このことは、普遍的ベーシック・サービスの形態が既存のサービスをもとに、サービスを拡張することを意味している。交通に関していえば、その目的は全ての人に無料パスを給付し、バスのサービスへのアクセスを全ての人に保障することだ。食料に関しては、日々の食に事欠く世帯に、1日1食分（朝食、昼食、夕食のいずれか）を与えることが目的だ。住処については、社会的住宅の蓄積を増やし、必要に応じて家賃なしで住宅を提供し、公共料金の支払いを猶予し、イギリスのカウンシルタックス〔訳注：Council Tax 住宅の資産価値に対する課税〕のような不動産課税を免税することが目的だ。そして情報は、基本的な機能の付いた電話とインターネットを全ての市民に無料で提供する。

　これは、「基盤経済」（foundational economy）〔訳注：電気、水道、ごみ処理、食料供給、教育、医療、介護、住宅など日常生活に必要な商品やサービスを提供する経済のこと。日常生活に不可欠な基礎的サービスの経済部門を重視すべきという主張〕アプローチとの類似性もある（Bentham et al., 2013; Foundation Economy Collective, 2018）。基盤経済は、新自由主義に代わるものを探求する研究者による共同作業だ。基盤経済とは、経済の基盤となる基礎的なインフラのことである。このインフラは、水道、ガス、通信ネットワークなどを含む。このインフラの概念は、銀行サービスといった金融システムの重要な部分をも含んでいる。このア

プローチの主張は、市民の福祉は個人の消費に依存しているというよりもむしろ、私たちが**基盤経済**と呼ぶ領域において、水道やリテール（個人向け）銀行サービスから、教育、介護に至るまでの肝要な製品・サービスの社会的消費に依存しているというものだ（Foundation Economy Collective, 2018: 1, 強調は原文）。前述の定義では、銀行サービスは基盤経済の一部分であることを認め、その社会的・集団的性格を強調していた。当初の基盤経済の公約では、銀行サービスは「カード払いや大量の融資がある社会では、電気と同程度の公共サービスだ」（Bentham et al., 2013: 9）。

●普遍的ベーシック・サービスのための、ニーズに基づいた根拠

　Gough（2019）は、普遍的なベーシック・サービスのための健全な理論的・倫理的枠組みを開発することが重要で、さもなければ批判によってなし崩しにされる脆弱さがあると論じた。ゴフは、人間のニーズの理論に基づいた議論を概説している。ゴフの議論は主に3つの段階を踏む。第一にゴフは、個人のエイジェンシーのモデルに影響を与えることが重要だという。経済学者は、エイジェンシーへのアプローチにおいて個人の欲求の重要性を優先する。「経済学の理論は、個人が持っている欲求が個人の内的な選好なのか、それとも文化的な、あるいは経済的な状況によるものなのかはともかくとして、個人が持つ欲求を優先する」（Gough, 2019: 535）。正統な経済学理論の仕事は、個人の好みを合計し、まとめ上げることだ。ゴフは人間のエイジェンシーについて異なるモデルを主張する。Gough（2019）は、単に個人の欲求に依存するのではなく、個人にとってどのような資源が作用するかを検証することが重要だという。Gough（2019）は、アマルティア・センのケイパビリティ理論と、「ニーズ理論」が普遍的ベーシック・サービスの基礎となるべきだと述べた。ゴフは、「普遍的ベーシック・サービスで強い購買力を得るには、2つの学派、すなわちケイパビリティ理論とニーズ理論に依拠しなければならない」（Gough, 2019: 2）という。センのケイパビリティ理論は第2章で論じた。Gough（2019）のニーズ理論というのは、社会参加のために必須の基礎的ニーズを人々が持っているという説である。普遍的ベーシック・ニーズには、栄養、住処、健康、社

会参加（教育と情報を含む）、物理的な安全保障と所得の安全保障が含まれる。

　第二にGough（2019）は、現代的なニーズを満たすものや、供給システムの重要性を指摘する。ゴフは、普遍的ニーズを満たすシステムやネットワークがあるという。ゴフは、食料安全保障や、栄養を満たす食事を例示する。ニーズを満たすものに注目すれば、ネットワークやシステムとしての経済観を呼び起こすと、ゴフは主張する。

　第三にゴフは、公的供給を導く数多くの原理を示している。これらの原理は平等性、効率性、持続可能性、連帯の概念に基づくべきだとゴフは主張する。Gough（2019）は、これらの原理に適う一連の制度があるかもしれないと認めつつ、ゴフは集団的な供給形態を選好する。

　Gough（2019）の議論は、金融システムの役割を示すものだ。ゴフは所得の安全保障を、普遍的な人間のニーズとして言及し、金融システムは所得の安全保障にとって重要だと認識する。Gough（2019）は、所得の安全保障のための現代的なニーズを満たすものは、所得の維持と、お金と決済のシステムなどである。例えば、政府は所得を維持するための公的扶助を給付しなければならない。Gough（2019）は提供システムとして民間保険、リテール（個人向け）銀行サービス、社会保障に言及する。こうしてゴフは、金融システムの一部が普遍的ベーシック・サービスの中で役割を果たすことを受け入れる。だがそれは、ゴフが現状の政策や制度を是認したというわけではない。例えば、公有の銀行システムは、競合する数多の民間銀行より望ましいものとみなされる。同様に、保険の異なる形態を開発することもできよう。しかしながら、金融システムは所得の安全保障を維持するために重要である。ゴフの考え方を拡張して、所得の安全保障を維持するための貯蓄や責任ある融資を重要視する人もいるだろう。緊急時の財政的な緩衝材を持ち、所得が急減した際に手頃な金利で借りられれば、所得の安全保障となり得るためだ。

普遍的ベーシック・サービスと普遍的ベーシック・インカムの結合

　Gough（2019）は普遍的ベーシック・サービスのための重要な例を概説した。

だがゴフは、普遍的ベーシック・インカムは緊急の優先事項から改革者を遠ざけると主張して批判した。ゴフによれば、

> ベーシック・インカムは急進的な変化を引き起こすという、人を惹きつけるテーマを与えるだろうというのが、根っこにある信念や夢だ。過去50年間、2〜3年ごとに同様の提案が出されたものの、何も達成できないままだった。問題は、急進的なビジョンが、無邪気または無頓着な政治観と結びついたことにある。最近の計画が、社会政策左派の労力を無駄にして、他に数多くある政策の対案への注目をそらすことになるのを私は恐れている。政策の対案とはすなわち生活賃金、労働組合運動の高揚、保育の無償化、住宅政策の根本的な変化、燃料消費制限のための労働時間削減、環境事業への投資などである（Gough, 2016）。

多くの政策が競合し、公的資源が限られている場合、トレードオフが不可避であるという点でGough（2016）は正しい。ゴフは、ベーシック・インカムに代わる幅広い対案を探求することを好む。だが、普遍的ベーシック・インカムと他の政策を結合するという別の可能性もある。この立場は、トレードオフが重要だということを否定するものではない。改革者はなお、ベーシック・インカムか他の政策かをめぐって選択しなければならないだろう。だが、ベーシック・インカムをより幅広い包括的な改革の一部とみなす理由がある（Haagh, 2011; Percy, 2017）。

Haagh（2011）は、社会民主主義とベーシック・インカムがいずれも、時間に対するコントロールを強化しようとしていると述べる。時間に対するコントロールは、生涯にわたって雇用や余暇、介護について選択することの重要性を認識させるとハグは述べる。Haagh（2011）は、時間に対するコントロールは個人の自由の重要な一部であるという。ハグによれば、ベーシック・インカムが市場において、時間に対するコントロールを人に与えるものだ。しかし、社会民主主義もまた、市場の圧力を取り除くことで、時間に対する人のコントロールを強化するものだとハグは述べる。普遍的ベーシック・サービスは福祉国家を暗示するものであり、ハグの社会民主主義観は強力な福祉国家を想起さ

せる。ハグによれば、

> 社会民主主義とベーシック・インカムの改革はいずれも、脱商品化を通して、時間に対する個人のコントロールの促進を伴うことになる。ベーシック・インカムは、（基礎的な）独立所得への権利をより十全に推進する。他方で社会民主主義は、生産過程に参加することで、リベラル国家よりも市場への依存や不信感を減らす。したがって、ベーシック・インカムを社会民主主義と連結してとらえることは、ベーシック・インカムを単独の制度とみなすよりも望ましい（Haagh, 2011: 49）。

Percy（2017）は同様に、普遍的ベーシック・サービスと普遍的ベーシック・インカムを相互補完的な政策として示した。

普遍的ベーシック・インカムと普遍的ベーシック・サービスを結合しようとしたときに起きる緊張や問題を認識しておくことが重要だ。集団主義者の考えには、普遍的ベーシック・サービス、ひいては福祉国家という特徴がある（Bergmann, 2004, 2008; Haagh, 2011; Portes, 2017）。Haagh（2011）は、各個人が失業など特定の困難に直面した際に、社会保険が集団的な支援を保障するが、そうした社会保険の考え方を福祉国家が体現したものだとHaagh（2011）は述べた。市民間の連帯は、個々人を保護する社会保険の役割を下支えする。Haagh（2011: 45）は、「社会保険とその双子の考えである連帯は等分の分配ではなく、より包括的で平等主義的な原理を体現している。ベーシック・インカムは、市民の年金や子どもへの補助金のように、等分の分配の典型例だ」と記している。

ベーシック・インカムは本質的に、普遍的ベーシック・サービスに比べて、はるかに個人主義的である。これは、集団主義者の考えが普遍的ベーシック・インカムに全く欠如しているというわけではない。例えば、普遍的ベーシック・インカムは各市民の所得を集団的に調達するものだ。だが普遍的ベーシック・サービスに比べて普遍的ベーシック・インカムは明らかに個人主義的である。その一つの現れは、ベーシック・インカムの考え方が自由経済主義者からの支持を得ていることであり、普遍的ベーシック・サービスは支持を得てい

ない（Friedman, 1962; Lehto, 2018）。例えば、ミルトン・フリードマンの「負の所得税の提案」〔訳注：低所得者に対する補助金の給付策〕は、ベーシック・インカムが新自由主義者と共鳴する部分だ。同様に、ロンドンを拠点とする自由市場経済論のシンクタンクであるアダム・スミス研究所が出版したパンフレットは、普遍的ベーシック・インカムを支持している（Lehto, 2018）。

　もう一つの問題は、改革パッケージのタイミングや順序についてである。社会繁栄ネットワークによる普遍的ベーシック・サービスのモデルには7つの公的サービスがある（Social Prosperity Network, 2018）。しかしこのモデルは多様に拡張され得る。例えば、このモデルは普遍的で無償の保育を求めていない。Bergmann（2004, 2008）によれば、ベーシック・インカムと福祉国家がジェンダー不平等に様々な影響をもたらしているが、無償の保育の提供により、そうした影響が強調されるとバーグマンは指摘する。普遍的ベーシック・インカムは余暇の機会を拡大するが、無償の保育は雇用の選択肢を増やすとバーグマンはいう。ベーシック・インカムよりも雇用の機会のほうが、女性に有益を約束するものだとバーグマンは主張する。Bergmann（2004: 117）は、ジェンダー平等への関心が、いかなるベーシック・インカム改革にも先立って、福祉国家の拡大を実現すると述べる。「十全に発達した福祉国家は、ベーシック・インカムよりも優先するが、それはベーシック・インカムができていないことを達成しているからだ。福祉国家は、ある特定の人間のニーズが満たされるであろうことを保障する。……それが達成されてから、ベーシック・インカムの開始を検討すればよい」。むろん、改革のタイミングを考える際に、他のトレードオフも想起するだろう。例えば、普遍的ベーシック・インカムと普遍的ベーシック・サービスの相対的費用が、改革の順序に影響をもたらし得る。Reed and Percy（2017）は、イギリスにおける4つの普遍的ベーシック・サービス（医療、教育、交通、住宅）の現時点の費用を推計したところ、政府の歳出額の約41%を占め、また政府の歳出額は国内総生産（GDP）の約41%であった。Percy（2017）は、普遍的ベーシック・サービスを完全に実施するとしたら、421.6億ポンドを要すると試算した。Reed and Percy（2017）は、非課税のベーシック・インカムを週20ポンド給付することで、年間100億ポンドの費用を要すると試算した。De Henau（2017）によれば、イギリスで無償の普遍的な保育を実施する

としたら、330億〜550億ポンドの費用がかかるという。政治的には、費用の高い普遍的ベーシック・サービスよりも、安価なベーシック・インカムを実施するほうが容易であろう。

対案の実現可能性：資産課税の場合

　前述の議論では、金融包摂は平等主義の議論を維持するために利用できると述べた。しかしこの主張に対して、実現可能性の点で疑義も出されている。本節では、資産課税の例に着目して、この主張に着目する。第4章では、住宅に関する新たな議論を展開するため、住宅資産に課税する見通しについて論じた。そこで本章では、特に資産への課税の例に着目し、2000年代半ばにウェールズ政府が行ったカウンシルタックスの改革を見ていきたい。

　ウェールズ政府によるカウンシルタックス改革の研究は、国家の金融化の研究にも役に立つ。金融化に関しては、金融市場の拡大や制限において国家が果たす役割に関する研究を今後進める必要があるとの議論がある。Van der Zwan（2014）によれば、こうした研究は多様な利益集団が改革を迫られて採用した戦略を検証することになるだろう。事例分析はこの幅広い議論に役立つだろう。ウェールズ政府が住宅への課税をどのように増やしたのかを研究することは、本研究の一部となる。

　「現状維持の圧力」は、税制改革に関する重要な障害要因として一般的なものだ。現状維持の圧力とは、政府の税制改革が、改革の「負け組」から強い反発を引き起こす一方で、改革の「勝ち組」からはほとんど支持を得られないということを意味する〔訳注：「現状維持の圧力」（tyranny of the status quo）はミルトン・フリードマンとローズ・フリードマンの共著で1984年に刊行された著書名。現状を維持することが一種の状態や習慣となり、その力が強大であるため、レーガンやサッチャーなどの政治家が変革を目指したものの、その進展が停滞し、結果的に現状維持が続く事態を指す〕。そのため、政府は税制改革に及び腰になり、現状維持に固執するというバイアスが生じる（Muellbauer and Cameron, 2000; Lyons, 2007; Mirrlees et al., 2011a, 2011b; Johnson and Myles, 2011）。

　現状維持の圧力の顕著な例は、イギリスのカウンシルタックス改革全体の失

敗である。カウンシルタックスは、イギリスの主な不動産課税である。不動産は、他の不動産との相対的な価格に基づいて、8つの帯域のいずれか1つに分類される。帯域Aは、最も低い価値の不動産で、帯域Hは最も高い価値の不動産である。カウンシルタックスの額は、帯域Dのカウンシルタックスを基準に、割合で表示される。割合は9分のいくつという形をとり、帯域Hの不動産への課税額は帯域Dの9分の18（＝2倍）である。帯域Aの不動産への課税額は帯域Dの9分の6である。すなわち、帯域Hへの課税は、帯域Aへの課税の3倍ということになる。カウンシルタックスの金額はまた、ごみ収集のような地方政府の行政サービスに応じて変化するため、不動産課税と行政サービス料金を混合した税金となっている（Jones et al., 2006a, 2006b; Lyons, 2007）。一人暮らしの住民には25％減税され、低所得者層は税の減免制度（Council Tax Benefit）を通して所得を補助される（Adam and Browne, 2012）〔訳注：税の減免制度は2013年にCouncil Tax Reductionと改称。低所得者や福祉給付者、一人暮らしの成人、学生などに対し、カウンシルタックスを減免する制度〕。

　カウンシルタックスが最初に導入された時点から不動産価格が大きく変化したことを反映して、税制を見直すことが一般的な考えであった（Kenway and Palmer, 1999; Plimmer, 1999; Muellbauer and Cameron, 2000; Jones et al., 2006a, 2006b; Lyons, 2007; Mirrlees et al., 2011a, 2011b; European Commission, 2014）。現状維持の圧力は、カウンシルタックス改革の主要な障害要因と見られる。Mirrlees et al.（2011a: 383）は「いかなる再評価をしても、勝者と敗者が必然的に生じ、敗者は大声を出す。これは望ましい変化を妨げる「現状維持の圧力」の最もひどい示威行動だ」という。

　現状維持の圧力の例外として重要なものは、ウェールズ政府が2005年に行ったカウンシルタックスの再評価であった。地方分権化以降、イギリス政府のカウンシルタックス政策はイングランドとウェールズにのみ適用されている。スコットランド議会は、地方政府の財政に関する権限を有し、北アイルランドはカウンシルタックスと別に、国内の課税制度を有している。2011年までは、ウェールズ政府はウェールズ国内でのカウンシルタックス改革の法制化について、イギリス政府の支配下にあった（National Assembly for Wales, 2011）。ウェールズはイギリス政府の一部として、カウンシルタックスの再評価を行った。こ

の再評価は2005年4月1日に導入され、それは2003年4月1日時点の不動産額を基準とした。この再評価はカウンシルタックスの8帯域を更新し、高額の不動産のために帯域Iを新たに追加した。

ウェールズのカウンシルタックスの再評価はいかにして可能だったのか、そしてより一般的に考えて、税制改革にとっていかなる教訓が得られるのだろうか。本章では、現状維持の圧力は、固定的なものではないと主張したい。政府は、改革の勝者と敗者がどのように理解されるかを規定し、その理解を通じて、現状維持の圧力という制約に影響を与える役割を発揮できるのである。ウェールズ政府が2005年に行った再評価は、カウンシルタックスの改革が可能であることを示した。2015年のカウンシルタックス改革では、改革の複雑さを伝えられず、改革の努力は阻止された。

●背景

1990年代初頭にカウンシルタックスが導入される直接の背景は、コミュニティ料金（Community Charge）ないし「人頭税」（Poll Tax）の失敗であった。1980年代は、イギリス人世帯には不動産価値に基づく税率の制度があった。その税率はわかりやすく、また徴収しやすいものだったが、保守党政権は世帯の人数が計算に入れられていないとして、この税率に批判的であった。すなわち、安価な資産を持つ大人数世帯よりも、高価な不動産を持つ単身世帯が多額の税率を負担するという趣旨である。マーガレット・サッチャー首相はこれを不公正とみなし、個人を対象とした税率に置き換えることを望んだ。人頭税は大規模な税逃れと人々の反発を招いた。人頭税の失敗は、イギリス政府による第二次世界大戦後最大の政策の失敗として記録され、サッチャーが保守党党首の地位を追われた主な要因でもあった（Butler et al., 1994; King and Crewe, 2014）。

カウンシルタックスは、人頭税に代わるものとして導入された。その目的は税率に戻ることではなく、そのため相対的な不動産価値に基づいていた。カウンシルタックスは繰り返し改革が求められてきた（Kenway and Palmer, 1999; Plimmer, 1999; Muellbauer and Cameron, 2000; Jones et al., 2006a, 2006b; Lyons, 2007; Mirrlees et al., 2011a, 2011b; European Commission, 2014）。サー・ジェームズ・マー

リーズ（Sir James Mirrlees）は21世紀における税制度の設計原理を検証する責任者であった。この検証は、税制度は進歩的かつ中立的であるべきとの立場をとった。進歩的とは富める者が貧しい者よりも、所得や資産の多くを税金として納めるべきだという考えである〔訳注：累進課税のこと〕。こうした考えは平等性の約束と、富める者は貧しい者より担税能力が高いという認識から生じる。中立性とは、同様の経済活動は同様に課税されるべきとの意味である。中立性は効率的な税制度の担保を目的とする。

　Mirrlees et al.（2011a, 2011b）は一般的な税制改革を概説しているが、イギリスの税制改革の提案の中に彼らの考えが示されている。Mirrlees et al.（2011a, 2011b）は、理想的には住宅を消費財として課税すべきだという。住宅は、人々が消費する一連のサービス（住処や暖かさなど）を提供するからである。Mirrlees et al.（2011a）は、住宅を消費財として課税する住宅サービス税を提案した。この住宅サービス税は、イギリスの一般消費税（付加価値税,VAT）と同率で設定するのが理想だという。住宅サービス税は、タックスカウンシルをはじめとするイギリスの資産課税に取って代わるだろう。Mirrlees et al.（2011a）は、住宅サービス税が資産の家賃額に対して同じ税率が課せられる（賃貸住宅にも、持ち家にも適用される）ことを提案した。Mirrlees et al.（2011a）は、住宅サービス税が住宅サービスの価格の約12%だと試算した。彼らによれば、この税率は付加価値税（VAT）の17.5%より低いが、付加価値税に近づくために時間をかけて上げていく余地があるという。

　Mirrlees et al.（2011a, 2011b）は、住宅サービス税の実施よりも既存の税制を改革するほうが現実的だと認識していた。Mirrlees et al.（2011a, 2011b）は、カウンシルタックスは不動産価値に対して極めて逆進的であり、進歩的な原理を冒しているという。イングランドでは、帯域Hの不動産価値は32万ポンド以上で、帯域Aの不動産価値は4万ポンド以下である。帯域Hのカウンシルタックスの税額は帯域Aの3倍だが、帯域Hの不動産価値は帯域Aの不動産価値の8倍以上だ。しかも、カウンシルタックスは20年以上前の不動産価値に基づくもので古くなっている。相対的な住宅価格の変化は大きく、現在のカウンシルタックスの帯域は時代遅れだ。Lyons（2007）は、再評価をすれば不動産価値の逆進性は緩和されるが、所得に対する逆進性にはあまり影響を及ぼさな

い（カウンシルタックスの減免制度を適用する前の時点で）と主張する。それは、高価な住宅に住みながら所得が少ないという「低所得の資産家」がいるからだ。Lyons（2007）によれば、「低所得の資産家」は年金生活者などで、世帯の中では少数派に属する。こうした人々がいることで再評価がダメになるわけではないが、逆進性を緩和する効果は不透明だという。

　Mirrlees et al.（2011a, 2011b）はさらに、カウンシルタックスは非効率的だと述べる。一人暮らしの住民に25％の減税をして、複数で住むより一人で住むことを促すため、既存の住宅ストックを非効率的に利用するインセンティブとなっている。定期的な再評価がされないため、住宅市場の不安定化にもつながっている。定期的な再評価がなされないと、不動産価値が急騰する地域では、不動産価値に占める税金の割合がより速く縮小していく。そのためカウンシルタックスは、不動産価格の上昇を抑える効果がない（Muellbauer and Cameron, 2000; Jones et al., 2006a, 2006b）。Jones et al.（2006a, 2006b）は、カウンシルタックスの再評価が地方政府の財政と、帯域間での不動産の移動にもたらすであろう効果を試算した。彼らはスコットランドの地方政府のデータに基づいて調査した。Jones et al.（2006a, 2006b）は、カウンシルタックスの再評価は地方政府の財政と、帯域間の不動産の移動に大きな影響をもたらすと述べた。それは、カウンシルタックスの帯域が住宅の資本価値よりも相対的な不動産価値に焦点を当てているためである。Jones et al.（2006a, 2006b）は、カウンシルタックスの再評価が「決して表面的な変更にとどまるものではない」と結論づけた。

● 現状維持の圧力

　現状維持の圧力論は、政治家が税制改革の勝者からの感謝をほとんど期待できない半面、敗者からは強烈な抵抗を受けると説く。しかし、勝者と敗者を異なる方法で理解することができる。勝者とは税制の変更で金銭的に利益を得る人々だと見られている。金銭的な利益は、特定の税制の変更、あるいは特定の税制の変更がきっかけとなって税制度全体にもたらす影響（例えば、増税によって他の税が減免される）から得られるものだ（Kaplow, 2011）。他方、税制改革に

成功することで、ある種の価値を向上させるかもしれない。例えば、自分たちにとって金銭的に損をするにもかかわらず、所得税の増額を支持する人がいるかもしれない。それは、その人が支持する進歩的な税制度につながるためである。こうした議論は重要だ。それは税制改革の勝者と敗者をめぐる人々の理解を形づくる役割が、政府にはあるからだ。

　勝者と敗者を取り上げる複雑さが、カウンシルタックス再評価の考察から見えてくる。再評価がなされると、明らかな勝者と敗者はそれぞれ、カウンシルタックスの帯域が落ちた者と上がった者である。しかし、同じ帯域に留まった者もまた勝者である。ある特定の不動産が、再評価後に位置づけられる帯域は、他の不動産価格の変化と比較して不動産価格がどう変化したかによって決まる。不動産価格の上昇が、他の価格の上昇よりも少なければ、同じ帯域に留まることになる。再評価の目的が税収増を意図していないのであれば、同じ帯域に留まる不動産への課税は、帯域を移動する他の不動産の数に依存する。例えば、同じ帯域に不動産の50%が留まり、不動産の25%が帯域を下方に移動し、25%が上方に移動したとすると、同じ帯域に留まる不動産への税額は変わらない。不動産の5%が上方に移動し、50%が同じ帯域に留まり、45%が下方に移動した場合は、同じ帯域に留まる不動産への課税額は増えることになる。

　再評価ができなかった場合も勝者と敗者が生まれる。平均以上に不動産価値が上昇すれば、再評価後に課税額も上がるからだ。全く、あるいはほとんど価値が上昇しない不動産は、価値の上昇した不動産の課税を割引していることになる（Lyons, 2007; Mirrlees et al., 2011a, 2011b）。

●ウェールズでの2005年カウンシルタックス再評価

　労働党政権は2003年地方政府法を成立させ、2007年にイングランドで、2005年にウェールズでカウンシルタックスの再評価を約した。それ以降は、前回の再評価から10年以内に、定期的に再評価を行うものとされた。2003年地方政府法は定期的な再評価のスケジュールを示していたが、政権交代後のイギリスの大臣はイングランドでの再評価を先送りした。ウェールズでの再評価は2005年と2015年に実施予定であった。

第5章 対　案

　2000年にウェールズ政府は「制度の単純化：ウェールズにおける地方政府財政」（National Assembly for Wales, 2000）を刊行し、ウェールズの地方財政の様々な選択肢を概説した。その選択肢の一つは、カウンシルタックスの再評価に言及するものであった。こうした改革の目的は、税収増ではなく、カウンシルタックスをより進歩的にすることである。ウェールズ政府は「制度の単純化：ウェールズにおける地方政府財政」を受けて、2002年に「地方政府の自由と責任」と題した政策文書を公表した（Welsh Government, 2002a）。この文書はウェールズ地方政府連合（WLGA）で審議され、カウンシルタックスをより進歩的にすることが重要とする方針に沿っていた。

　次いでウェールズ政府は、カウンシルタックス再評価ワーキング・グループ（CTRWG）を設置し、政策の選択肢を諮問した。同ワーキング・グループの委員はウェールズ政府と、ウェールズ地方政府連合（WLGA）、それに評価局（Valuation Office Agency）〔訳注：ウェールズ政府の一部門で、資産価値を評価し税額を算出する権限を持つ部署〕からの指名であった。同ワーキング・グループは2002年5月から10月までの間に5回の会合を開催した。同ワーキング・グループの任務は、カウンシルタックス改革についてウェールズ政府の諮問書に記述することであった（Consultative Forum on Finance, 2002）。

　ワーキング・グループに付託された審議事項によれば、改革の目的は地方政府の税収増ではなく、カウンシルタックスを進歩的にすることであった（CTRWG, 2002a）。ワーキング・グループは、再評価に伴って資産の帯域が上方に移動した人に対して過渡的な救済の仕組みを検討するよう依頼された。過渡的な救済への注目からウェールズ政府は、増税の見込みとなった資産の所有者を助けることに関心を持ち、また帯域を移動する資産の所有者に対して特別に関心をいだいていることが示される。このことは、帯域が変わる資産を持つ敗者とも関係している。ワーキング・グループは、3つの主要な政策の選択肢を検討した。第一は既存の帯域内で、現在価値に基づく資産の再分配を行うというものである。ワーキング・グループが求めたモデル化の結果、資産の51％は少なくとも1つ上方に帯域を移動し、38％は同じ帯域に留まった。第二の政策の選択肢は、カウンシルタックスの帯域を再評価することであった。当初の調査によれば、全体の税の基礎にはほとんど変化がなく、資産の21％は少な

くとも1つ上方に帯域を移動する。第三の政策の選択肢は、帯域を再評価し、新たな帯域を加えることだ。新たに帯域A-を最底辺に、また帯域H+を頂点に位置づける。ワーキング・グループはまた、帯域に適用する割合（分母）を9から8、10、ないし15に変えることの効果を検討した（CTRWG, 2002a, 2002b, 2002c）〔訳注：従来は各帯域の税の割合を、帯域Dを基準に「9分のいくつ」という分数で算出していた。そのためここでは「分母9」と訳出した〕。初期の予測では資産の約5分の1が再評価によって帯域が上昇することとなった。

2002年12月19日、ウェールズ政府はカウンシルタックス改革計画に関する最初の答申書を公開した。この答申書は2つの主要な論点を概説していた。第一は既存の帯域を再評価して、新たな帯域Iを頂点に加える。第二は分母9の制度から分母8へと移行することを検討し、進歩的な改革を支持する（Welsh Government, 2002b）。ウェールズ政府によれば、回答の66%が新たな帯域Iを支持し、45%が分母9の制度に留まることを望んだ（23%は、分母8に移行することを望み、31%は希望を表明しなかった）（Welsh Government, 2004a, 2004b）。

第二の答申書は2003年6月に公開された。この補完的な答申書によれば、分母8にすると納税者の支払額が増えるため、ウェールズ政府は分母8に移行しないと決めた。分母8に移行すれば、カウンシルタックスの進歩的な性質が改善されるが、多くの人にとって納税額が増え、改革によって多くの敗者が生まれることをウェールズ政府は懸念した。ウェールズ政府はこの問題を回避し、分母8への移行を選択肢から除いた。再評価された一連の帯域の案が、最初の答申書の中で示された。そこで新たな帯域Iができる。帯域は平均的な販売価格の差の50%で設定された。しかし、ウェールズ政府は帯域の価値を見直したので、改訂した帯域に関する補完的な答申を出すこととなった（Welsh Government, 2003）。

第二の答申書における提案は、住民と州議会（county councils）が新たな制度に適応できるような支援も求められてはいたが、州議会とウェールズ地方政府連合（WLGA）から広く支持された。そのためウェールズ政府の主要なパートナーの一つは、改革の敗者にも懸念を持ち、カウンシルタックスの増税を緩和する政策を求めたのである（Welsh Government, 2004a）。

評価局（VOA）は、改革の一部としての資産額再評価に責任を持っていた。

この任務には、約130万件の資産額を再評価し、新たな帯域に位置づけることが含まれていた。資産を各帯域に位置づける最初の業務は2003年4月に開始され、2004年6月に完了した。評価局は2003年4月1日時点の不動産価値に基づく一覧を作成した（Valuation Office Agency, 2005）。評価局のデータによれば、2004/05年のカウンシルタックスの税収は、再評価前の基準では9億2410万ポンドであったが、再評価後は10億1200万ポンドとなった。ウェールズ政府は副首相府宛の書簡にて、税額は再評価後に平均5.4％上昇したという。このうち1％分は通常の税収増によるものであり、4.4％分は再評価によるものであった（Welsh Government, 2005a）。

● 2005年の再評価による影響

　表5.1と表5.2は、2005年の再評価が各帯域の不動産の件数にもたらした影響を示したものである。表5.1は再評価前後の帯域であり、表5.2は再評価前後の各帯域における不動産の件数である。表5.2の第2列は、再評価に伴って各帯域の不動産が他の帯域に流入・流出した後の件数である。ある帯域への流入（および流出）は、他の帯域から上昇または下降した不動産である。ある帯域への流入（および流出）の混合は、各帯域によって異なる。

　ウェールズ政府は、再評価後に不動産の大半は同じ帯域に留まるか、下方の帯域に移動すると見積もっていた。不動産の50％が同じ帯域に留まり、25％が下降し、25％が上昇すると見込んでいた。再評価後、見積もったよりも帯域を上昇した不動産が多く、帯域を下降した不動産は少なかった。帯域を下降したのは見積もった不動産数の4分の1以下に留まり、帯域を上昇したのは見積もった不動産数の4倍にのぼった。131万7450件の不動産のうち、計77万3310件の不動産が再評価後も同じ帯域に留まった。すなわち、全不動産件数の59％が同じ帯域に留まった。計43万8760件の不動産は再評価後に1つ以上帯域を上昇し、この数は全不動産の33％に相当する（Valuation Office Agency, 2015）。不動産の8％が1つ以上帯域を下降した。2つ以上の帯域を下降したのは6万3261件の不動産で、全体の5％に相当する（Welsh Government, 2005b）。

　再評価後、平均の帯域Dの税額は、2004/05年の887ポンドから2005/06年

表5.1　ウェールズのカウンシルタックスの帯域

カウンシルタックスの帯域	不動産価値（£）ウェールズ（1993年）	不動産価値（£）ウェールズ（2005年）
A	30,000以下	44,000以下
B	30,001～39,000	44,001～65,000
C	39,001～51,000	65,001～91,000
D	51,001～66,000	91,001～123,000
E	66,001～90,000	123,001～162,000
F	90,001～120,000	162,001～223,000
G	120,001～240,000	223,001～324,000
H	240,001以上	324,001～424,000
I	なし	424,001以上

表5.2　ウェールズのカウンシルタックスにおける各帯域の不動産数

カウンシルタックスの帯域	1993年の一覧	2005年の一覧
A	255,840	199,480
B	325,900	284,490
C	265,000	289,030
D	200,520	206,120
E	164,120	168,260
F	64,450	103,280
G	38,250	49,190
H	3,390	12,050
I	なし	5,550

の921ポンドに増額した。これは、帯域Dに留まった不動産に対して平均34ポンドが増税されたことを意味する。したがって、再評価後に帯域Dの不動産への税額は平均3.8％増加した。この帯域Dの税額の増加は、カウンシルタックスが初めて導入されたとき以来、最も低い引き上げ額であった。例えば2005/06年は3.8％増だったのに対し、2004/05年には6％増、2006/07年には4.5％増であった（StatsWales, 2016）。

第5章　対　案

●2005年の再評価への反応

　期待と現実の格差は、2005年再評価に対する人々と政治家の反応を形づくることから、重要なものである。帯域を移動する資産が中心的な論点であり、再評価をめぐる議論はもっぱらその話題だったため、そのことが2015年の再評価に影響を与えた。ウェールズ議会の保守党首ニック・ボーン（Nick Bourne）は「帯域を下降して得をする世帯は10世帯に1世帯もないだろう。3分の1以上の世帯は1つ以上帯域を上昇する」と述べた（2005年のBBCニュースから引用）。ウェールズ地方政府連合（WLGA）議長アレックス・オルリッジ（Alex Alridge）は、1つ以上帯域を上昇する世帯の割合に同様の懸念を表明した（Parry, 2005）。マスコミの報道でも、改革の敗者が1つ以上帯域を上昇する世帯のことを報道した。帯域を下降したり、同じ帯域に留まったりした勝者に関する議論はほとんどなかった（Isaacs, 2005; Nifield, 2005; Western Mail, 2005）。

　ウェールズ政府は、再評価をめぐる懸念に応え、再評価によって帯域を上昇した世帯を保護するために2004年、過渡的な救済制度に関する諮問を行った（Welsh Government, 2004c）。この諮問を受けて、過渡的な救済制度が実施されたが、それは1つの世帯が1年のうち上昇する帯域は1つまでという制限であった（Parry, 2005）。2004年11月2日、財務・地方政府・公共サービス大臣のスー・エセックス（Sue Essex）は、過渡的な救済制度の実施のため2005/06年に地方政府に1100万ポンドを追加支給することを宣言した。ウェールズ政府は、過渡的な救済制度を3年にわたり実施することとなった（Welsh Government, 2005a）。

●2015年の再評価の失敗

　カウンシルタックス再評価をめぐる、視野の狭い議論が、イングランドとウェールズにおける再評価計画を宿命づける重要な役割を果たしたように見える。2010年12月3日、イギリスの通信・地方自治担当長官エリック・ピクルス（Eric Pickles）は、2010～15年の間、カウンシルタックスの再評価を先延ばしすることを宣言したが、それはカウンシルタックスの増税が家計に与える

133

影響を懸念したためであった。彼はウェールズにおける2005年の再評価を批判し、帯域が下降した資産件数の4倍もの資産件数で帯域が上昇したと論じた（Department for Communities and Local Government, 2010）。

　ウェールズ政府への批判派は、ウェールズはイングランドで再評価を行うための実験道具にされたのだと主張した。批判派は、イギリス政府が2005年の再評価の期間中になされた「間違い」から学び取ったと述べる。その間違いには、改革の敗者を過少に見積もることも含まれていた（Western Mail, 2005）。ウェールズでは、反対派の政治家は2015年の再評価の廃止を求めた（Millar, 2010）。2010年12月9日、ウェールズの労働党初代大臣であるカーウィン・ジョーンズ（Carwyn Jones）と、プライド・カムリ党副首相イェウアン・ウィン・ジョーンズ（Ieuen Wyn Jones）は、2003年地方政府法を改正して2015年の再評価を法的義務から外すようイギリス政府に求めた。カーウィン・ジョーンズは、ウェールズ政府が再評価の必要から解放されるよう求めた主な理由として、イギリス政府によるウェールズ政府の予算削減を挙げた。彼は、500万ポンドの費用が再評価の実施に必要だと推計し、第一線で提供されるサービスに費用をかけたほうがましだと付け加えた（Williamson, 2009）。

考　察

　ウェールズ政府によるカウンシルタックスの再評価は、資産課税をより強化する可能性を示しているのだろうか。再評価の過程において、ウェールズ政府は改革の勝者と敗者に関心を払っていた。ウェールズ政府は分母9から分母8への変更を除外したが、この変更をすれば改革の敗者が増えるため、税制の進歩性が改善したはずである。その一時的な救済の仕組みも、カウンシルタックスの帯域の上昇による資産課税への影響を緩和することが目的だった。

　しかしながら、主な限界はウェールズ政府が改革の複雑さを適切に伝えなかったことにある。ウェールズ政府は、改革を説明することや、再評価の勝者には、再評価後にも同じ帯域に資産が留まった者も含まれるという情報を人々に与えることに、ほとんど関心を払わなかった。約5分の3の資産は、再評価後に同じ帯域に留まった。同じ帯域に留まった資産も、勝者とみなすことがで

きる。これは、カウンシルタックスの税額が再評価なしの場合よりも低かったからだ。

　改革の複雑さを伝えられなかった失敗は、ウェールズ政府が再評価後に議論の守勢に回ったことを示している。再評価後に帯域間を移動した資産についての期待と現実に齟齬があったことに、議論の焦点が当たった。批判者にとって、カウンシルタックスの再評価を実践の失敗として描くことは容易だった。改革への批判者が問題視しただけではなく、かつての支持者も問題視した。ウェールズ地方政府連合（WLGA）は、カウンシルタックス改革の中心的な支持者であり、ワーキング・グループに参加して改革の進展に関与していた。しかし再評価が帯域間の資産の移動に与える影響に懸念を表明した。このことが、2015年のカウンシルタックスの改革についての議論を歪んだものにした。

　2005年のウェールズのカウンシルタックスの再評価から主に得られる教訓はおそらく、改革による勝者と敗者に関する認識を形づくるうえで、政府が積極的な役割を果たすべきだということである。税制改革の複雑さを強調し、改革には多様な勝者と敗者のパターンが生じることが一般的だということも人々に説明すべきだ。そうすることで、現在の勝者と敗者を特定の方法で見出そうとする批判者の議論に反論することができる。政府は、現状維持の圧力に抗し、そうした枠組みに関わることの複雑さを強調する議論に注力することもできよう。ウェールズ政府は2005年の改革を概説する際に、公正性の議論に言及した。しかしそうした議論は、改革の敗者を最小化しようとする政府の懸念によって圧倒されてしまった。

結　語

　批判者は、金融包摂は新自由主義の議論を支持するために使われてきたと主張する。おそらくその最も明らかな例は、第4章で述べたように住宅である。批判者は、金融包摂が消費のために借金する文化を助長し、その結果住宅価格バブルを引き起こしたと主張した。第4章では、新自由主義を支持しない金融包摂のモデルを開発することが可能だと述べた。これは、平等主義的な見方を支持する金融包摂が可能だという示唆である。

こうした主張から、より平等主義的な金融包摂の形式はどのような姿なのかという疑問が生じる。本章は、こうした疑問への最初の回答である。本章は影響力の強い2つの見方、すなわち普遍的ベーシック・インカムと普遍的ベーシック・サービスである。本章は、これらの考えを、金融包摂の最も明らかな対案として論じた。例えば普遍的ベーシック・サービスは福祉国家の延長といえる。本章は、金融包摂が普遍的ベーシック・インカムと普遍的ベーシック・サービスを形にする実現可能性についても検討し、平等主義的な改革を導入する実現可能性を検証した。最も困難な改革の事例、すなわち資産課税の増税を挙げた。本章の論点は多様に構築し得るが、ここでの主な主張は、金融包摂はより平等主義的な議論を支持し得るということである。

第6章

結　論

はじめに

　本書は金融包摂を論じたものである。金融包摂は遅くとも1990年代以降、明確に社会政策の一部分をなしてきた。その時々の流行り廃りがあったとはいえ、金融包摂を支持するテーマが、多くの国で社会政策の重要な一部分となっていた。金融包摂は、金融化をめぐる理論的な論争と深く結びついていた。それはまた、銀行サービス、保険、貯蓄、融資における政策の展開にもつながった。金融包摂は国際的なテーマである。それは世界銀行のような国際機関が取り組む主要な事業であり、また国の政策にも見出された。本書は特にイギリスにおける議論に関心を向けたが、その主な理由は、イギリスが金融化の先頭を切っていたためである。Davis and Walsh（2017: 28）は、「イギリスは金融化を世界で最も早く取り入れた国で、また最も金融化した経済である」と述べた。金融包摂の重要性は、将来増大することはあっても消えることはなさそうだ。金融技術の発展と、キャッシュレス経済への移行は、金融包摂の新たな話題を示唆するだろう。

　本節では、本書の主張を要約する。第1章では、2種類の議論が互いに並行して発展してきたことを紹介した。その一つは、多くが学術的な著作に基づき、金融包摂に批判的で、金融包摂の目的が福祉国家の空洞化にあるとみなすものである。他方、金融包摂を支持する立場の議論が政策分野に見出されるが、そうした政策は金融包摂の促進により、金融排除された脆弱層の費用を軽

減することに焦点を当てていた。第1章では、これら2種類の議論を交流させることで、研究が進展するだろうと主張した。第1章ではまた、金融化を新自由主義から区別した。この点は、金融包摂を異なる方向に形づくる可能性を示しており、現実の問題に直結している。

　第2章では、金融ケイパビリティと金融包摂が相互補完的であることを論じた。人々が金融システムに参加する場合、金融に関する決定をして、かつ金融システムに適切にアクセスするための知識・技能・自信を必要とする。しかし、金融ケイパビリティと金融包摂の理想的なバランスは、地域によって異なりそうだ。金融ケイパビリティの改善が優先する例もあるだろうし、金融システムへのアクセスに取り組むほうが重要な場合もあろう。それに加え、金融ケイパビリティと金融包摂のバランスは固定的なものではなく、時を経て変化していくものであろう。

　金融包摂は、全ての人々にとって金融システムへのアクセスを改善することを目指している。日常の金融に関する重要な現実は、全ての人々が金融システムに等しくアクセスできていないことだ。本書は、男性と女性の間の不平等に焦点を当てた。例えば年金制度においてジェンダー不平等があるが、その年金制度はフルタイム雇用の男性労働者が支払った年金保険料に基づいているためだ。フェミニスト経済学の考察は、賃金の払われない不可視のケア労働が世帯内で女性によってなされていることを明らかにしてきた（Himmelweit, 2018）。年金のジェンダー不平等は、金融システムにおける不平等のさらなる一般化をも示唆している。女性は年金以外の領域でも構造的な不平等に直面している。社会の他のグループ、例えば黒人や少数民族、障がい者、低所得者なども金融システムで不利益を被っている。

　金融包摂政策はこれらの不平等を全て消し去るものではない。第3章では、職域年金への自動加入を論じたが、この取り組みはジェンダー不平等を改善するどころか、かえって悪化させるようなものであった。年金の自動加入は、女性の被る不利益と闘えるように適用される必要がある。この点はより広範な問題を指摘している。すなわち金融包摂政策は、人々に対して多様な影響をもたらすということだ。つまり、異なる種類の人々に向けて金融包摂を改善するには、異なる政策が必要なのである。

第4章では、金融システムをより広い経済の中に埋め込むことが重要だと主張した。本書は住宅問題に特段の関心を向けた。第二次世界大戦後に採用された中心的な公共政策の中で金融システムと住宅は緊密な関係にあったためだ。住宅分野の研究は今後、異なる持ち家のモデルが金融システムにどうつながっているのかを検証するだろう。その中には、共同所有や社会的所有をかなり深く検証することも含まれるだろう。住宅と金融システムの関係性は、金融経済が実体経済の一部であることを示している。金融システムと、他の実体経済との関連も今後の研究にて検証されるだろう。異なる政策の選択肢や対案の利点を比較する研究がさらに求められている。どんな対案の政策も実行可能である必要があり、そのことは国家と金融化に関するさらなる研究と、国家が異なる政策構想を実施するのに必要な様々な方法を示唆している。

　第5章は、ベーシック・インカムやベーシック・キャピタル、資産課税の実現可能性といった、収入や資産を増やすいくつかの対案を考察した。本書は、金融包摂や金融ケイパビリティが真の実体を持つのであれば、人々がお金を必要とすることを認識した。「送電網に接続されている」（being connected to the main）という比喩的な表現が、お金の重要さを強調するために使われる。例えば、送電網につながっていることは、電気を供給するうえで重要だ。同様に金融システムにつながっていることは、お金のパイプであることから貴重なものだ。お金——送電網の電気のような——は金融包摂にとって不可欠である。

　政府が、金融に関する決定を改善するように人々を促したり、金融サービスへのアクセスを広げたりするよりも、人々や世帯の収入・資産を増やすことに注力するほうを好む読者も確かにいるだろう。お金がもっと社会や経済に普及すれば、金融システムへの適切なアクセスを求めるニーズも高まる。したがって、様々な議論が相互補完的なのだ。再分配の議論は、経済不平等に取り組むために、金融包摂と並んで必要とされる。これは、税金や公的扶助に払われる関心が、金融包摂とケイパビリティを支える過程と並行していることを示している。なすべき課題は金融包摂を無視することではなく、金融包摂をよりよく機能させる方法を見出すことだ。

批判者は金融包摂の支持者から何を学べるのか

　本書は、2つの議論の間の対話が、金融包摂に関する研究を進展させると主張する。本書の大半は、金融包摂の支持者が批判者から何を学べるかを検証してきた。金融包摂の支持者が批判者から学ぶ主な方法として、支持者が金融化に関連した議論に参加するという方法があり得る。本当の対話が起きるためには、批判者が金融包摂支持者から学ぶことも有用だ。批判者が支持者から学ぶことは数多くある。一つの可能性は、金融包摂に共感的な人々からしばしばもたらされる政策の詳細に注目することだ。政府の部署やシンクタンク、評議会、政策機関などは金融包摂を最も強力に擁護する。金融包摂を求めるレポート等は、政策に対して具体的で詳細な提言をなしている。こうした詳細な政策は、金融包摂の理論的な議論を拡大し得る。

　政策の詳細な検証は、批判者が常に政策論争に関わるべきだということではない。批判者は、自分自身のために知識を求める自由があってしかるべきで、特定の社会政策の目標に結びつけられた領域の研究に限定されるものではない。しかし、金融包摂の批判者の多くがすでに政策に関与しているので、批判者はこの議論に深く関与することで得られるものがあるだろう。政策の詳細な観察は、批判を放棄すべきという趣旨でもない。そうではなく、関与を強めることは、より詳細な批判への地ならしになるだろう。

学校の金融教育の場合

　本節は、批判者が政策の議論から学べることの例に着目する。ここでは特に学校の金融教育の例を検証する。第2章では、金融ケイパビリティを獲得する方法として金融教育の重要性を指摘した。

　金融教育は多様な種類の人々を対象としている。例えば、初めて職に就く人のための教育、初めて親になる人のための教育、自営業者への教育、退職者への教育といったものだ。若者向けの金融教育は政策上特に重視される。金融年金庁は、優先的な施策領域として若者を挙げる（The Money and Pensions

Service, 2020: 10)。「子どもが学校と自宅で経験することを理解する必要があるのは、子どもと若者と親に関する研究から確かなことである。したがって、子どもが学校または自宅の環境にて有意義な金融教育を享受することを我々の政策に含めている」。

金融教育は他人の言いなりになる金融主体を生み出す事業の一環だというのが投資主体アプローチの主張だ。人々はかなり若いうちに型にはめられるため、若いうちの金融教育は注目に値する。若者への金融教育に注目する実践的な理由もある。どのような教育形態も、「教えられる」時期や学ぶ機会が必要だ。ただ実践においては、そうした時期を特定し難いことがしばしばある。もっとも、学校は大衆への金融教育の機会を用意してくれている。本節は金融教育で先導的な立場にあるイギリスに注目する。金融教育はイギリス各地で様々な方法で展開されているため、本節はこれらの多様性を描き出すこととしよう。

●イングランドの金融教育

金融教育はイングランドで2014年、ナショナル・カリキュラムの法定部分となった。学校は第3・第4キーステージ（11～16歳）の生徒に、中等教育の一部として金融教育を教えることが義務づけられた〔訳注：キーステージ（key stage）はイギリスの義務教育における段階（第1～第4）を指し、国が法律で定めたナショナル・カリキュラムに基づく教育科目が設けられている。第3キーステージは7～9年生・11～14歳、第4キーステージは10～11年生・14～16歳である〕。生徒は、市民教育および数学の一環として金融教育を学ぶことが義務づけられる。市民教育のナショナル・カリキュラムの指導書によれば、生徒は「日々のお金を管理し、将来の財政的な必要を計画できる」技能を持たなくてはならない (Department for Education, 2016: 227)。指導書によれば、第3ステージ（11～14歳）の場合、お金の役割と利用、家計の重要性、リスク管理を理解することが達成目標である。第4ステージ（14～16歳）では、収入と支出、貯蓄、保険、借入、様々な金融商品・サービス、歳入・歳出の方法を理解することが求められる。数学においては、生徒は財政的な文脈で問題を理解し解決するために、数学を

利用できることとされている。

　金融教育は、小学校のカリキュラムには含まれていないが、小学校のカリキュラムにまで拡張するよう求める声がある。2016年、若者への金融教育に関する超党派の議員連盟が、金融教育における学校の役割を強調した（the All Party Parliamentary Group on Financial Education for Young People, 2016: 7）。「学校は効果的な金融教育によって、個人金融を確実なものとする重要な役割を担うことができるし、現に担っている」。主な提言の一つは、学校で教える金融教育の強化であり、学校での若者の金融教育を推進することを教育水準局（the Office for Standards in Education, Ofsted）に求めている。この提言によれば、中等教育カリキュラムにおける法定の金融教育を、実生活の文脈により焦点を当てて強化すべきであり、また小学校の算数にも金融教育を取り入れるべきだという。金融教育は学校における人格的社会的健康教育（PSHE）を改善するカギとなる〔訳注：PSHEとは、子どもが生きていくうえで自らの生活を管理し、個人として、社会の一員として成長するための資質を育てるための教育であり、保険や道徳ではカバーしきれない分野を含む総合的な科目で、イギリスの小学校に2020年から設置が義務化された〕。

● ウェールズの金融教育

　ウェールズでは、2008年に金融教育が学校のカリキュラムに組み込まれた。そのため、金融教育が教育システムに組み込まれていた時期はイングランドよりも長い。2014年にウェールズ政府は、グラハム・ドナルドソン（Graham Donaldson）教授に、ウェールズの学校カリキュラムの見直しを依頼した。見直しの提案は、カリキュラムを6つのテーマに分割することであった。すなわち、表現芸術、健康・福祉、人間教育（humanities）、語学・知識・コミュニケーション、数学・計算、科学技術である。ドナルドソンの提案では、個人金融を数学・計算の分野に含めていた。生徒は、数学・算数の応用領域として個人金融を学ぶものとされた（Donaldson, 2015）。

　ドナルドソンの提言は、ウェールズ政府による学校カリキュラムの改訂にとって重要だった。ウェールズ政府は2022年9月に始まる新たなナショナル・

第6章 結　論

カリキュラムの指導書を2020年に作成した。ドナルドソンの提言を受けて、カリキュラムは表現芸術、健康・福祉、人間教育、数学・計算、語学・知識・コミュニケーション、科学技術という6つの学習領域で構成される予定である。金融教育は数学・計算の領域に属し、金融リテラシーは、数の体系に関する教育に組み込まれた。お金が交換の一種として役割を果たすことと、支払いにおいて紙幣・硬貨が価値を有することを、生徒は理解するよう期待される。指導書は全生徒が「単利・複利、資産価値の騰落、家計管理、外国通貨、商品・サービスへの基礎課税などの問題に、パーセンテージと割合を当てはめて問題を解くことができる」ことを求めている（Welsh Government, 2020: 174）。

●スコットランドの金融教育

　スコットランドの学校カリキュラムは、「卓越のためのカリキュラム」の名で知られる。このカリキュラムは約10年間の議論を経て、2010年に導入された。卓越のためのカリキュラムは3歳から18歳までの子どもや若者を対象としている。ウェールズ政府が2022年に導入した学校カリキュラムと同様、卓越のためのカリキュラムもいくつかのテーマに分割されている。これは8つの領域があり、計算・数学、科学、表現芸術、社会科、語学、宗教・道徳、技術、健康・福祉である（Kidner, 2013）。
　金融教育は計算・数学と社会科のカリキュラムに含まれている。計算・数学の中に「数・お金・測定」の項目がある。初等教育においては、児童はいかにお金が使われるかを認識し、その後の教育では、購入の際に銀行のカードを利用することの費用とリスクを理解し、ならびに稼得収入と控除に関する情報を用いて手取収入を計算することが、教育の達成目標とされている。社会科では、多様な事業の予算編成の重要性と、資金調達の選択肢を理解することを目標としている。

●北アイルランドの金融教育

　北アイルランドの学校カリキュラムは2007年に改訂された。教師用指導書

には、金融ケイパビリティについて以下のように指示されている。

> 個人金融のカリキュラムは、子どもたちが大人の生活に備えられるようにする。金融ケイパビリティを持つ大人は、金融についての情報をもとに意思決定ができる。彼らは計算し、家計を管理し、有効にお金を管理できる。彼らは借り入れと負債を管理する方法を理解している。彼らは保険と保護の必要性を見積もることができる。彼らは様々な貯蓄・投資の選択肢に関わる、異なるリスクとリターンを見積もることができる。彼らは金融をめぐる幅広い倫理的・社会的・政治的・環境的な面の理解を深めることができる（Council for the Curriculum, Examinations and Assessment, 2016: 4）。

イギリス内の他地域と同様に、金融教育が扱われる主な領域は数学・計算である。初等教育では、数の学習の一環として生徒にお金を紹介する。生徒は様々な硬貨を認識し、10ポンドまでのお金の足し算・引き算ができることを求められる。生徒は、お金をどう消費または貯蓄するか、現金払いに代わる方法は何かについて議論できる必要がある。中等教育では、生徒は数学の技能を日常生活に応用する一部分として、お金のことを考える。授業の話題としては、商品・サービスの支払い手段として現金か現金以外かを選択することや、銀行、住宅金融組合（building society）、クレジットユニオン、郵便局が経済の中で果たす役割が挙げられている（Council for the Curriculum, Examinations and Assessment, 2007a, 2007b）。

投資主体の創造？

例えばウェールズでは、初等教育と中等教育の双方で金融教育が含まれているが、イングランドでは中等教育のみである。イギリス全体で金融教育に共通しているのは、数学のカリキュラムの一環であるという点だ。個人金融の分野は、生徒が数の計算を、金利の利率や支払額の算出などに当てはめられる。金融教育の柱には、家計のようなテーマも含まれる。

数の計算能力と、リスク・リターンのような概念の理解力は、投資主体アプ

ローチと相性が良い。投資主体は、家計を適切に管理する方法を知り、また多様な投資から得られそうなリターンを理解すべきである。学校の金融教育は、特に小学校段階では、かなり早い時点で投資主体をひそかに涵養する努力の一環だとみなされるかもしれない。

しかし金融教育は、他の議論を支持するためにも使える。お金は、世界中の大多数とはいわないまでも、多くの社会で重要な一部となっている。したがって、お金についての決定能力は、日常生活の重要な一部である。日常の概念は、社会政策研究においてますます重要になってきている（McIntosh and Wright, 2019）。多様な金融システムの種類があり、多様な文脈の中で金融に関する決定は変わってくる。例えば、市場と国家と市民社会の混合は国によって異なる。共通した内容は、人々や世帯が、家計費・暖房費・子どものための購入・通勤費などの意思決定をしなければならないということだ。これらはみな、日常生活の金融の例だ。

お金の役割、家計、利率、政府の歳入・歳出を理解することは、いかなる金融システムにとっても重要であろう。こうした種類の知識は、拡張した福祉国家における金融システムでも有用である。イングランドでは金融教育が市民教育の一部としても位置づけられている。この市民教育の目的は、「生徒が完全で活動的な社会での活躍を準備するため、そして社会の中で責任ある市民としてお金を上手に管理し、健全な家計判断を準備するための知識・技能・理解」を提供することにある（Department for Education, 2016: 227）。金融教育は、単に投資主体を創造するためではなく、生活に必要な技能を身につけることが真の目的であろう。詳細な政策により密接に関与すれば、金融教育が必ずしも投資主体アプローチに結びついているわけではないことが示されよう。

本書は金融ケイパビリティの重要性を指摘したが、金融の理解における問題は個人というよりも組織に由来している。金融機関は、情報に基づく金融の意思決定を邪魔している。金融機関は、意思決定しにくくするほど大量の情報で、人々を圧倒している。企業も、人々が理解しづらいような、ややこしく複雑な情報を創り出している。これに対する一つの答えは、責任ある企業という考えに注目することだ（後述する）。しかし、適切な政策対応は、個人の技能に焦点を当てることではなく、市民に提供される情報を規制することであろ

う。Rogers and Clarke（2016）は、イギリスにおける個人間融資の研究で、規制の課題を指摘している。彼らによれば、2011年時点の個人間融資のほぼ全てが数個のプラットフォーム（Funding Circle, Ratesetter, Zopa）による寡占で、2016年時点では市場の半分以上（62%）が占められていた。Rogers and Clarke（2016）は、個人間融資業界への規制が、規制の虜の例であると主張する〔訳注：規制の虜とは、規制当局が一部の企業の利益を優先させ、社会全体の福祉が損なわれることであり、ジョージ・スティグラーが提唱した経済学の概念〕。これらの研究者は、生じてきた規制が、実際には社会的に有用な金融の概念を生み出していると主張している。すなわち、個人間融資プラットフォームは、経済の中で生産的な投資のための融資を支えることで、社会的に有用な金融を推進したという意味である。将来の研究は、社会的に有用な金融の規制がいかに公式に確立されるかを検証すべきだと彼らは論じている。

さらなる研究領域

●金融技術

　本書の内容を基盤とした研究領域は、金融技術や金融システムのさらなる役割を探究することである。金融技術ないし「フィンテック」の広がりが、本書で論じた金融包摂のありとあらゆる分野に重要な影響をもたらすことは間違いない。フィンテックは極めて多くの人々に、少ない費用でサービスを届けられるので、興味を刺激する（Financial Inclusion Commission, 2015; Government Office for Science, 2015; Collard et al., 2016）。第1章ではオンライン・バンキングに言及し、その後も議論が続いた。金融技術は保険、融資、金融ケイパビリティとも関連している。金融技術によって、人々は自らのニーズに合わせて設計された保険をもっと買うかもしれない。キックスターターのようなクラウドファンディングのウェブサイトも、メインストリーム以外の貸し手にアクセスできる機会を生み出している。

　技術は、人々が情報や助言を共有するオンライン・フォーラムを創出することで、金融ケイパビリティにも影響をもたらし得る。これは、相互教育

ないし相互学習の機会といえる。オンライン・フォーラムでの助言提供を分析した研究が増えつつある（Pedersen and Smithson, 2013; Giles et al., 2015; Giles, 2016; Stanley et al., 2016; Montgomerie and Tepe-Belfrage, 2017）。Montgomerie and Tepe-Belfrage（2017）は、3つの仲間同士のインターネットフォーラム上で、借金に関する話題を分析した際に、この例を挙げた。3つのインターネットフォーラムとは、Mumsnet（親、特に母親を対象としたサイト）、Money Saving Expert（個人金融のサイト）、Consumer Action Group（銀行の手数料に抵抗したい人々のフォーラム）である。いずれのウェブサイトも借金に関する重要な話題が見られた。Montgomerie and Tepe-Belfrage（2017）は、これらの借金に関する話題は、家計が金融化に関して抱えている限界を露呈していると述べる。彼らによれば、私的な借金は金融化の中心部分をなしているが、これらの借金は家庭内で「対処される」べきものである。しかし、借金により家庭が緊張下に置かれ、再生産の条件を悪化させることになる。これは借金が不良債権化し、新自由主義にとっての破壊的な結果となることを意味する。

　金融技術は新自由主義を推進するために使われていると警告を発する研究者がいる。Montalban, Frigant and Jullien（2019）は、プラットフォーム経済の分析にレギュラシオン学派の手法を適用している。Montalban, Frigant and Jullien（2019: 807）は、「プラットフォーム経済は、有形または無形の資源が、中央集権的な電磁的プラットフォームの方法により、提供者と利用者の間で交換される経済活動」であると定義した。彼らは、新たなプラットフォーム経済の例としてAirbnbやUberのようなデジタル・プラットフォームの出現に言及する。レギュラシオン学派は、経済全体を支配している規則を分析する。この学派は、全ての経済が特定の規則を持つシステムに埋め込まれているという洞察に基づく。一連の規則が別のものに置き換わると、経済が変化する。経済は特定の規則から離脱した後、新たな規則の中に再び埋め込まれる（Crouch, 2008, 2009; Van der Zwan, 2014; Montalban et al., 2019）。Montalban, Frigant and Jullien（2019）は、新たなプラットフォーム経済の出現は、データのデジタル化に関連した新自由主義経済への再埋め込みとみるのが最もふさわしいと述べる。彼らによれば、「プラットフォーム経済はこうして、金融化と潜在的に深く結びついている。これはまた、賃金と労働のつながりを弱め、アウトソーシ

ングへと向かう新自由主義のかつての傾向を加速させることにもなる」という（Montalban et al., 2019: 812）。

　同様にGabor and Brooks（2017）は、国際組織や、ビル・アンド・メリンダ・ゲイツ財団のような著名な慈善家の連合体が、中低所得国で開発を進める手段として、金融包摂を支えていると述べる。フィンテックは、マイクロファイナンスのような政策を基盤に、地域コミュニティを力づける手段と見られている。マイクロファイナンスは地域に根ざした融資事業で、地域の人々が貧困との闘いで投資できるようにするものである。第1章で述べたように、それらの国々では携帯電話が、銀行口座を持たない人々を減らす手段とみなされている。Gabor and Brooks（2017）は、フィンテックが金融主体を生み出すために使われる場合にフィンテックは危険を示唆するという。特にフィンテックは、人々への統制に使われるデータを生み出し得る。彼らは以下のように指摘する。

　　デジタル技術は潜在的に、新たに「包摂した」人々のデータを獲得して、貸し手が「リスクのある」人々を可視化し、知り、統治できる。言い換えれば、人々やものごとを空間的に認識して社会を「わかりやすく」するというものではない。モバイル技術が生み出すデータは、安定した「背景」の性格ではなく、それとは逆に、「動く対象」が行動によって生み出すデータだ。そのようなデータは、新たな「管理的」手法で人々を「再び支配する」手段を提供する（Gabor and Brooks, 2017: 430）。

　フィンテックは、サービスにアクセスできない人々の障壁を減らす低コストの方法かもしれないが、新自由主義を拡張する途には警戒すべきである。

●**責任ある企業**

　第4章では、ケインズ主義と、民営化されたケインズ主義の概念が、第二次世界大戦後のイギリスのような地域で政策形成の支配的な枠組みとなったことを述べた。民営化されたケインズ主義の論文を著したコリン・クラウチ（Colin

Crouch）によれば、これらの政策の枠組みは、危機に直面するまで、それぞれ約30年間続いたという。ケインズ主義にとって、危機は1970年代、高失業率と高インフレが結合したスタグフレーションの時期に起きた。民営化されたケインズ主義にとって、危機は2008年の世界的な金融危機で明らかになった〔訳注：コリン・クラウチ（1944- ）はイギリスの社会学者・政治学者。ウォーウィック大学名誉教授。2000年にポスト・デモクラシー論を提起した〕。Crouch（2009: 394-5）は以下のように述べる。

> ケインズ主義と民営化されたケインズ主義は、それぞれ30年間続いた。資本主義経済の性質が急速に変化しており、柔軟な労働力と自信に満ちた消費者を結びつける必要性に対する根本的な解決策がないことを考慮すれば、それはおそらくかなりの永続性といえるだろう。しかしここで疑問が生じる。資本主義と民主主義はいかに和解し得るのか？

Crouch（2009）は、「責任ある企業」の概念が新たな政策の枠組みの主要な部分になると述べる。新自由主義の内部で、市場で企業が果たした役割をめぐって緊張関係があると彼は指摘する。新自由主義の理論は消費者至上主義だが、市場での生産の多くは企業を通じてなされている。企業は、市場の力の可能性を認めるがゆえに、自由市場の内部に緊張関係を持ち込む。企業の相反する役割は、新自由主義内部で共同体を見過ごしたことを示すものだともいえよう。例えば、Montgomerie and Tepe-Belfrage（2017）は、新自由主義が世帯を単純に「ブラックボックス」として扱い、男女間の関係が実際に世帯を構成していることを無視していると述べる。

Crouch（2009）は、企業の利益がその権力を再び確立するに伴い、自己規制は解体されるだろうという。これは特に金融機関に当てはまるという。「現代社会における主要な利益は大企業、特に金融業界に留まっている。大企業は現在面目を失っているが、政府も大衆の繁栄も、大企業の効率的で利益を上げる機能に頼っているのである」（Crouch, 2009: 398）。

彼がこうした文章を執筆してから10年後、Crouch（2020）は「ポスト・デモクラシー」に関する研究活動に参加した〔訳注：ポスト・デモクラシーはクラウ

チが提唱した概念。民主主義が衰退し、大企業と少数の政治エリートによる支配、公共サービスの営利化が進んだ状況を指す〕。責任ある企業についての一般的な議論は、理論的にも実践的にも、金融包摂の研究と関連している。第一に、コーポレート・ガバナンス改革は金融化の性質を形成し得る。Van der Zwan（2014: 107）は、「金融化の研究の核心は、企業行動の原理としての株主価値志向の優越的な地位を検証すること」であると述べる。Van der Zwanは、この一つの兆候は、株主価値を最大化するよう、金融市場が非金融企業に圧力を加えていることに見られるという。Berle and Means（1932）は、企業の株主モデルが出現した古典的な説明を述べる。19世紀は、企業の所有者は事業経営の大部分も担っていた。企業の成長に伴い、所有が経営から分離した。企業の所有者は、経営者に運営の権限を委譲した。

　株主アプローチは、株の購入者が企業の正当な所有者だと主張する。したがって経営者は株主の利益を最大化しなければならず、これは利益の極大化と配当金の分配として理解される。所有と経営の分離は、「プリンシパル・エージェント」問題を提起した。すなわち所有者（プリンシパル）は、経営者（エージェント）が株主の利益を最大化するように行動することをいかに保証するかに焦点を当てたものである。プリンシパル・エージェントの議論は、経営者と株主の利益を一致させるような多様な方法、例えば経営者への報酬を考察している。

　　一方では株主行動によって経営者を指導するとともに、他方では経営者と所有者の間で共通の利害を設定し、成果連動型の経営者報酬を導入する。企業の財政の概念において、企業の効率性は個人の利益最大化と、株価を高止まりさせる能力として再定義される（Van der Zwan, 2014: 107）。

　Van der Zwan（2014）は、株主価値モデルが様々な国においていかに重要になっていったかを描き出した。各国それぞれに異なる制度がこのモデルの内容を形づくっているが、株主モデルの広がりは経済社会全体に金融市場が浸透することに貢献したとVan der Zwanは指摘する。株主価値の最大化は次第に重要になったが、それは不変の力ではない。Van der Zwan（2014: 118）は、様々

第6章 結論

な方法で確認する可能性を挙げる。

　フォーディズムに関連した利益調整（労働組合、集団交渉）の形態が弱まる中で、新たな政治組織の形態が出現するだろう。例えば数多くの研究者が、金融化の過程で労働者と所有者の階級を超えて形成される連帯を探索してきた。

Van der Zwan (2014) は、株主価値モデルの拡散に抵抗する労働者の役割に注目する。彼女の企業分析では、企業の主な構成員は経営者、労働者、株主である。株主価値モデルの対案として労働者は重要な役割を果たすが、これをさらに拡張して、企業の「ステークホルダー」モデルを考察する。ステークホルダーに関する研究は多数あり、かつ増えている（Rhenman, 1967; Freeman, 1984; Stoney and Winstanley, 2001; Laplume et al., 2008）。Freeman (1984: 46) は、ステークホルダーを「組織の目的達成に影響を与える、あるいは影響を与えられる集団ないし個人」とした。これは幅広い人々や組織を含む広範な定義となっている。実際、ステークホルダーに関する批判は、「こうした理解だと組織の目的に影響する、あるいは影響される人や組織は無限にあるため、ステークホルダーがほぼ全てのものに広がってしまう」というものである。

Laplume et al. (2008) は、ステークホルダー論の研究には5つの明確なテーマがあるという。第一は、ステークホルダーの定義だ。一般的なステークホルダーの例には、従業員、消費者、取引先、地域住民が含まれる。第二は、ステークホルダーが企業に影響を及ぼす方法に関する議論であり、例えば法的措置である。第三は、ステークホルダーに対する企業の行動であり、例えば慈善活動への寄付である。第四は、ステークホルダーが企業の業績に与える影響である。例えば、ステークホルダー論の支持者は、ステークホルダーへの対応が利益を増やすかもしれないという。第五は、ステークホルダー理論の基礎に関する議論である。そうした議論の中には、規範的ないし倫理的な議論もあり、例えばあらゆるステークホルダーはそれ自身を目的とみなすべきであって、倫理的価値を有しているという説である。

　第二に、既存の理論的な概念を金融機関の実務的な改革に適用する例がある

かもしれない。Ring（2012）によれば、2008年の金融危機の間に、銀行の態度は金融機関への信頼を損なったという。所有権の一部を市民に渡すことは、金融機関への信頼を取り戻す一つの方法かもしれない。例えば、協同組合は会員によって所有される組織だ。金融サービスに関連した様々な形態の協同組合がある。消費者協同組合は、顧客や利用者が所有権を持つ。歴史的には、イギリスの住宅金融組合（building societies）は預金者に所有権があった。クレジットユニオンも、貸し手〔訳注：クレジットユニオンの預金者のこと〕に所有権があった。イギリスでは、これらの組織は金融サービス業者の多数を占めてはいない。

協同性は、従業員など他のステークホルダーに拡張することもできる。協同組合の一つの利点として可能なものは、金融サービスにおける信頼の問題を解決し得るということだ。顧客は、自分が所有権の一部を持つ組織により信頼を寄せる。ステークホルダーが組織の所有権を持てば、経営者はステークホルダーをより重視するようになる。

公共政策は、こうした多様性が生じるのに必要な条件を創り出すことが重要になるだろう。法制度は、ある種の組織形態を保護するため、あるいは他の組織形態が出現できるようにするために重要なものだ。Parkinson, Kelly and Gamble（2001）は、企業の株主モデルは、公権力によって与えられた操業許可に依拠するという。したがって操業許可の内容は、株主モデルが出現し持続するうえで重要である。イギリスでは、1990年代に住宅金融組合が脱相互化し、法律も改正された（Stephens, 2001; Cook et al., 2002）〔訳注：脱相互化とは、組合員の所有・運営ではなくなり、組合が民間資本を導入して株式会社などに改組することを指す。実際、住宅金融組合の大半が営利企業化した〕。

もちろん、協同組合には重要な限界もある。協同組合は信頼関係を築くのに必要なやり取りができるように、小規模でなければならない。このような場合、協同組合はその利点を保持しつつ、金融サービスの規模を拡大するのは限界がある。一般的に、協同性やステークホルダーが他の組織形態よりも金融サービスの信頼を高められるかを検証する実証研究が必要であろう。仮に協同組合が他の組織よりも信頼を高められるにしても、他の組織は別の価値ある目的に向けて尽力する。

第6章　結　論

コロナ禍と将来の研究

　序文では、本書が2020年のコロナ禍の間に完成したと述べた。予算責任庁は、コロナ禍の衝撃がイギリス経済に及ぼすであろう影響のシナリオを公表し（Office for Budget Responsibility, 2020）、多くの仮定をもとに、2020年の第2四半期に実質国民所得が3分の1下落すると予測をした。公的セクターの純粋な負債額は国民所得の14%にまで上昇し、それは第二次世界大戦以降で最大の年間負債額となるとされた。

　この危機の経済的・財政的な結果に対する反応は、近未来の重要な研究領域となりそうだ。コロナ禍は、2007〜08年の金融危機に匹敵するほど大きな、イギリス経済への打撃であることは確かだ。Guy Standing（2020）をはじめとする、普遍的ベーシック・インカムの永年の支持者は、コロナ禍で経済的な苦境に陥っている人を助けるために、ベーシック・インカム政策を訴えた。コロナ禍はすでに、普遍的ベーシック・インカムに懐疑的な論者に、考え直させるよう促していた（Bush, 2020; Susskind, 2020a）。コロナ禍は、迅速な救済の必要性を示している。特定の対象者に対して迅速な支援を設計するのは非常に複雑になるが、普遍的な収入の給付は単純さという長所がある。

　しかし緊急の所得の給付は、特定の層の人々を対象にすることもある。例えば、Gustafsson（2020）は、2020年5月にアンケート調査を行い、18〜24歳の人々（学生を除く）は他の年齢層よりも、コロナ禍の影響で自宅待機となったり職を失ったりしていることが明らかになった。18〜24歳の3分の1は職を失ったり自宅待機になったりしていて、2番目に悪い年齢層（60〜64歳）より10ポイント前後も高い割合だった。Henehan（2020）は、世界的な金融危機後のようなかつての不況の経験は、最近学校を卒業したばかりの学生にとって最も過酷であると論じた。これは、2020年に卒業した人がコロナ禍に影響を受けたことにも当てはまる（Henehan, 2020）。

　2020年に卒業した人は、18歳になったときに、2020年5月に満期を迎える児童信託基金（あるいはジュニアISA）を受け取る最初の世代でもある〔訳注：ジュニアISAは税制優遇が付された、子どもの将来のための資産形成制度。児童信託基

金に代わり2011年11月導入〕。イギリス政府が緊急預金をこれらの基金に入れて、2020年に18歳になる世代が直面する特別の困難に対処する、という可能性が考えられる。

　他の人々を対象に支援することも考えられる。調査によれば、コロナ禍のロックダウンで最も深刻な打撃を受けたのは低賃金労働者であるという。イギリスでは所得階層10分位のうち最下層の労働者の3分の1は、ロックダウンの期間中に休業していた。これに対し、所得階層10分位の最上位層の労働者のうち、ロックダウンの期間中に休業していたのはわずか5％にすぎない。さらに女性は、男性よりも深刻な影響を受けている。女性従業員の17％はロックダウン中に休業していたが、男性従業員で休業していたのは13％であった（Joyce and Xu, 2020）。

　多くの世帯は所得低下に直面しているが、貧しい世帯ほど所得低下に対処しづらい。それは、貧しい世帯の家計の大部分は、豊かな世帯に比べて、必要不可欠な費目で占められているからだ。所得5分位で最も貧しい世帯は、家計支出の55％を不可欠な費目に充てていたが、最も豊かな世帯は39％であった。この傾向は、ソーシャルディスタンスによって影響を受ける費目、例えば旅行、レジャー、外食については逆転する（Crawford et al., 2020）。貧しい世帯は、豊かな世帯よりも、コロナ禍に対処するための支援を必要としている。

　普遍的ベーシック・インカムに対してよくある反対論は、この政策が貧困や不平等を削減する方策として適切なのかを懸念する。Martinelli（2017b: 43, 強調は原文）は、問題の核心を要約する。「問題は以下のように簡潔に記述できる；**手頃な価格の普遍的ベーシック・インカムは不充分であり、充分な普遍的ベーシック・インカムは手頃な価格ではない**」。これはすなわち、人々を貧困から脱却させるのに充分な普遍的ベーシック・インカムは不可能なほど費用がかかり、手頃な価格の政策は充分さの基準を満たさないということだ。

　国は、コロナ禍からイギリス経済を守るために、圧倒的な資金量の公的支出に乗り出した。財務大臣リシ・スナク（Rishi Sunak）は、企業と世帯のために総額3300億ポンド、国民所得の約15％にのぼる最初の支援パッケージを表明した。一見して、コロナ禍は公的支出の可能な範囲を拡大したように見える。差し迫った優先事項は緊急の支援を提供することであり、これは国家の大規模

な消費を必然的に伴う。手頃な価格ではないことについての過去の考えはもはや通用しないと思うかもしれない。この議論によれば、政府の支出規模は、政策判断によって決まってくることを、コロナ禍は示したといえる。したがって普遍的ベーシック・インカムは、手頃な価格だといえるだろう。

　しかし、以下のような反論もあり得る。コロナ禍という例外的な状況から一般論を引き出すのは極めて難しいと。政府の歳出が増えているのは極めて特殊な状況下であって、たびたび繰り返されるようなものではないと思いたい。2007～08年の金融危機は、緊縮財政の10年間を招くこととなった。保守党政権が徴収したコロナ対策の費用は、似たような財政的選択となるだろう。これは、イギリスがEUから離脱することから生じる公的財政への圧力を考慮に含めていない。

　普遍的ベーシック・サービスも、コロナ禍の停滞に対処するうえで有効だろう。医療は明らかな優先事項だ。この危機の初期段階では、イギリス政府は保健省（NHS）がコロナ禍に対処する予算を追加するため、迅速に動いた。4月中旬までにイギリス政府は保健省のコロナ対策のため約155億ポンドの追加予算も約束した。この時点で普遍的ベーシック・サービスの方策はおそらく、普遍的ベーシック・インカムよりもはるかに優先度が高い。

　コロナ禍は、情報やインターネットへのアクセスの重要性をも示唆している。自宅でインターネットにアクセスできない脆弱層は、「ディジタル・ディバイド」に直面していることが早い段階で明らかになった〔訳注：ディジタル・ディバイドとは、インターネットやパソコン等の情報端末にアクセスして情報通信技術を利用できる人とできない人の間に生まれる格差、すなわち情報格差のこと〕。

　学校は、公式のロックダウン以前に閉鎖された。生徒への教育の大部分は、生徒がオンライン教育や学校の宿題にアクセスできることに依存している。ロイド銀行の消費者デジタル指標によれば、2018年時点で11～18歳の生徒のうち70万人（12%）は自宅で、パソコンやタブレットからインターネットにアクセスできない。同様に、公式のロックダウン期間に、自宅で仕事ができる従業員はそうするように指導されたが、自宅で仕事ができるかどうかは、インターネットへのアクセスに依拠している。さらにいえば、自宅で過ごす退職者にとって、インターネットは社会との連絡手段を維持する方法である。

同様にコロナ禍は、市民が銀行サービスや支払いサービスにアクセスする方法を大きく変えることになるだろう。イギリス政府がロックダウン中にこれらのサービスを経済の主要部分だと指定した際に、これらのサービスの重要性が示された（Cabinet Office and Department for Education, 2020）。物理的な距離を置く対策〔訳注：コロナ感染予防のため人間同士の接触を防ぎ、一定の距離を保つこと〕は、あちらこちらの場所で行われるだろうが、銀行はオンライン・バンキングをいっそう使うよう促し、店側に対しては、可能なところではどこでも非接触型の支払いを利用するよう促していた（HM Covernment, 2010）。
　オンライン・バンキングや非接触型支払いへの移行は、デジタル面で取り残された人々の生活を悪化させてしまう。国家統計局（Office for National Statistics）の報告書によれば、イギリス政府がSDGsを達成する方針において、インターネットの利用は重要な部分を占める（Serafino, 2019）。しかし、イギリスの人口の10％はインターネットの非利用者層に分類されていた（非利用者は、過去3か月間に利用していなかった人のこと）。成人の非利用者の約半数は、75歳以上である。女性は一貫して、インターネット非利用者の半分以上を占める。環境・食料・農村地域省は、農村部が都市部よりもインターネットの速度が遅いと指摘する（The Department for Environment, Food and Rural Affairs, 2019）。
　イギリス財務省の分析報告書によれば2017年、デビットカードでの支払いが現金を超えて、最も利用された支払方法となった（UK Finance, 2019）。現金は2018年の全ての支払いのうち28％を占めていたが、2028年には9％にまで落ち込むことが見込まれている。Access to Cash Review（2018）は、現金依存の最大の指標は貧困だという。現金払いの人は、大手の金融からますます排除されていくと予想される。
　合理的選択理論や行動経済学といった行動科学は、個人の能力や選好に注目する。国家統計局の2017年調査によれば、自宅にインターネット環境のない人は、その2番目に多い理由（20％）として、デジタルの技能がないことを挙げる。一般的なデジタルの技能には、情報管理、コミュニケーション、取引、問題解決、オンラインフォームの記入といったものが含まれる。インターネット環境の無い最大の理由は興味がないこと（約60％）であり、これは特に高齢者層に顕著である（Serafino, 2019）。しかし、オンライン・バンキングや非

第6章　結　論

接触型の支払いにアクセスする際に、他の障害に遭うかもしれない。例えば、75歳以上の人は、既存の技術を使うのに苦労し、支援技術（adapted or assisted technologies）を必要としている〔訳注：adapted/adaptive technologies, assisted/assistive technologiesは、障がい者支援技術と訳されることが多く、一般的には障がい者の日常生活を支えて生活の質を向上させる技術を指すが、コンピュータ関連では画面の拡大表示、キーボード、タッチスクリーン、視線入力などがある〕。「将来の技術は高齢者層が現在よりも容易に関われるようになるだろう」（Serafino, 2019: 13）。これらのデジタル排除の形態は、金融排除の削減にとって重要になりそうだ。

結　語

　金融排除は多様で重要な研究領域だ。この議論は研究者、政策立案者、実践家を巻き込んできた。本書は、金融包摂の主要な議論をいくつか概説してきた。また、この議論が政策、特に貯蓄に関する政策に持つ意義も探究した。保険など、本書で扱わなかった他の政策領域を検討することで、議論を拡張することももちろん可能だ。本書の主要なメッセージは、金融包摂をめぐる批判論と支持論の間で、関わりを強めてほしいということだ。第1章で述べておいたように、多様な議論が互いに平行線をたどって発展する傾向がある。本書は、両者間の相互の関与に貢献するものであり、将来の対話につながることを期待するものである。

　本書のもう一つの主要なメッセージは、異なる方法で金融包摂を形づくることが可能だ、ということである。金融包摂はしばしば、人々を市民から投資主体に変えるための事業だとみなされている。本書の主張は、金融包摂はそのような形で発展する必要はないということだ。金融包摂の活用は、より平等主義的な議論を支持し得る。他の金融包摂の形態を好む者もいるだろう。対話の本質は、議論が継続的であることと、異なる視点を認めることである。

参考文献

Access to Cash Review (2018) 'Final report'. Available at: www.accesstocash.org.uk/media/1087/final-report-final-web.pdf (accessed 30 April 2020).

Ackerman, B. and Alstott, A. (1999) *The Stakeholder Society*, New Haven, CT: Yale University Press.

Ackerman, B. and Alstott, A. (2004) 'Why stakeholding?', *Politics & Society*, 32(1): 41–60.

Ackerman, B., Alstott, A. and Van Parijs, P. (eds) (2005) *Redesigning Distribution: Basic Income and Stakeholder Grants as Cornerstones for an Egalitarian Capitalism*, London: Verso.

Adam, S. and Browne, J. (2012) 'Reforming Council Tax Benefit'. Available at: www.ifs.org.uk/comms/comm123.pdf (accessed 4 June 2020).

All Party Parliamentary Group on Financial Education for Young People (2016) 'Financial education in schools: two years on – job done?'. Available at: www.young-enterprise.org.uk/wp-content/uploads/2019/02/APPG-on-Financial-Education-for-Young-People-Final-Report-May-2016.pdf (accessed 18 February 2020).

Altman, M. (2012) 'Implications of Behavioural Economics for Financial Literacy and Public Policy', *Journal of Socio-Economics*, 41(5): 677–90.

Anderloni, L., Bayot, B., Blendowski, P., Iwanicz-Drozdowska, M. and Kempson, E. (2008) *Financial Services Provision and Prevention of Financial Exclusion*, European Commission: Directorate-General for Employment, Social Affairs and Equal Opportunities.

Appleyard, L., Rowlingson, K. and Gardner, J. (2016) 'The variegated financialization of sub-prime credit markets', *Competition and Change*, 20(5): 297–313.

Atkinson, A.B. (2015) *Inequality: What Can Be Done?*, Cambridge, MA: Harvard University Press.

Atkinson, A.B. and Messy, F. (2012) *Measuring Financial Literacy: Results of the OECD/International Network on Financial Education (INFE) Pilot Study*, OECD Working Papers on Finance, Insurance and Private Pensions, No. 15, Paris: OECD Publishing.

Atkinson, A.B., McKay, S., Collard, S. and Kempson, E. (2007) 'Levels of financial capability in the UK', *Public Money and Management*, 27(1): 29–36.

Attansio, O.P., Banks, J. and Wakefield, M. (2005) 'The effectiveness of tax incentives to boost (retirement) saving: theoretical motivation and empirical evidence', *OECD Economic Studies*, 39: 145–72.

Balakrishnan, R., Elson, D. and Heintz, J. (2011) 'Financial regulation, capabilities and human rights in the US financial crisis: the case of housing', *Journal of Human Development and*

Capabilities, 12(1): 153–68.

Bank of England (2019) 'Credit union annual statistics 2018'. Available at: www.bankofengland.co.uk/statistics/credit-union/2018/2018 (accessed 4 June 2020).

Barbour, R. (2007) *Doing Focus Groups*, London: Sage.

BBC News (2005) 'One in three face council tax rise'. Available at: http://news.bbc.co.uk/1/hi/wales/3615952.stm (accessed 4 June 2020).

Bentham, J., Bowman, A., de la Cuesta, M., Engelen, E., Ertürk, I., Folkman, P., Froud, J., Johal, S., Law, J., Leaver, A., Moran, M. and Williams, K. (2013) 'Manifesto for the foundational economy', CRESC Working Paper 131. Available at: http://hummedia.manchester.ac.uk/institutes/cresc/workingpapers/wp131.pdf (accessed 16 October 2019).

Bergmann, B.R. (2004) 'A Swedish-style welfare state or basic income: which should have priority?', *Politics & Society*, 32(1): 107–18.

Bergmann, B.R. (2008) 'Basic income grants or the welfare state: which better promotes gender equality?', *Basic Income Studies*, 3(3): 1–7.

Berle, A. and Means, G. (1932) *The Modern Corporation and Private Property*, New York: Macmillan. (A.A. バーリ・G.C. ミーンズ著、森杲訳『現代株式会社と私有財産』北海道大学出版会、2014年)

Berlin, I. (1958) 'Two concepts of liberty'. Available at: http://berlin.wolf.ox.ac.uk/published_works/tcl/tcl-a.pdf (accessed 5 June 2020).

Berry, C. (2015) 'Citizenship in a financialised society: financial inclusion and the state before and after the crash', *Policy & Politics*, 43(4): 509–25.

Blair, T. (1998) *The Third Way: New Politics for a New Century*, London: Fabian Society.

Bloor, M., Frankland, J., Thomas, M. and Stewart, K. (2000) *Focus Groups in Social Research*, London: Sage.

Bovens, L. (2009) 'The ethics of nudge', in T. Grüne-Yanoff and S.O. Hansson (eds) *Preference Change: Approaches from Philosophy, Economics and Psychology*, London: Springer, pp 207–19.

Brüggen, E.C., Hogreve, J., Holmlund, M., Kabadayi, S. and Löfgren, M. (2017) 'Financial well-being: A conceptualization and research agenda', *Journal of Business Research*, 79(October): 228–37.

Burke, E. (1999 [1790]) *Reflections on the Revolution in France*, Oxford: Oxford University Press. (エドマンド・バーク著、鍋島能正訳『フランス革命論』理想社、1967年)

Bush, S. (2020) 'Covid-19 has changed my thinking on universal basic income'. Available at: www.newstatesman.com/politics/economy/2020/04/covid-19-universal-basic-income-benefits-welfare (accessed 27 April 2020).

Butler, D., Adonis, A. and Travers, T. (1994) *Failure in British Government: The Politics of the Poll Tax*, Oxford: Oxford University Press.

参考文献

Bynner, J. and Despotidou, S. (2000) *Effect of Assets on Life Chances*, London: Centre for Longitudinal Studies.

Bynner, J. and Paxton, W. (eds) (2001) *The Asset-Effect*, London: Institute for Public Policy Research.

Cabinet Office and Department for Education (2020) 'Guidance for schools, childcare providers, colleges and local authorities in England on maintaining educational provision'. Available at: www.gov.uk/government/publications/coronavirus-covid-19-maintaining-educational-provision/guidance-for-schools-colleges-and-local-authorities-on-maintaining-educational-provision (accessed 3 April 2020).

Camerer, C.F. (2007), 'Neuroeconomics: using neuroscience to make economic predictions', *Economic Journal*, 117(519), C26–C42.

Camerer, C.F. and Loewenstein, G. (2004) 'Behavioral economics: past, present and future', in C.F. Camerer, G. Loewenstein and M. Rabin (eds) *Advances in Behavioral Economics*, Princeton, NJ: Princeton University Press, pp 1–51.

Camerer, C.F., Loewenstein, G. and Rabin, M. (eds) (2004) *Advances in Behavioral Economics*, Princeton, NJ: Princeton University Press.

Camerer, C.F., Loewenstein, G. and Prelec, D. (2005) 'Neuroeconomics: how neuroscience can inform economics', *Journal of Economic Literature*, 43(March). Available at: www.cmu.edu/dietrich/sds/docs/loewenstein/neuroeconomics.pdf (accessed 4 June 2020).

Caplovitz, D. (1963) *The Poor Pay More: Consumer Practices of Low Income Families*, New York: Free Press of Glencoe and Collier-Macmillan.

Chaney, P. (2004) 'The post-devolution equality agenda: the case of the Welsh government's statutory duty to promote equality of opportunity', *Policy & Politics*, 32(1): 63–77.

Chaney, P. (2009) 'Equal opportunities and human rights: the first decade of devolution in Wales. A report commissioned by the Equality and Human Rights Commission'. Available at: http://citeseerx.ist.psu.edu/viewdoc/download?doi=10.1.1.614.6218&rep=rep1&type=pdf (accessed 4 June 2020).

Child Poverty Action Group (2005) 'CPAG briefing on the Child Trust Fund'. Available at: www.revenuebenefits.org.uk/pdf/ctf_cpag_evidence_nov_2005.pdf (accessed 4 June 2020).

Choi, J.J., Laibson, D., Madrian, B.C. and Metrick, A. (2002) 'Defined contribution pensions: plan rules, participant decisions, and the path of least resistance', in J. Poterba (ed) *Tax Policy and the Economy*, Cambridge, MA: MIT Press, pp 67–113.

Choi, J.J., Laibson, D., Madrian, B.C. and Metrick, A. (2004) 'For better or for worse: default effects and 401(k) savings behavior', in D. Wise (ed) *Perspectives in the Economics of Aging*, Chicago, IL: Chicago University Press, pp 81–121.

Clarke, J., Coleman, E., Grant, C., Samek, L. and Stokes, L. (2018) 'Employers' pension provision survey 2017'. Available at: https://assets.publishing.service.gov.uk/government/uploads/system/

uploads/attachment_data/file/717607/employers-pension-provision-survey-2017.pdf (accessed 19 November 2019).

Clery, E., Humphrey, A. and Bourne, T. (2009) 'Attitudes to pensions: the 2009 survey, Department for Work and Pensions, research report 701'. Available at: www.gov.uk/government/uploads/system/uploads/attachment_data/file/214476/rrep701.pdf (accessed 11 August 2020).

Cole, I., Green, S., McCarthy, L. and Pattison, B. (2015) 'The impact of the existing Right to Buy and the implications for the proposed extension of Right to Buy to housing associations'. Available at: www.parliament.uk/documents/commons-committees/communities-and-local-government/Full-Report-for-Select-Committee-141015final.pdf (accessed 4 June 2020).

Collard, S. (2007) 'Toward financial inclusion in the UK: progress and challenges', *Public Money and Management*, 27(1): 13–20.

Collard, S. (2013) 'Workplace pension reform: lessons from pension reform in Australia and New Zealand', *Social Policy & Society*, 12(1): 123–34.

Collard, S. and Moore, N. (2010) 'Review of international pension reform'. Available at: www.gov.uk/government/uploads/system/uploads/attachment_data/file/214434/rrep663.pdf (accessed 4 June 2020).

Collard, S., Coppack, M., Lowe, J. and Sarkar, S. (2016) 'Access to financial services in the UK'. Available at: www.fca.org.uk/publication/occasional-papers/occasional-paper-17.pdf (accessed 11 September 2019).

Commission for Financial Capability (2015) National strategy for financial capability. Available at: https://cffc-assets-prod.s3.ap-southeast-2.amazonaws.com/public/Uploads/National-Strategy/PDFs/92262d1e19/National-Strategy-for-Financial-Capability-June-2015.pdf (accessed 13 August 2020).

Competition and Markets Authority (2015) 'Payday lending market investigation. Final report'. Available at: https://assets.publishing.service.gov.uk/media/54ebb03bed915d0cf7000014/Payday_investigation_Final_report.pdf (accessed 4 June 2020).

Consultative Forum on Finance (2002) *Council Tax Revaluation Working Group*, Cardiff: Welsh government.

Cook, J., Deakin, D. and Hughes, A. (2002) 'Mutuality and corporate governance: the evolution of UK building societies following deregulation', *Journal of Corporate Law Studies*, 2(1): 110–38.

Coote, A., Kasliwal, P. and Percy, A. (2019) 'Universal basic services: theory and evidence. A literature review'. Available at: https://ubshub.files.wordpress.com/2019/05/ubs_report_online.pdf (accessed 26 July 2019).

Coppack, S. (2013) 'The everyday geographies of financialisation: impacts, subjects and alternatives', *Cambridge Journal of Regions, Economy and Society*, 6(3): 479–500.

Corfe, S. and Keohane, N. (2018) 'Measuring the poverty premium'. Available at: www.smf.co.uk/wp-content/uploads/2018/03/Measuring-the-Poverty-Premium.pdf (accessed 22 October 2019).

Council for the Curriculum, Examinations and Assessment (2007a) 'The statutory curriculum at Key Stage 3. Rationale and design'. Available at: https://ccea.org.uk/downloads/docs/ccea-asset/Curriculum/The%20Statutory%20Curriculum%20at%20Key%20Stage%203.pdf (accessed 25 February 2020).

Council for the Curriculum, Examinations and Assessment (2007b) 'The Northern Ireland curriculum. Primary'. Available at: www.nicurriculum.org.uk/docs/key_stages_1_and_2/northern_ireland_curriculum_primary.pdf (accessed 25 February 2020).

Council for the Curriculum, Examinations and Assessment (2016) 'Financial capability. Post-primary guidance'. Available at: www.nicurriculum.org.uk/curriculum_microsite/financial_capability/documents/ks3_4/FC_Guidance_Booklet_Web.pdf (accessed 25 February 2020).

Crawford, R., Disney, R. and Emmerson, C. (2012) *Do Up-Front Tax Incentives Affect Private Pension Saving in the United Kingdom*, Institute for Fiscal Studies Working Paper W12/05, London: Institute for Fiscal Studies.

Crawford, R., Davenport, A., Joyce, R. and Levell, P. (2020) 'Household spending and coronavirus'. Available at: www.ifs.org.uk/publications/14795 (accessed 24 April 2020).

Creedy, J., Gemmell, N. and Scobie, G. (2015) 'Pensions, savings and housing: a life-cycle framework with policy simulations', *Economic Modelling*, 46: 346–57.

Crouch, C. (2008) 'What will follow the demise of privatised Keynesianism?', *Political Quarterly*, 79(4): 476–87.

Crouch, C. (2009) 'Privatised Keynesianism: an unacknowledged policy regime', *British Journal of Politics and International Relations*, 11(3): 382–99.

Crouch, C. (2020) *Post-Democracy after the Crises*, Cambridge: Polity.

CTRWG (Council Tax Revaluation Working Group) (2002a) *First Meeting: Wednesday 22 May 2002*, Cardiff: Welsh Government.

CTRWG (2002b) *Second Meeting: Tuesday 18 June 2002*, Cardiff: Welsh Government.

CTRWG (2002c) *Wednesday Meeting: Wednesday 21 August 2002*, Cardiff: Welsh Government.

Cunliffe, J. and Errygers, G. (2003) 'Basic income? Basic capital!' Origins and issues of a debate', *Journal of Political Philosophy*, 11(1): 89–110.

Dagdeviren, H., Donoghue, M. and Promberger, M. (2016) 'Resilience, hardship and social conditions', *Journal of Social Policy*, 45(1): 1–20.

Davies, S., Finney, A. and Hartfree, Y. (2016) 'Paying to be poor: uncovering the scale and nature of the poverty premium'. Available at: www.bristol.ac.uk/media-library/sites/geography/pfrc/pfrc1615-poverty-premium-report.pdf (accessed 22 October 2019).

Davis, A. and Walsh, C. (2017) 'Distinguishing financialization from neoliberalism', *Theory, Culture & Society*, 34(5/6): 27–51.

Davis, A., Hirsch, D. and Padley, M. (2018) 'The Minimum Income Standard as a benchmark of a "participatory social minimum"', *Journal of Poverty and Social Justice*, 26(1): 19–34.

De Henau, J. (2017) 'Costing a feminist plan for a caring economy: the case of free universal childcare in the UK', in H. Bargawi, G. Cozzi and S. Himmelweit (eds) *Lives after Austerity: Gendered Impacts and Sustainable Alternatives for Europe*, London: Routledge, pp 168–88.

De Wispelaere, J. (2016a) 'Basic income in our time: improving political prospects through policy learning?', *Journal of Social Policy*, 45(4): 617–34.

De Wispelaere, J. (2016b) 'The struggle for strategy: on the politics of the basic income proposal', *Politics*, 36(2): 131–41.

Deeming, C. (2017) 'Defining minimum income (and living) standards in Europe: methodological issues and policy debates', *Social Policy and Society*, 16(1): 33–48.

Demirgüç-Kunt, A., Klapper, L., Singer, D., Ansar, S. and Hess, J. (2018) 'The Global Findex Database 2017, measuring financial inclusion and the fintech revolution', World Bank Group. Available at: https://openknowledge.worldbank.org/handle/10986/29510 (accessed 4 June 2020).

Department for Communities and Local Government (2010) 'Standing up for local taxpayers: Welsh council tax revaluation cancelled'. Available at: www.gov.uk/government/news/standing-up-for-local-taxpayers-welsh-council-tax-revaluation-cancelled (accessed 4 June 2020).

Department for Education (2016) 'The national curriculum in England. Framework document'. Available at: https://assets.publishing.service.gov.uk/government/uploads/system/uploads/attachment_data/file/381344/Master_final_national_curriculum_28_Nov.pdf (accessed 17 February 2020).

Department for Environment, Food and Rural Affairs (2019) 'Broadband'. Available at: https://assets.publishing.service.gov.uk/government/uploads/system/uploads/attachment_data/file/787740/Broadband_March_2019__2018_data_.pdf (accessed 30 April 2020).

Department for Work and Pensions (2013a) The single-tier pension: a simple foundation for saving. Available at: www.gov.uk/government/uploads/system/uploads/attachment_data/file/181229/single-tier-pension.pdf (accessed 10 August 2020).

Department for Work and Pensions (2013b) Framework for the analysis of future pension incomes. Available at: www.gov.uk/government/uploads/system/uploads/attachment_data/file/254321/framework-analysis-future-pensio-incomes.pdf (accessed 10 August 2020).

Department for Work and Pensions (2013c) Automatic enrolment: qualitative research with large employers. Available at: www.gov.uk/government/uploads/system/uploads/attachment_data/file/254182/research-report-851.pdf (accessed 11 August 2020).

Department for Work and Pensions (2014a) Automatic enrolment: guidance for employers on certifying defined benefit and hybrid pension schemes. Available at: www.gov.uk/government/uploads/system/uploads/attachment_data/file/307074/auto-enrol-guid-emp.pdf (accessed 11 August 2020).

Department for Work and Pensions (2014b) Automatic enrolment: experiences of workers who have opted out. Available at: www.gov.uk/government/uploads/system/uploads/attachment_data/file/288530/rrep862.pdf (accessed 11 August 2020).

Department for Work and Pensions (2014c) Automatic enrolment opt out rates: findings from qualitative research with employers staging in 2014. Available at: www.gov.uk/government/uploads/system/uploads/attachment_data/file/369572/research-report-9-opt-out.pdf (accessed 11 August 2020).

Department for Work and Pensions (2014d) Employers' pension provision survey 2013. Available at: www.gov.uk/government/uploads/system/uploads/attachment_data/file/330512/rr881-employers-pension-provision-survey-2013.pdf (accessed 11 August 2020).

Department for Work and Pensions (2015a) Workplace pensions: update of analysis on automatic enrolment. Available at: www.gov.uk/government/uploads/system/uploads/attachment_data/file/460867/workplace-pensions-update-analysis-auto-enrolment.pdf (accessed 14 August 2020).

Department for Work and Pensions (2015b) Automatic enrolment: qualitative research with employers staging in 2014. Available at: www.gov.uk/government/uploads/system/uploads/attachment_data/file/391153/rr899-automatic-enrolment-employers-2014.pdf (accessed 11 August 2020).

Department for Work and Pensions (2017) Automatic enrolment review 2017: maintaining the momentum. Available at: www.gov.uk/government/uploads/system/uploads/attachment_data/file/668971/automatic-enrolment-review-2017-maintaining-the-momentum.PDF (accessed 4 June 2020).

Dessimirova, D. and Bustamante, M.A. (2019) 'The gender gap in pensions in the EU'. Available at: https://www.europarl.europa.eu/RegData/etudes/BRIE/2019/631033/IPOL_BRI(2019)631033_EN.pdf (accessed 13 November 2019).

Disney, R. and Luo, G. (2017) 'The Right to Buy public housing in Britain: a welfare analysis', *Journal of Housing Economics*, 35: 51–68.

Dobbie, L. and Gillespie, M. (2010) *The Health Benefits of Financial Inclusion: A Literature Review. Report for NHS Greater Glasgow and Clyde*, Glasgow: Glasgow Caledonian University and Scottish Poverty Information Unit. Available at: www.gcu.ac.uk/media/gcalwebv2/theuniversity/centresprojects/spiu/Health%20Benefits%20of%20FI%20final%20report%20pdf.pdf (accessed 4 June 2020).

Dolan, P., Hallsworth, M., Halpern, D., King, D. and Vlaev, I. (2010) 'Mindspace. Influencing behaviour through public policy'. Available at: www.instituteforgovernment.org.uk/sites/default/files/publications/MINDSPACE.pdf (accessed 5 June 2020).

Doling, J. and Ronald, R. (2010a) 'Home ownership and asset-based welfare', *Journal of Housing and the Built Environment*, 25(2): 165–73.

Doling, J. and Ronald, R. (2010b) 'Property-based welfare and European homeowners: how would housing perform as a pension?', *Journal of Housing and the Built Environment*, 25(2): 227–41.

Donaldson, G. (2015) 'Successful futures. Independent review of curriculum and assessment arrangements in Wales'. Available at: file:///C:/Users/User/Downloads/Donaldson%20 Report%20-%20Successful%20Futures%20-%20Independent%20Review%20of%20 Curriculum%20and%20Assessment%20Arrangements%20in%20Wales%20(1).pdf (accessed 19 February 2020).

Donoghue, M. and Edmiston, D. (2020) 'Gritty citizens? Exploring the logic and limits of resilience in UK social policy during times of socio-material insecurity', *Critical Social Policy*, 20(1): 7–29.

Downes, A. and Lansley, S. (eds) (2018) *It's Basic Income. The Global Debate*, Bristol: Policy Press.

Drakeford, M. (2005) 'Wales and a third term of New Labour: devolution and the development of difference', *Critical Social Policy*, 25(4): 497–506.

Drakeford, M. (2007) 'Social justice in a devolved Wales', *Benefits: A Journal of Poverty and Social Justice*, 15(2): 171–8.

Dworkin, R. (1981) 'What is equality? Part 2: equality of resources', *Philosophy and Public Affairs*, 10(4): 283–345.

Edmonds, T. (2017) Financial inclusion (exclusion), Briefing Paper number 01397, 15 December, London: House of Commons. Available at: https://researchbriefings.parliament.uk/ResearchBriefing/Summary/SN03197 (accessed 14 August 2020).

Edmonds, T. (2018) Open banking: banking but not as we know it? House of Commons Library Briefing Paper. Available at: https://commonslibrary.parliament.uk/research-briefings/cbp-8215/ (accessed 10 August 2020).

Edna, G., Gale, W.G. and Halderman, C. (2020) 'Careful or careless? Perspectives on the CARES Act'. Available at: www.brookings.edu/blog/up-front/2020/03/27/careful-or-careless-perspectives-on-the-cares-act/ (accessed 2 April 2020).

Edwards, L. (2001) 'Equity stakes, fair stakes?'. Available at: www.ippr.org/files/uploadedFiles/projects/equitystakes110901.pdf?noredirect=1 (accessed 4 June 2020).

Elsinga, M. (2017) 'Living in assets without limits: towards new principles for policies on housing', *Housing, Theory and Society*, 34(2): 146–50.

Emmerson, C. and Wakefield, M. (2001) *The Saving Gateway and the Child Trust Fund: Is Asset-Based Welfare 'Well Fair'?*, London: Institute for Fiscal Studies.

Essex, S. (2004) *Cabinet Written Statement. Provisional Local Government Revenue and Capital Settlements 2005–06, 2 November*, Cardiff: Welsh Government.

European Commission (2014) 'Council recommendation on the United Kingdom's 2014 national reform programme'. Available at: http://ec.europa.eu/europe2020/pdf/csr2014/csr2014_uk_en.pdf (accessed 4 June 2020).

European Union (2015a) 'Directive (EU) 2015/ 2366 of the European Parliament and of the Council of 25 November 2015 on payment services in the internal market'. Available at: https://eur-lex.

europa.eu/legal-content/EN/TXT/PDF/?uri=CELEX:32015L2366 (accessed 4 June 2020).

European Union (2015b) 'Revised rules for payment services in the EU'. Available at: https://eur-lex.europa.eu/legal-content/%20EN/TXT/HTML/?uri=LEGISSUM:2404020302_1&from=EN (accessed 4 June 2020).

European Union (2017) 'Bank accounts in the EU'. Available at: https://europa.eu/youreurope/citizens/consumers/financial-products-and-services/bank-accounts-eu/index_en.htm (accessed 4 June 2020).

Eurostat (2019) 'SDG 5 – gender equality. Statistics explained'. Available at: https://ec.europa.eu/eurostat/statistics-explained/pdfscache/63333.pdf (accessed 13 November 2019).

Feldman, G. (2018) 'Saving from poverty: a critical review of Individual Development Accounts', *Critical Social Policy*, 38(2): 181–200.

Fernandez, R. and Aalbers, M.A. (2017) 'Housing and capital in the twenty-first century: realigning housing studies and political economy', *Housing, Theory and Society*, 34(2): 151–8.

Ferran, E. (2012) 'Regulatory lessons from the payment protection insurance mis-selling scandal in the UK', *European Business Organization Law Review*, 13(2): 247–70.

Financial Inclusion Commission (2015) 'Financial inclusion. Improving the financial health of the nation'. Available at: www.financialinclusioncommission.org.uk/pdfs/fic_report_2015.pdf (accessed 4 June 2020).

Financial Inclusion Taskforce (2011) 'Financial Inclusion Taskforce research programme 2005–2011'. Available at: https://webarchive.nationalarchives.gov.uk/20130103022051/http://www.hm-treasury.gov.uk/d/fitf__research_programme_2005_2011.pdf (accessed 4 June 2020).

Financial Investor Education Foundation (2019) 'Investors in the United States. A report of the national financial capability study'. Available at: www.usfinancialcapability.org/downloads/NFCS_2018_Inv_Survey_Full_Report.pdf (accessed 13 August 2020).

Financial Services Authority (2003) 'Towards a national strategy for financial capability'. Available at: https://webarchive.nationalarchives.gov.uk/ukgwa/20090414185718/http://www.fsa.gov.uk/pubs/other/financial_capability.pdf (accessed 5 June 2020).

Financial Services Authority (2006) 'Financial capability in the UK: establishing a baseline'. Available at: https://webarchive.nationalarchives.gov.uk/ukgwa/20081112210050/http://www.fsa.gov.uk/pubs/other/fincap_baseline.pdf (accessed 5 June 2020).

Finlayson, A. (2008) 'Characterizing New Labour: the case of the Child Trust Fund', *Public Administration*, 86(1): 95–110.

Finlayson, A. (2009) 'Financialisation, financial literacy and asset-based welfare', *British Journal of Politics and International Relations*, 11(3): 400–21.

Fitzpatrick, T. (2011) 'Social paternalism and basic income', *Policy & Politics*, 39(1): 83–100.

Fornero, E. and Monticone, C. (2011) 'Financial literacy and pension plan participation in Italy', *Journal of Pension Economics and Finance*, 10(4): 547–64.

Foster, L. (2012) '"I might not live that long!" A study of young women's pension planning in the UK', *Social Policy and Administration*, 46(7): 769–87.

Foster, L. (2017) 'Young people and attitudes towards pension planning', *Social Policy and Society*, 16(1): 65–80.

Foucault, M. (2007) *Security, Territory, Population: Lectures at the Collège de France, 1977–1978*, New York: Picador.

Foundation Economy Collective (2018) *Foundational Economy: The Infrastructure of Everyday Life*, Manchester: Manchester University Press.

Fox O'Mahony, L. and Overton, L. (2015) 'Asset-based welfare, equity release and the meaning of the owned home', *Housing Studies*, 30(3): 392–412.

Freeman, R.E. (1984) *Strategic Management: A Stakeholder Approach*, Boston, MA: Pitman.

French, S., Leyshon, A. and Wainwright, T. (2011) 'Financializing space, spacing financialisation', *Progress in Human Geography*, 35(6): 798–819.

Friedman, M. (1962) *Capitalism and Freedom*, Chicago, IL: University of Chicago Press. （ミルトン・フリードマン著、熊谷尚夫・西山千明・白井孝昌訳『資本主義と自由』マグロウヒル好学社、1975年）

Froud, J., Johal, S., Montgomerie, J. and Williams, K. (2010) 'Escaping the tyranny of earned income? The failure of finance as social innovation', *New Political Economy*, 15(1): 147–64.

Gabor, D. and Brooks, S. (2017) 'The digital revolution in financial inclusion: international development in the fintech era', *New Political Economy*, 22(4): 423–36.

Gamble, A. and Kelly, G. (1996) 'The new politics of ownership', *New Left Review*, 220(Nov/Dec): 62–97.

Garratt, R.J., Mahadeva, L. and Svirydzenka, K. (2014) 'The great entanglement: the contagious capacity of the international banking network just before the 2008 crisis', *Journal of Banking & Finance*, 49: 367–85.

GfK NOP Social Research (2010) *Research on the Motivations and Barriers to Becoming 'Banked'*, London: Financial Inclusion Taskforce.

Giddens, A. (1998) *The Third Way: The Renewal of Social Democracy*, Cambridge: Polity.

Giles, D.C. (2016) 'Observing real-world groups in the virtual field: the analysis of online discussion', *British Journal of Social Psychology*, 55: 484–98.

Giles, D.C., Stommel, W., Paulus, T., Lester, J. and Reed, D. (2015) 'Microanalysis of online data: the methodological development of "digital CA"', *Discourse, Context and Media*, 7(1): 45–51.

Ginn, J. and Arber, S. (2002) 'Degrees of freedom: do graduate women escape the motherhood gap in pensions?', *Sociological Research Online*, 7(2). Available at: www.socresonline.org.uk/7/2/ginn_arber.html (accessed 4 June 2020).

Ginn, J. and MacIntyre, K. (2013) 'UK pension reforms: is gender still an issue?', *Social Policy and Society*, 12(1): 91–103.

Gómez-Barroso, J.L. and Marbán-Flores, R. (2013) 'Basic financial services: a new service of general economic interest', *Journal of European Social Policy*, 23(3): 332–9.

Gough, I. (2016) 'Potential benefits and pitfalls of a universal basic income', *The Guardian*, 10 June. Available at: www.theguardian.com/politics/2016/jun/10/potential-benefits-and-pitfalls-of-a-universal-basic-income (accessed 4 June 2020).

Gough, I. (2019) 'Universal basic services: a theoretical and moral framework', *Political Quarterly*, 90(3): 534–42.

Government Office for Science (2015) 'FinTech futures. The UK as a world leader in financial technologies. A report by the UK Government Chief Scientific Adviser'. Available at: https://assets.publishing.service.gov.uk/government/uploads/system/uploads/attachment_data/file/413095/gs-15-3-fintech-futures.pdf (accessed 11 September 2019).

Gov.UK (2017) 'Parliamentary Under Secretary of State (Minister for Pensions and Financial Inclusion)'. Available at: www.gov.uk/government/ministers/parliamentary-under-secretary-of-state--80#:~:text=Guy%20Opperman%20was%20appointed%20 as,Pensions%20on%2014%20June%202017 (accessed 17 August 2020).

Gov.UK (2019) 'The new state pension'. Available at: www.gov.uk/new-state-pension/what-youll-get (accessed 19 November 2019).

Government of Wales Act (1998) 'Government of Wales Act 1998'. Available at: www.legislation.gov.uk/ukpga/1998/38/contents (accessed 4 June 2020).

Government of Wales Act (2006) 'Government of Wales Act 2006'. Available at: www.legislation.gov.uk/ukpga/2006/32/contents (accessed 4 June 2020).

Grady, J. (2015) 'Gendering pensions: making women visible', *Gender, Work and Organization*, 22(5): 445–58.

Gregory, J. (2014) 'The search for an "asset-effect": what do we want from asset-based welfare?', *Critical Social Policy*, 34(4): 475–94.

Gregory, J. (2016) 'How not to be an egalitarian: the politics of homeownership and property-owning democracy', *International Journal of Housing Policy*, 16(3): 337–56.

Gregory, L. and Drakeford, M. (2011) 'Just another financial institution? Tensions in the future of credit unions in the United Kingdom', *Journal of Poverty and Social Justice*, 19(2): 117–29.

Gustafsson, M. (2020) 'Young workers in the coronavirus crisis. Findings from the Resolution Foundation's coronavirus survey'. Available at: www.resolutionfoundation.org/app/uploads/2020/05/Young-workers-in-the-coronavirus-crisis.pdf (accessed 26 May 2020).

Haagh, L. (2011) 'Basic income, social democracy and control over time', *Policy & Politics*, 39(1): 43–66.

Haagh, L. (2019) 'The political economy of governance capacity and institutional change: the case of basic income security reform in European welfare states', *Social Policy and Society*, 18(2): 243–63.

Hacker, J.S. (2008) *The Great Risk Shift: The New Economic Insecurity and the Decline of the American Dream*, Oxford: Oxford University Press.

Halmetoja, A., De Wispelaere, J. and Perkiö, J. (2018) 'A policy comet in Moominland? Basic income in the Finnish welfare state', *Social Policy and Society*, 18(2): 319–30.

Hatherley, S. (2011) 'Sustainable public spending: the choice between universalism and targeting'. Available at: https://senedd.wales/NAfW%20Documents/ki-024.pdf%20-%2003112011/ki-024-English.pdf (accessed 4 June 2020).

Hausman, D.M. and Welch, B. (2010) 'Debate: to nudge or not to nudge?', *Journal of Political Philosophy*, 18(1): 123–36.

Hayek, F.A. (2001 [1944]) *The Road to Serfdom*, Abingdon: Routledge.（F.A. ハイエク著、西山千明訳『隷属への道』春秋社、1992年）

Heinberg, A., Hung, A., Kapteyn, A., Lusardi, A., Samek, A.S. and Yoong, J. (2014) 'Five steps to planning success: experimental evidence from US households', *Oxford Review of Economic Policy*, 30(4): 697–724.

Henehan, K. (2020) 'Class of 2020. Education leavers in the current crisis'. Available at: www.resolutionfoundation.org/app/uploads/2020/05/Class-of-2020.pdf (accessed 27 May 2020).

Hick, R. (2012) 'The capability approach: insights for a new poverty focus', *Journal of Social Policy*, 41(2): 291–308.

Hickman, P. (2018) 'A flawed construct? Understanding and unpicking the concept of resilience in the context of economic hardship', *Social Policy and Society*, 17(3): 409–24.

Hills, J. (2012) 'Getting the measure of fuel poverty. Final report of the fuel poverty review'. Available at: www.gov.uk/government/uploads/system/uploads/attachment_data/file/48297/4662-getting-measure-fuel-pov-final-hills-rpt.pdf (accessed 4 June 2020).

Hills, J., Bastagli, F., Cowell, F., Glennerster, H., Karagiannaki, E. and McKnight, A. (eds) (2013) *Wealth in the UK: Distribution, Accumulation and Policy*, Oxford: Oxford University Press.

Himmelweit, S. (2018) 'Feminist economics: why all economists should be feminist economists', in L. Fischer, J. Hasell, J. Christopher Proctor, D. Uwakwe, Z. Ward-Perkins and C. Watson (eds) *Rethinking Economics: An Introduction to Pluralist Economics*, Abingdon: Routledge.

HM Government (2020) 'Working safely during COVID-19 in shops and branches'. Available at: https://assets.publishing.service.gov.uk/media/5eb9703de90e07082fa57ce0/working-safely-during-covid-19-shops-branches-v1.1-250520.pdf (accessed 26 May 2020).

HM Revenue and Customs (2011) 'Child Trust Fund statistics: detailed distributional analysis of accounts'. Available at: https://webarchive.nationalarchives.gov.uk/20131006091359/http://www.hmrc.gov.uk///ctf/dda-2012.pdf (accessed 4 June 2020).

HM Treasury (1999) 'Accessing financial services. Report of PAT 14'. Available at: http://webarchive.nationalarchives.gov.uk/20130128101412/http://www.cabinetoffice.gov.uk/media/ cabinetoffice/social_exclusion_task_force/assets/publications_1997_to_2006/pat_report_14.pdf (accessed 4

June 2020).

HM Treasury (2001a) 'Saving and assets for all. The modernisation of Britain's tax and benefit system, number eight'. Available at: https://webarchive.nationalarchives.gov.uk/ukgwa/20080814090308/http://hm-treasury.gov.uk/media/1/E/36.pdf (accessed 4 June 2020).

HM Treasury (2001b) 'Delivering saving and assets. The modernisation of Britain's tax and benefit system. Number 9'. Available at: http://webarchive.nationalarchives.gov.uk/20080814090308/http://hm-treasury.gov.uk/media/C/2/delivering_savings.pdf (accessed 4 June 2020).

HM Treasury (2002) *Pre Budget Report 2002: Steering a Steady Course. Delivering Stability, Enterprise and Fairness in an Uncertain World*, London: HM Treasury.

HM Treasury (2003) *Detailed Proposals for the Child Trust Fund*, London: HM Treasury and Inland Revenue.

HM Treasury (2004) 'Promoting financial inclusion'. Available at: http://webarchive.nationalarchives.gov.uk/20100104214853/http://hm-treasury.gov.uk/d/pbr04_profininc_complete_394.pdf (accessed 4 June 2020).

HM Treasury (2007) 'Financial inclusion: an action plan for 2008–2011'. Available at: https://webarchive.nationalarchives.gov.uk/ukgwa/20100104214853/http:/hm-treasury.gov.uk/d/financialinclusion_actionplan061207.pdf (accessed 4 June 2020).

HM Treasury (2010a) 'Budget 2010'. Available at: https://webarchive.nationalarchives.gov.uk/ukgwa/20130129110402/http:/www.hm-treasury.gov.uk/d/junebudget_complete.pdf (accessed 4 June 2020).

HM Treasury (2013) 'Taskforce research'. Available at: http://webarchive.nationalarchives.gov.uk/20130129110402/http:/www.hm-treasury.gov.uk/fin_consumer_fininclusion_taskforce_research.htm (accessed 4 June 2020).

HM Treasury (2015a) Implementation of the EU payment accounts directive: consultation response. Available at: https://assets.publishing.service.gov.uk/government/uploads/system/uploads/attachment_data/file/477200/PAD_consultation_responses.pdf (accessed 14 August 2020).

HM Treasury (2015b) Spending review and autumn statement 2015. Available at: www.gov.uk/government/uploads/system/uploads/attachment_data/file/479749/52229_Blue_Book_PU1865_Web_Accessible.pdf (accessed 10 August 2020).

HM Treasury (2016) 'Budget 2016'. Available at: www.gov.uk/government/uploads/system/uploads/attachment_data/file/508193/ HMT_Budget_2016_Web_Accessible.pdf (accessed 4 June 2020).

HM Treasury (2018a) 'Summary of Financial Inclusion Policy Forum meeting 19 March 2018'. Available at: www.gov.uk/government/publications/summary-of-financial-inclusion-policy-forum-meeting-march-2018/summary-of-financial-inclusion-policy-forum-meeting-19-march-2018 (accessed 16 December 2019).

HM Treasury (2018b) 'Summary of Financial Inclusion Policy Forum meeting 11 October 2018'. Available at: www.gov.uk/government/publications/summary-of-financial-inclusion-policy-forum-meeting-october-2018/summary-of-financial-inclusion-policy-forum-meeting-11-october-2018 (accessed 16 December 2019).

HM Treasury (2018c) 'Budget 2018'. Available at: https://assets.publishing.service.gov.uk/government/uploads/system/uploads/attachment_data/file/752202/Budget_2018_red_web.pdf (accessed 16 December 2019).

HM Treasury (2020) 'How to access government financial support if you or your business has been affected by COVID-19'. Available at: https://assets.publishing.service.gov.uk/government/uploads/system/uploads/attachment_data/file/873676/Covid-19_fact_sheet_18_March.pdf (accessed 23 March 2020).

HM Treasury and Department for Work and Pensions (2019) 'Financial inclusion report 2018–2019'. Available at: https://assets.publishing.service.gov.uk/government/uploads/system/uploads/attachment_data/file/789070/financial_inclusion_report_2018-19_web.pdf (accessed 16 December 2019).

HM Treasury and FCA (2016) 'Financial advice market review. Final report'. Available at: www.fca.org.uk/static/fca/documents/famr-final-report.pdf (accessed 14 August 2020).

HM Treasury and Glen, J. (2018) 'First meeting of the Financial Inclusion Policy Forum'. Available at: www.gov.uk/government/news/first-meeting-of-the-financial-inclusion-policy-forum (accessed 16 December 2019).

Hofman, A. and Aalbers, M.B. (2019) 'A finance- and real estate-driven regime in the United Kingdom', *Geoforum*, 100: 89–100.

Hogg, Q. (1947) *The Case for Conservatism*, West Drayton: Penguin.

Honoré, A.M. (1961) 'Ownership', in A.G. Guest (ed) *Oxford Essays in Jurisprudence*, Oxford: Oxford University Press, pp 107–47.

House of Commons Library (2009) 'Saving Gateway Accounts Bill'. Available at: https://commonslibrary.parliament.uk/research- briefings/rp09-02/ (accessed 4 June 2020).

House of Lords Science and Technology Select Committee (2011) 'Behaviour change'. Available at: https://publications.parliament.uk/pa/ld201012/ldselect/ldsctech/179/179.pdf (accessed 4 June 2020).

House of Lords Select Committee on Financial Exclusion (2017) 'Tackling financial exclusion: a country that works for everyone?'. Available at: www.publications.parliament.uk/pa/ld201617/ldselect/ldfinexcl/132/132.pdf (accessed 4 June 2020).

Independent Commission on Banking (2011) 'Final report recommendations'. Available at: https://webarchive.nationalarchives.gov.uk/20111108115104/http://www.hm-treasury.gov.uk/d/ICB-Final-Report.pdf (accessed 5 June 2020).

Inland Revenue (2012) *KiwiSaver Evaluation: Opting-Out and Taking Contributions Holidays*, Wellington: Inland Revenue.

Inland Revenue (2015) 'KiwiSaver evaluation: Final summary report. A joint agency evaluation

2007–2014'. Available at: https://cffc-assets-prod.s3.ap-southeast-2.amazonaws.com/public/Uploads/2016-Review-Of-Retirement-Income-Policies/Making-Headlines/2ec1731bdb/129-Kiwisaver-IRD-KiwiSaver-evaluation-report-2015.pdf (accessed 11 August 2020).

Intergenerational Commission (2018) 'A new generational contract. The final report of the Intergenerational Commission'. Available at: www.intergencommission.org/wp-content/uploads/2018/05/A-New-Generational-Contract-Full-PDF.pdf (accessed 4 June 2020).

Isaacs, J. (2005) 'Raging about a tax issue', *South Wales Evening Post*, 7 July.

Jaime-Castillo, A.M. (2013) 'Public opinion and the reform of the pension systems in Europe: the influence of solidarity principles', *Journal of European Social Policy*, 23(4): 390–405.

Jayasuriya, K. (2000) 'Capability, freedom and the new social democracy', *Political Quarterly*, 71(3): 282–99.

John, P., Cotterill, S., Mosely, A., Richardson, L., Smith, G., Stoker, G. and Wales, C. (2011) *Nudge, Nudge, Think, Think: Experimenting with Ways to Change Civic Behaviour*, London: Bloomsbury Academic.

Johnson, E. and Sherraden, M.S. (2007) 'From financial literacy to financial capability among youth', *Journal of Sociology and Social Welfare*, 34(3): 119–45.

Johnson, P. and Myles, G. (2011) 'The Mirrlees Review', *Fiscal Studies*, 32(3): 319–29.

Jones, C. and Murie, A. (2006) *The Right to Buy: Analysis and Evaluation of a Housing Policy*, Oxford: Blackwell.

Jones, C., Leishman, C. and Orr, A.M. (2006a) 'The revaluation of council tax bands: more than rearranging the deck chairs', *Policy & Politics*, 34(2): 219–39.

Jones, C., Leishman, C. and Orr, A.M. (2006b) 'The potential impact of reforms to the essential parameters of the council tax', *Fiscal Studies*, 27(2): 205–29.

Jones, R., Pykett, J. and Whitehead, M. (2014) 'The geographies of policy translation: how nudge became the default policy option', *Environment and Planning C: Government and Policy*, 32: 54–69.

Jordà, Ò., Schularick, M. and Taylor, A.M. (2014) 'Betting the house', *Journal of International Economics*, 96: S2–S18.

Joyce, R. and Xu, X. (2020) 'Sector shut-downs during the coronavirus crisis affect the youngest and lowest paid workers, and women, the most'. Available at: www.ifs.org.uk/publications/14797 (accessed 27 April 2020).

Kahneman, D. (2011) *Thinking, Fast and Slow*, London: Penguin.（ダニエル・カーネマン著、村井章子訳『ファスト＆スロー（上/下）：あなたの意思はどのように決まるか？』（ハヤカワ文庫NF）早川書房、2014年）

Kahneman, D. and Tversky, A. (1979) 'Prospect theory: an analysis of decision under risk', *Econometrica*, 47: 263–92.

Kaplow, L. (2011) 'An optimal tax system', *Fiscal Studies*, 32(3): 415–35.

173

Karimli, L., Ssewamala, F. and Neilands, T.B. (2014) 'Poor families striving to save in matched children's savings accounts: findings from a randomized experimental design in Uganda', *Social Service Review*, 88(4): 658–94.

Karwowski, E. (2019) 'Towards (de-)financialisation: the role of the state', *Cambridge Journal of Economics*, 43: 1001–27.

Kelly, G. and Lissauer, R. (2000) *Ownership for All*, London: Institute for Public Policy Research.

Kempson, E. (2009) 'Framework for the development of financial literacy baseline surveys: a first international comparative analysis', OECD Working Papers on Finance, Insurance and Private Pensions, No. 1, OECD Publishing.

Kempson, E. and Whyley, C. (1999) 'Kept in or opted out? Understanding and combating financial exclusion'. Available at: www.bristol.ac.uk/media-library/sites/geography/migrated/documents/pfrc9902.pdf (accessed 20 June 2019).

Kenway, P. and Palmer, G. (1999) *Council Tax: The Case for Reform*, London: New Policy Institute.

Kidner, C. (2013) 'Curriculum for excellence'. Available at: www.parliament.scot/ResearchBriefingsAndFactsheets/S4/SB_13-13.pdf (accessed 20 February 2020).

King, A. and Crewe, I. (2014) *The Blunders of Our Governments*, London: Oneworld.

Klapper, L. and Singer, D. (2014) 'The opportunities of digitizing payments. How digitization of payments, transfers and remittances contributes to the G20 goals of broad-based economic growth, financial inclusion and women's economic empowerment. Full report'. Available at: http://documents.worldbank.org/curated/en/188451468336589650/The-opportunities-of-digitizing-payments (accessed 4 June 2020).

Kotarski, K. and Brkic, L. (2017) 'Political economy of banking and debt crisis in the EU: rising financialization and its ramifications', *Review of Radical Political Economics*, 49(3): 430–55.

Lai, K.P.Y. (2017) 'Unpacking financial subjectivities: intimacies, governance and socioeconomic practices in financialisation', *Environment and Planning D: Society and Space*, 35(5): 913–32.

Langley, P. (2008) *The Everyday Life of Global Finance: Saving and Borrowing in Anglo-America*, Oxford: Oxford University Press.

Laplume, A.O., Sonpar, K. and Litz, R.A. (2008) 'Stakeholder theory: reviewing a theory that moves us', *Journal of Management*, 34(6): 1152–89.

Le Grand, J. and Nissan, D. (2000) *A Capital Idea: Start-Up Grants for Young People*, London: Fabian Society.

Lefebure, S., Mangeleer, J. and Van den Bosch, K. (2006) 'Elderly prosperity and homeownership in the European Union: new evidence from the SHARE data', paper presented to the 29th General Conference of the International Association for Research in Income and Wealth. Available at: www.iariw.org/papers/2006/lefebure.pdf (accessed 4 June 2020).

Lehto, O. (2018) 'Basic Income around the world. The unexpected benefits of unconditional cash transfers'. Available at: https://static1.squarespace.com/static/56eddde762cd9413e151ac92/t/5a5

f54ff53450ae87509190a/1516197120863/Universal+Basic+Income.pdf (accessed 4 June 2020).

Lennartz, C. and Ronald, R. (2017) 'Asset-based welfare and social investment: competing, compatible, or complementary social policy strategies for the new welfare state?', *Housing, Theory and Society*, 34(2): 201–20.

Lewis, H. (2010a) *Deputy Minister Launches Cardigan Child Trust Fund Initiative*, 11 February, Cardiff: Welsh Government.

Lewis, H. (2010b) *Written Statement – Child Trust Funds*, 3 December, Cardiff: Welsh Government.

Leyshon, A. and Thrift, N. (1994) 'Access to financial services and financial infrastructure withdrawal: problems and policies', *Area*, 26(3): 268–75.

Leyshon, A. and Thrift, N. (1995) 'Geographies of financial exclusion: financial abandonment in Britain and the United States', *Transactions of the Institute of British Geographers*, 20(3): 312–41.

Leyshon, A., Burton, D., Knights, D., Aleroff, C. and Signoretta, P. (2004) 'Ecologies of retail financial services: understanding the persistence of door-to-door credit and insurance providers', *Environment and Planning A*, 36(4): 625–45.

Lister, R. (2003 [1997]) *Citizenship: Feminist Perspectives* (ed. J. Campling), Basingstoke: Palgrave-Macmillan.

Lister, R. and Sodha, S. (2016) 'The saving gateway: from principles to practice'. Available at: www.ippr.org/files/images/media/files/publication/2011/05/the_saving_gateway_full_1541.pdf (accessed 13 August 2020).

Lloyds Bank (2018) 'UK Consumer Digital Index'. Available at: www.lloydsbank.com/assets/media/pdfs/banking_with_us/whats-happening/LB-Consumer-Digital-Index-2018-Report.pdf (accessed 27 April 2020).

Loke, V. and Sacco, P. (2011) 'Changes in parental assets and children's educational outcomes', *Journal of Social Policy*, 40(2): 351–68.

Lowe, J. (2012) 'Pensions', in G. Callaghan, I. Fribbance and M. Higginson (eds) *Personal Finance*, Basingstoke: Palgrave MacMillan, pp 273–324.

Lowe, S.G., Searle, B.A. and Smith, S.J. (2011) 'From housing wealth to mortgage debt: the emergence of Britain's asset-shaped welfare state', *Social Policy and Society*, 11(1): 105–16.

Lund, B. (2013) 'A "property-owning democracy" or "generation rent"?', *Political Quarterly*, 84(1): 53–60.

Lusardi, A. (2019), 'Financial literacy and the need for financial education: evidence and implications', *Swiss Journal of Economics and Statistics*, 155(1): 1–8. Available at: https://sjes.springeropen.com/track/pdf/10.1186/s41937-019-0027-5 (accessed 13 August 2020).

Lusardi, A. and Mitchell, O. (2011) 'Financial literacy around the world: an overview', *Journal of Pension Economics and Finance*, 10(4): 497–508.

Lusardi, A. and Mitchell, O. (2014) 'The economic importance of financial literacy: theory and evidence', *Journal of Economic Literature*, 52(1): 5–44.

Lusardi, A., Samek, A.S., Kapteyn, A., Glinert, L., Hung, A. and Heinberg, A. (2017) 'Visual tools and narratives: new ways to improve financial literacy', *Journal of Pension Economics and Finance*, 16(3): 297–323.

Lyons, M. (2007) 'Lyons inquiry into local government'. Available at: www.webarchive.org.uk/wayback/archive/20070428120000/http://www.lyonsinquiry.org.uk/docs/final-complete.pdf (accessed 4 June 2020).

Maclennan, D. and Miao, J. (2017) 'Housing and capital in the 21st century', *Housing, Theory and Society*, 34(2): 127–45.

MacLeod, P., Fitzpatrick, A., Hamlyn, B., Jones, A., Kinver, A. and Page, L. (2012) Attitudes to pensions: the 2012 survey, Department for Work and Pensions, Research Report 813. Available at: www.gov.uk/government/uploads/system/uploads/attachment_data/file/193372/rrep813.pdf (accessed 11 August 2020).

Madrian, B.C. and Shea, D.F. (2001) 'The power of suggestion: inertia in 401(k) participation and savings behaviour', *Quarterly Journal of Economics*, 116: 1149–225.

Marquand, D. (1997) *The New Reckoning*, Cambridge: Polity.

Marron, D. (2013) 'Governing poverty in a neoliberal age: New Labour and the case of financial exclusion', *New Political Economy*, 18(6): 785–810.

Marron, D. (2014) '"Informed, educated and more confident": financial capability and the problematization of personal finance consumption', *Consumption, Markets & Culture*, 17(5): 491–511.

Marshall, T.H. (1950) *Citizenship and Social Class and Other Essays*, Cambridge: Cambridge University Press.

Martinelli, L. (2017a) 'The fiscal and distributional implications of alternative universal basic income schemes in the UK'. Available at: www.bath.ac.uk/publications/the-fiscal-and-distributional-implications-of-alternative-universal-basic-income-schemes-in-the-uk/attachments/Basic_Income_Working_Paper.pdf (accessed 4 June 2020).

Martinelli, L. (2017b) 'Assessing the case for a universal basic income in the UK'. Available at: www.bath.ac.uk/publications/assessing-the-case-for-a-universal-basic-income-in-the-uk/attachments/basic_income_policy_brief.pdf (accessed 4 June 2020).

McIntosh, I. and Wright, S. (2019) 'Exploring what the notion of "lived experience" offers for social policy analysis', *Journal of Social Policy*, 48(3): 449–67.

McKay, S., Rowlingson, K. and Overton, L. (2019) 'Financial inclusion annual monitoring briefing paper 2019'. Available at: www.birmingham.ac.uk/Documents/college-social-sciences/social-policy/CHASM/financial-inclusion/19003-Financial-inclusion-2019-Briefing-Paper-AWLR.pdf (accessed 23 October 2019).

McKernan, S.-M. and Sherraden, M. (eds) (2008) *Asset Building and Low-Income Families*, Washington, DC: Urban Institute Press.

McKillop, D. and Wilson, J. (2008) Credit Unions in Scotland, Edinburgh: Scottish Government. Available at: www.researchgate.net/publication/255624090_CREDIT_UNIONS_IN_SCOTLAND (accessed 5 June 2020).

McKillop, D., Ward, A.M. and Wilson, J. (2011) 'Credit unions in Great Britain: recent trends and current prospects', *Public Money and Management*, 31: 35–42.

McQuaid, R. and Egdell, V. (2010) 'Financial capability – evidence review'. Available at: www.scotland.gov.uk/Resource/Doc/304557/0102282.pdf (accessed 4 June 2020).

Meade, J.E. (1964) *Efficiency, Equality and the Ownership of Property*, London: George Allen and Unwin.

Millar, D. (2010) 'Supporting businesses and householders'. Available at: www.conservatives.wales/news/darren-millar-supporting-businesses-and-householders (accessed 4 June 2020).

Mirrlees, J., Adam, S., Besley, T., Blundell, R., Bond, S., Chote, R., Gammie, M., Johnson, P., Myles, G. and Poterba, J. (2011a) 'The taxation of land and property', in J. Mirrlees, S. Adam, T. Besley, R. Blundell, S. Bond, R. Chote, M. Gammie, P. Johnson, G. Myles and J. Poterba (eds) *Tax by Design: The Mirrlees Review*, London: Institute for Fiscal Studies. Available at: www.ifs.org.uk/publications/5353 (accessed 4 June 2020).

Mirrlees, J., Adam, S., Besley, T., Blundell, R., Bond, S., Chote, R., Gammie, M., Johnson, P., Myles, G. and Poterba, J. (2011b) 'Tax by design: the Mirrlees Review. Conclusions and recommendations for reform'. Available at: www.ifs.org.uk/publications/5353 (accessed 4 June 2020).

Mitton, L. (2008) 'Financial inclusion in the UK: review of policy and practice'. Available at: www.jrf.org.uk/report/financial-inclusion-uk-review-policy-and-practice (accessed 4 June 2020).

Money Advice Service (2015a) 'Financial capability in the UK 2015. Initial results from the 2015 UK Financial Capability Survey'. Available at: https://prismic-io.s3.amazonaws.com/fincap-two%2Fd08746d1-e667-4c9e-84ad-8539ce5c62e0_mas_fincap_uk_survey_2015_aw.pdf (accessed 4 June 2020).

Money Advice Service (2015b) 'Financial capability. Strategy for the UK'. Available at: https://prismic-io.s3.amazonaws.com/fincap-two%2F98a4b453-cc74-48d0-a301-8c5274adc389_uk+financial+capability+strategy.pdf (accessed 4 June 2020).

Money Advice Service (2018) 'Building the financial capability of UK adults. Initial findings from 2018 Adult Financial Capability Survey'. Available at: www.fincap.org.uk/en/articles/financial-capability-survey (accessed 5 August 2019).

Money & Pensions Service (2020) 'The UK strategy for financial wellbeing'. Available at: www.maps.org.uk/wp-content/uploads/2020/01/UK-Strategy-for-Financial-Wellbeing-2020-2030-Money-and-Pensions-Service.pdf (accessed 17 February 2020).

Montalban, M., Frigant, V. and Jullien, B. (2019) 'Platform economy as a new form of capitalism: a régulationist research programme', *Cambridge Journal of Economics*, 43: 805–24.

Montgomerie, J. (2008) 'Bridging the critical divide: global finance, financialisation and contemporary capitalism', *Contemporary Politics*, 14(3): 233–52.

Montgomerie, J. and Büdenbender, M. (2015) 'Round the houses: homeownership and failures of asset-based welfare in the United Kingdom', *New Political Economy*, 20(3): 386–405.

Montgomerie, J. and Tepe-Belfrage, D. (2017) 'Caring for debts: how the household economy exposes the limits of financialisation', *Critical Sociology*, 43(4/5): 653–68.

Mooney, G. and Williams, C. (2006) '"Forging new ways of life"? Social policy and nation building in devolved Scotland and Wales', *Critical Social Policy*, 26(3): 608–29.

More, T. (2020 [1516]) *Utopia*, London: Penguin.

Morgan, K. and Price, A. (2011) *The Collective Entrepreneur: Social Enterprise and the Smart State*, Cardiff: Charity Bank and Community Housing Cymru.

Morgan, R. (2002) 'Clear red water', speech at the National Centre for Public Policy, Swansea, 11 December. Available at: www.sochealth.co.uk/Regions/Wales/redwater.htm (accessed 4 June 2020).

Morgan, R. (2006) 'Rhodri Morgan outlines a Welsh recipe for 21st century socialism at packed Compass meeting in Swansea', 1 December.

Muellbauer, J. and Cameron, G. (2000) 'Five key council tax reforms', *New Economy*, 7(2): 88–91.

Muir, K., Marjolin, A. and Adams, S. (2015) 'Eight years on the fringe: what has it meant to be severely or fully financially excluded in Australia?', Centre for Social Impact for the National Australia Bank. Available at: www.csi.edu.au/media/uploads/Eight_Years_on_the_Fringe_FINAL_FINAL.pdf (accessed 4 June 2020).

Nam, Y., Huang, J. and Sherraden, M. (2008) 'Asset definitions', in S.-M. McKernan and M. Sherraden (eds) *Asset Building and Low- Income Families*, Washington, DC: Urban Institute Press, pp 1–31.

Natali, D. (2018) 'Occupational pensions in Europe: Trojan horse of financialization?', *Social Policy and Administration*, 52(2): 449–62.

National Assembly for Wales (2000) 'Simplifying the system: local government finance in Wales. A consultation paper from the Cabinet of the National Assembly', Cardiff: National Assembly for Wales.

National Assembly for Wales (2011) 'Further powers. The referendum result explained'. Available at: www.assemblywales.org/yes_vote_leaflet.pdf (accessed 4 June 2020).

National Employment Savings Trust Corporation (2015) National Employment Savings Trust Corporation annual report and accounts 2014–2015. Available at: www.gov.uk/government/uploads/system/uploads/attachment_data/file/445692/nest-annual-report-and-accounts-2014-2015-2.pdf (accessed 11 August 2020).

National Strategy for Financial Literacy (2015), 'Count me in, Canada'. Available at: www.canada.ca/content/dam/canada/financial-consumer-agency/migration/eng/financialliteracy/financialliteracycanada/strategy/documents/nationalstrategyforfinancialliteracycountmeincanada.pdf (accessed 13 August 2020).

Nifield, P. (2005) 'Re-banding guinea pig', *South Wales Echo*, 22 April.

Nussbaum, M. (2000) *Women and Human Development: The Capabilities Approach*, Cambridge: Cambridge University Press.

Nussbaum, M. (2011) *Creating Capabilities*, Cambridge, MA: Harvard University Press.

O'Donnell, N. and Keeney, M. (2010) 'Financial capability in Ireland and a comparison with the UK', *Public Money and Management*, 30(6): 355–62.

OECD (2016) 'OECD/INFE international survey of adult financial literacy competencies'. Available at: www.oecd.org/daf/fin/financial-education/OECD-INFE-International-Survey-of-Adult-Financial-Literacy-Competencies.pdf (accessed 9 December 2019).

OECD (2018) 'OECD/INFE toolkit for measuring financial literacy and financial inclusion'. Available at: www.oecd.org/daf/fin/financial-education/2018-INFE-FinLit-Measurement-Toolkit.pdf (accessed 7 August 2019).

Office for Budget Responsibility (2020) 'Commentary on the OBR coronavirus reference scenario'. Available at: https://cdn.obr.uk/Coronavirus_reference_scenario_commentary.pdf (accessed 22 April 2020).

Olin Wright, E. (2004) 'Basic income, stakeholder grants and class analysis', *Politics & Society*, 32(1): 79–87.

Olin Wright, E. (2015) 'Eroding capitalism: a comment on Stuart White's "Basic capital in the egalitarian toolkit"', *Journal of Applied Philosophy*, 32(4): 432–9.

Oliver, A. (2013) 'From nudging to budging: using behavioural economics to inform public sector policy', *Journal of Social Policy*, 42(4): 685–700.

Oliver, A. (2015) 'Nudging, shoving, and budging: behavioural economic-informed policy', *Public Administration*, 93(3): 700–14.

Opinion Leader Research (2006) Financial inclusion deliberative workshops. Prepared for HM Treasury/Financial Inclusion Taskforce by Opinion Leader Research. Available at: https://webarchive.nationalarchives.gov.uk/ukgwa/20100104214853/http://hm-treasury.gov.uk/d/opinion_leader_deliberative_workshops.pdf (accessed 11 August 2020).

Overton, L. and Fox O'Mahony, L. (2017) 'Understanding attitudes to paying for care among equity release customers: citizenship, solidarity and the "hardworking" homeowner', *Journal of Social Policy*, 46(1): 49–67.

Paine, T. (1987 [1797]) 'Agrarian justice', in M. Foot and I. Kramnick (eds) *The Thomas Paine Reader*, London: Penguin.

Parkinson, J.E., Kelly, G. and Gamble, A. (eds) (2001) *The Political Economy of the Company*,

Oxford: Hart Publishing.

Parry, K. (2005) 'The Council Tax (New Valuation Lists for England) Bill. Research Paper 05/73, House of Commons Library'. Available at: www.parliament.uk/briefing-papers/rp05-73.pdf (accessed 4 June 2020).

Payne, G. and Williams, M. (2005) 'Generalization in qualitative research', *Sociology*, 39(2): 295–314.

Pedersen, S. and Smithson, J. (2013) 'Mothers with attitude – how the Mumsnet parenting forum offers space for new forms of femininity to emerge online', *Women's Studies International Forum*, 38: 97–106.

Pensions Regulator (2014) 'Automatic enrolment. Commentary and analysis: April 2013–March 2014'. Available at: https://webarchive.nationalarchives.gov.uk/20150105203841/http://www.thepensionsregulator.gov.uk/docs/automatic-enrolment-commentary-analysis-2014.pdf (accessed 13 August 2020).

Pensions Regulator (2017) Opting out: How to process 'opt-outs' from workers who want to leave a pension scheme. Available at: www.thepensionsregulator.gov.uk/-/media/thepensionsregulator/files/import/pdf/detailed-guidance-7.ashx (accessed 17 August 2020).

Pensions Regulator (2019) 'Earnings thresholds'. Available at: www.thepensionsregulator.gov.uk/en/employers/new-employers/im-an-employer-who-has-to-provide-a-pension/declare-your-compliance/ongoing-duties-for-employers-/earnings-thresholds (accessed 18 November 2019).

Percy, A. (2017) 'Universal public services: a larger life for the ordinary person', in Social Prosperity Network (ed) *Social Prosperity for the Future: A Proposal for Universal Basic Services*, London: Institute for Global Prosperity, University College, pp 9–16. Available at: www.ucl.ac.uk/bartlett/igp/sites/bartlett/files/universal_basic_services_-_the_institute_for_global_prosperity_.pdf (accessed 4 June 2020).

Pettit, P. (1997) *Republicanism: A Theory of Freedom and Government*, Oxford: Oxford University Press.

Piachaud, D. (2018) 'Basic income: confusion, claims and choices', *Journal of Poverty and Social Justice*, 26(3): 299–314.

Pierson, P. (1994) *Dismantling the Welfare State? Reagan, Thatcher and the Politics of Retrenchment*, Cambridge: Cambridge University Press.

Piketty, T. (2014) *Capital in the 21st Century*, Cambridge, MA: Harvard University Press.（トマ・ピケティ著、山形浩生・守岡桜・森本正史訳『21世紀の資本』みすず書房、2014年）

Plimmer, F. (1999) 'The council tax: the need for a revaluation', *Journal of Property Tax Assessment and Administration*, 5: 27–39.

Portes, J. (2017) 'Universal basic services', in Social Prosperity Network (ed) *Social Prosperity for the Future: A Proposal for Universal Basic Services*, London: Institute for Global Prosperity, University College, pp 17–27. Available at: https://ubshub.files.wordpress.com/2018/03/social-prosperity-network-ubs.pdf (accessed 4 June 2020).

参考文献

Rawls, J. (1971) *A Theory of Justice*, Cambridge, MA: Harvard University Press.

Reed, H. and Percy, A. (2017) 'Technical appendix II. Shelter & food basic income supplement local governance UK budget effects', in Social Prosperity Network (ed) *Social Prosperity for the Future: A Proposal for Universal Basic Services*, London: Institute for Global Prosperity, University College, pp 41–55. Available at: www.ucl.ac.uk/bartlett/igp/sites/bartlett/files/universal_basic_services_-_the_institute_for_global_prosperity_.pdf (accessed 4 June 2020).

Rhenman, E. (1967) *Industrial Democracy and Industrial Management: A Critical Essay on the Possible Meanings and Implications of Industrial Democracy*, London: Tavistock.

Rinaldi, A. (2011) 'Pension awareness and nation-wide auto-enrolment: the Italian experience', Center for Research on Pensions and Welfare Policies, Working Paper 104/11. Available at: www.cerp.carloalberto.org/wp-content/uploads/2011/02/wp_104.pdf (accessed 4 June 2020).

Ring, P.J. (2012) 'Trust: a challenge for private pension policy', *Journal of Comparative Social Welfare*, 28(2): 119–28.

Robeyns, I. (2005) 'The capability approach: a theoretical survey', *Journal of Human Development*, 6(1): 93–117.

Robeyns, I. (2016) 'Capabilitarianism', *Journal of Human Development and Capabilities*, 17(3): 397–414.

Rogers, C. and Clarke, C. (2016) 'Mainstreaming social finance: the regulation of the peer-to-peer lending marketplace in the United Kingdom', *British Journal of Politics and International Relations*, 18(4): 930–45.

Ron, A. (2008) 'Visions of democracy in "Property-owning democracy": Skelton to Rawls and beyond', *History of Political Thought*, 29(1): 168–87.

Ronald, R. and Doling, J. (2012) 'Testing home ownership as the cornerstone of welfare: lessons from East Asia for the West', *Housing Studies*, 27(7): 940–61.

Ronald, R., Lennartz, C. and Kadi, J. (2017) 'What ever happened to asset-based welfare? Shifting approaches to housing wealth and welfare security', *Policy & Politics*, 45(2): 173–93.

Rowlingson, K. and McKay, S. (2013) 'Financial inclusion annual monitoring report 2013'. Available at: www.birmingham.ac.uk/Documents/college-social-sciences/social-policy/CHASM/2013/Financial-inclusion-report-2013-final.pdf (accessed 4 June 2020).

Rowlingson, K. and McKay, S. (2014) 'Financial inclusion annual monitoring report 2014'. Available at: www.birmingham.ac.uk/Documents/college-social-sciences/social-policy/CHASM/annual-reports/chasm-annual-monitoring-report-2014.pdf (accessed 4 June 2020).

Rowlingson, K. and McKay, S. (2015) 'Financial inclusion annual monitoring report 2015'. Available at: www.birmingham.ac.uk/Documents/college-social-sciences/social-policy/CHASM/annual-reports/chasm-financial-inclusion-monitoring-report-2015.pdf (accessed 4 June 2020).

Rowlingson, K. and McKay, S. (2016) 'Financial inclusion annual monitoring report 2016'. Available at: www.birmingham.ac.uk/Documents/college-social-sciences/social-policy/CHASM/annual-reports/financial-inclusion-monitoring-report-2016.pdf (accessed 4 June 2020).

Rowlingson, K., Appleyard, L. and Gardner, J. (2016) 'Payday lending in the UK: regul(aris)ation of a necessary evil?', *Journal of Social Policy*, 45(3): 527–43.

Salignac, F., Muir, K. and Wong, J. (2016) 'Are you really financially excluded if you choose not to be included? Insights from social exclusion, resilience and ecological systems', *Journal of Social Policy*, 45(2): 269–86.

Sane, R. and Halan, M. (2017) 'Misled and mis-sold: financial misbehaviour in retail banks', *Journal of Comparative Economics*, 45(3): 429–44.

Santos, A. (2017) 'Cultivating the self-reliant and responsible individual: the material culture of financial literacy', *New Political Economy*, 22(4): 410–22.

Schneider, W. and Shiffrin, R.M. (1977) 'Controlled and automatic human information processing: I. Detection, search and attention', *Psychological Review*, 84(1): 1–66.

Schreiner, M., Clancy, M. and Sherraden, M. (2002) 'Saving performance in the American dream demonstration. A national demonstration of Individual Development Accounts'. Available at: www.microfinance.com/English/Papers/IDAs_in_ADD_Final_Report.pdf (accessed 28 May 2020).

Scottish Executive (2005) *Financial Inclusion Action Plan: Part of the Scottish Executive's Closing the Opportunity Gap to Tackling Poverty*, Edinburgh: Scottish Executive.

Scottish Widows (2020) Retirement report 2020. Available at: https://adviser.scottishwidows.co.uk/assets/literature/docs/23829.pdf (accessed 13 August 2020).

Select Committee on Treasury (2003) *Providing Child Trust Fund Accounts*, London: House of Commons.

Sen, A.K. (1985) *Commodities and Capabilities*, Amsterdam: Elsevier.（アマルティア・セン著、鈴村興太郎訳『福祉の経済学：財と潜在能力』岩波書店、1988年）

Sen, A.K. (1992) *Inequality Reexamined,* New York: Russell Sage Foundation.（アマルティア・セン著、池本幸生・野上裕生・佐藤仁訳『不平等の再検討：潜在能力と自由』岩波書店、2018年）

Sen, A.K. (1998) *Development as Freedom*, New York: Knopf Press.（アマルティア・セン著、石塚雅彦訳『自由と経済開発』日経BPマーケティング、2000年）

Sen, A.K. (2009) *The Idea of Justice*, London: Allen Lane.（アマルティア・セン著、池本幸生訳『正義のアイデア』明石書店、2011年）

Serafino, P. (2019) 'Exploring the UK's digital divide'. Available at: www.ons.gov.uk/peoplepopulationandcommunity/householdcharacteristics/homeinternetandsocialmediausage/articles/exploringtheuksdigitaldivide/2019-03-04 (accessed 29 April 2020).

Sherraden, M. (1990) 'Stakeholding: Notes on a theory of welfare based on assets', *Social Service Review*, 64(4): 580–601.

Sherraden, M. (1991) *Assets and the Poor. A New American Welfare Policy*, New York: M.E. Sharpe.

Sherraden, M. (2003) 'Assets and the social investment state', in W. Paxton (ed) *Equal Shares? Building a Progressive and Coherent Asset-based Welfare Policy*, London: Institute for Public Policy Research, pp 28–41.

Simon, H.A. (1955) 'A behavioural model of rational choice', *Quarterly Journal of Economics*, 69(1): 99–118.

Skelton, N. (1924) *Constructive Conservatism*, London: William Blackwood and Sons.

Smith, S.J. (2008) 'Owner-occupation: at home with a hybrid of money and materials', *Environment and Planning A*, 40(3): 520–35.

Soaita, A.M. and Searle, B. (2016) 'Debt amnesia: homeowners' discourses on the financial costs and gains of homebuying', *Environment and Planning A*, 48(6): 1087–106.

Soaita, A.M., Searle, B.A., McKee, K. and Moore, T. (2017) 'Becoming a landlord: strategies of property-based welfare in the private rental sector in Great Britain', *Housing Studies*, 32(5): 613–37.

Social Prosperity Network (ed) (2017) *Social Prosperity for the Future: A Proposal for Universal Basic Services*, London: Institute for Global Prosperity, University College.

Standing, G. (2011) 'Responding to the crisis: economic stabilisation grants', *Policy & Politics*, 39(1): 9–25.

Standing, G. (2019) 'Basic income as common dividends: piloting a transformative policy. A report for the Shadow Chancellor of the Exchequer'. Available at: www.progressiveeconomyforum.com/wp-content/uploads/2019/05/PEF_Piloting_Basic_Income_Guy_Standing.pdf (accessed 13 September 2019).

Standing, G. (2020) 'Coronavirus has shown us why we urgently need to make a basic income a reality'. Available at: www.weforum.org/agenda/2020/04/coronavirus-made-basic-income-vital/ (accessed 22 April 2020).

Stanley, L., Deville, J. and Montgomerie, J. (2016) 'Digital debt management: the everyday life of austerity', *New Formations*, 87: 64–82.

StatsWales (2016) 'Average band D council tax, by billing authority'. Available at: https://statswales.gov.wales/Catalogue/Local-Government/Finance/Council-Tax/Levels (accessed 4 June 2020).

Stebbing, A. and Spies-Butcher, B. (2016) 'The decline of a homeowning society? Asset-based welfare, retirement and intergenerational equity in Australia', *Housing Studies*, 31(2): 190–207.

Stephens, M. (2001) 'Building society demutualisation in the UK', *Housing Studies*, 16(3): 335–52.

Stewart, D.W., Shamdasani, P.N. and Rook, D.W. (2007) *Focus Groups*, London: Sage.

Stoney, C. and Winstanley, D. (2001) 'Stakeholding: confusion or utopia? Mapping the conceptual terrain', *Journal of Management Studies*, 38(5): 603–26.

Storchi, S. and Johnson, S. (2016) 'Financial capability for wellbeing: an alternative perspective from the capability approach', *Bath Papers in International Development and Wellbeing*, No. 44, Centre for Development Studies, University of Bath.

Susskind, D. (2020a) 'Universal basic income is an affordable and feasible response to coronavirus'. Available at: www.ft.com/content/927d28e0-6847-11ea-a6ac-9122541af204 (accessed 7 September 2020).

Susskind, D. (2020b) *A World without Work: Technology, Automation and How We Should Respond*, London: Allen Lane.

Thaler, R. and Benartzi, S. (2004) 'Save More Tomorrow: using behavioral economics to increase employee saving', *Journal of Political Economy*, 112(1): S164–S187.

Thaler, R. and Benartzi, S. (2007) *The Behavioral Economics of Retirement Savings Behavior*, Washington, DC: American Association of Retired Persons Public Policy Institute.

Thaler, R. and Sunstein, C. (2008) *Nudge: Improving Decisions about Health, Wealth and Happiness*, New Haven, CT: Yale University Press. (リチャード・セイラー、キャス・サンスティーン著、遠藤真美訳『実践 行動経済学：健康・富・幸福への聡明な選択』日経BP社、2009年)

Thurley, D. (2019) 'Pensions: automatic enrolment – current issues', House of Commons Library Briefing Paper. Available at: https://researchbriefings.parliament.uk/ResearchBriefing/Summary/SN06417 (accessed 19 November 2019).

Toussaint, J. and Elsinga, M. (2009) 'Exploring "housing asset-based welfare". Can the UK be held up as an example for Europe?', *Housing Studies*, 24(5): 669–92.

UK Finance (2019) 'UK payments markets summary 2019'. Available at: www.ukfinance.org.uk/sites/default/files/uploads/pdf/UK-Finance-UK-Payment-Markets-Report-2019-SUMMARY.pdf (accessed 30 April 2020).

United Nations Development Programme (2018) 'Human development indices and indicators. 2018 statistical update'. Available at: http://hdr.undp.org/sites/default/files/2018_human_development_statistical_update.pdf (accessed 14 August 2019).

Valuation Office Agency (2005) 'Council tax Wales revaluation. Post evaluation review of the operational aspects of the project'. Available at: https://webarchive.nationalarchives.gov.uk/20141002132556/http://www.voa.gov.uk/corporate/_downloads/pdf/ctRevalWales_2005_ProjectEvaluation.pdf (accessed 4 June 2020).

Valuation Office Agency (2015) 'Council tax band changes due to 2005 revaluation in Wales'. Available at: www.gov.uk/government/publications/properties-changing-council-tax-band-as-a-result-of-the-2005-revaluation-in-wales (accessed 4 June 2020).

Van de Ven, J. (2012) 'Implications of the National Employment Savings Trust for vulnerable sectors of the UK labour market: a reduced-form statistical evaluation', *National Institute Economic Review*, 219: 77–89.

Van der Zwan, N. (2014) 'Making sense of financialisation', *Socio-Economic Review*, 12(1): 99–129.

Van Parijs, P. (1991) 'Why surfers should be fed: the liberal case for an unconditional basic income', *Philosophy & Public Affairs*, 20(2): 101–31.

Van Parijs, P. (1997) *Real Freedom for All, What (If Anything) Can Justify Capitalism?*, Oxford: Clarendon Press.

Van Parijs, P. and Vanderborght, Y. (2017) *Basic Income: A Radical Proposal for a Free Society*, Cambridge, MA: Harvard University Press.

Walks, A. (2016) 'Homeownership, asset-based welfare and the neighbourhood segregation of wealth', *Housing Studies*, 31(7): 755–84.

Watson, M. (2008) 'Constituting monetary conservatives via the "savings habit": New Labour and the British housing market bubble', *Comparative European Politics*, 6(3): 285–304.

Watson, M. (2009) 'Planning for the future of asset-based welfare? New Labour, financialized economic agency and the housing market', *Planning, Practice and Research*, 24(1): 41–56.

Watson, M. (2010) 'House price Keynesianism and the contradictions of the modern investor subject', *Housing Studies*, 25(93): 413–26.

Welsh Government (2002a) *Freedom and Responsibility in Local Government: A Policy Statement from the Welsh Assembly Government. March 2002*, Cardiff: Welsh Government.

Welsh Government (2002b) *Council Tax Revaluation and Rebanding 2005: A Consultation Paper from the Welsh Assembly Government, December 2002*, Cardiff: Welsh Government.

Welsh Government (2003) *Council Tax Revaluation and Rebanding 2005: Decisions and Revised Proposals for New Valuation Bands. A Supplementary Consultation Paper for the Welsh Assembly Government*, Cardiff: Welsh Government.

Welsh Government (2004a) *Council Tax Revaluation and Rebanding 2005*, Cardiff: Welsh Government.

Welsh Government (2004b) 'Working group on local government financial statistics: note by the National Assembly for Wales council tax revaluation in Wales'. Available at: http://webarchive.nationalarchives.gov.uk/20140505104649/http://www.local.communities.gov.uk/finance/stats/wglfs/wglfs-04-08.pdf (accessed 5 June 2020).

Welsh Government (2004c) *Council Tax Revaluation and Rebanding 2005: Transitional Arrangements Consultation Paper*, Cardiff: Welsh Government.

Welsh Government (2005a) 'Note by the Welsh Assembly Government: revaluation of council tax in Wales, WGLGFS (05)12'. Available at: http://webarchive.nationalarchives.gov.uk/20140505104649/http://www.local.communities.gov.uk/finance/stats/wglfs/wglfs-05-12.pdf (accessed 5 June 2020).

Welsh Government (2005b) 'Submission to the Lyons inquiry into local government: annex B'. Available at: www.assemblywales.org/N0000000000000000000000000042136.pdf (accessed 4 June 2020).

Welsh Government (2008) *Local Authorities to Get Helping Hand to Provide Extra Support for Children in Care, 14 May*, Cardiff: Welsh Government.

Welsh Government (2009a) *Assembly Government Reaches Child Trust Fund Account Target*, 12

May, Cardiff: Welsh Government.

Welsh Government (2009b) 'Taking everyone into account: financial inclusion strategy for Wales'. Available at: http://resources.hwb.wales.gov.uk/VTC/2009-10/financial-education/finance-education-v2/documents/FinInclDoc.pdf (accessed 5 June 2020).

Welsh Government (2016) 'Financial inclusion strategy for Wales 2016'. Available at: https://gov.wales/sites/default/files/publications/2018-11/money-and-financial-inclusion-strategy_0.pdf (accessed 4 June 2020).

Welsh Government (2020) 'Curriculum for Wales guidance'. Available at: https://hwb.gov.wales/storage/331eb63b-481f-4b0b-a607-5e6c3e41ae0f/curriculum-for-wales-guidance-070220.pdf (accessed 17 February 2020).

Western Mail (2005) 'Safe as houses? Council tax is a key election issue', 23 April.

Westlake, A. (2011) 'The UK poverty rip-off. The poverty premium 2010'. Available at: https://resourcecentre.savethechildren.net/node/13400/pdf/uk-poverty-rip-off-poverty-premium.pdf (accessed 22 October 2019).

White, S. (2003) *The Civic Minimum: On the Rights and Obligations of Economic Citizenship*, Oxford: Oxford University Press.

White, S. (2010) 'A modest proposal? Basic capital versus higher education subsidies', *British Journal of Politics and International Relations*, 12(1): 37–55.

White, S. (2011) 'Basic income versus basic capital: can we resolve the disagreement?', *Policy & Politics*, 39(1): 67–81.

White, S. (2015) 'Basic capital in the egalitarian toolkit?', *Journal of Applied Philosophy*, 32(4): 417–31.

Whitehead, C. (2010) 'Shared ownership and shared equity: reducing the risks of home-ownership?'. Available at: http://citeseerx.ist.psu.edu/viewdoc/download?doi=10.1.1.471.771&rep=rep1&type=pdf (accessed 4 June 2020).

Whitehead, C. and Monk, S. (2011) 'Affordable home ownership after the crisis: England as a demonstration project', *International Journal of Housing Markets and Analysis*, 4(1): 326–40.

Whitehead, C., Travers, T. and Kielland, T. (2006) *A Stake in the Future. Equity Stakes and Landlord Savings Plans*, London: London Councils.

Wijburg, G. (2019) 'Privatised Keynesianism and the state-enhanced diversification of credit: the case of the French housing market', *International Journal of Housing Policy*, 19(2): 143–64.

Wilkinson, T.M. (2013) 'Nudging and manipulation', *Political Studies*, 61: 341–55.

Willetts, D. (2010) *The Pinch: How the Baby Boomers Took Their Children's Future – and Why They Should Give It Back*, London: Atlantic.

Williams, C. and Mooney, G. (2008) 'Decentring social policy? Devolution and the discipline of social policy: a commentary', *Journal of Social Policy*, 37(3): 489–507.

Williamson, D. (2009) 'Labour and Plaid rule out council tax revaluation'. Available at: www.

walesonline.co.uk/news/wales-news/labour-plaid-rule-out-council-1879339 (accessed 4 June 2020).

Willis, L.E. (2008) 'Against financial literacy education', *Iowa Law Review*, 94(1): 197–285.

Willis, L.E. (2011) 'The financial education fallacy', *American Economic Review*, 101(3): 429–34.

Willis, L.E. (2013) 'When nudges fail: slippery defaults', *University of Chicago Law Review*, 80(3): 1155–229.

Women's Budget Group (2010) 'A gender impact assessment of the Coalition government budget, June 2010'. Available at: https://wbg.org.uk/wp-content/uploads/2016/12/RRB_Reports_12_956432831.pdf (accessed 4 June 2020).

World Bank (2014) 'Global financial development report. Financial inclusion 2014'. Available at: https://openknowledge.worldbank.org/handle/10986/16238 (accessed 4 June 2020).

訳者解題

金融包摂論の発展に向けて

● 小関 隆志 ●

はじめに：翻訳本刊行の意図

本書は、Rajiv Prabhakar (2021) *Financial Inclusion: critique and alternatives*, Policy Pressの全訳である。

著者のラジブ・プラバカール (Dr. Rajiv Prabhakar) はオープン・ユニバーシティの社会科学部の専任講師で、個人金融論を専攻する。「社会科学入門」や「実用的経済学」「あなたのお金」などの科目を担当するほか、BBCの番組の学術顧問や、ラジオ番組での金融に関するトーク出演などを務める（オープン・ユニバーシティ・ウェブサイト）。ちなみにオープン・ユニバーシティはイギリス南部の地方都市ミルトン・キーンズに本部を置く公立の通信制大学で、14万人以上が在籍する大規模な大学である。

本書は、労働党の政策や資産ベース福祉に関する著作（Prabhakar, 2003, 2008）に続く著者の単著の図書である。著者は近年、ベーシック・インカム、資産課税、資産ベース福祉、年金の自動加入制度、金融ケイパビリティ、児童信託基金など幅広いテーマで論稿を発表しているが、それらのテーマはおおよそ本書に盛り込まれており、本書は著者の研究を集大成したものといえよう。著者は日本ではまだほとんど認知されておらず、本書は著者の著作を初めて邦訳したものである。

本書の翻訳を刊行した意図はどこにあったのか。

そもそも日本では、金融包摂をめぐる議論自体が依然として低調であり、海外との落差が大きい。それでも近年は、金融包摂という用語は少しずつ認知されるようになってきたが、金融包摂をめぐる賛否両論が渦巻くほどの状況で

はない。金融包摂というのは、金融排除を解消することであり、したがって"善きもの"であるという素朴な信頼感の段階にとどまっているように感じられる。あるいは、金融包摂というのは金融市場の形成が未発達の途上国でこそ必要とされているものであって、すでに金融市場が成熟した先進国には必要ない、といった見方が支配的かもしれない。

　訳者である私は、金融排除・金融包摂、なかでも先進国における金融排除・金融包摂に特段の関心を持って調査研究を進めてきた。その主な関心は、先進国における金融排除の実態を明らかにし、金融包摂のための有効な対策を模索することにあった。つまり、金融包摂は当然のごとくたどり着くべきゴールであり、"善きもの"であった。「排除」は「望ましくないもの」、「包摂」は「望ましいもの」という価値規範でもあるわけで、排除／包摂の概念を持ち込む限り、包摂を目指すのはいわば当然ともいえる。

　しかし、いついかなる場合でも、金融包摂が本当に望ましいもので、たどり着くべきゴールだといえるほど、現実は単純ではないだろう。実際、欧米では金融包摂に対する批判的な研究も現れてきた。金融包摂に対する端的な批判の一つは、金融化や金融包摂の結果、生活困窮者が高金利の消費者金融に搾取されているという話だ(Santanna, 2023)。低所得者が高利貸しに搾取されるといった話は古今東西ありふれているが、金融包摂がそうした搾取を促進しているのだとすれば無視できない。特に、新自由主義や金融化に反対する立場から、金融包摂への批判が台頭しているのなら、それは金融包摂の是非を問う際に避けて通れない論点である。

　日本にも新自由主義に対する批判はあるが、金融包摂に対する批判はまだ見られない。本書は、金融包摂に対する賛否両論を見据えたうえで、金融包摂の目指すべき方向性を示唆するものであり、金融包摂をめぐる論争の見取り図を把握するうえでも、本書の内容を日本に紹介することは有益であろうと思われた。

　本書の翻訳を契機として、国内での金融包摂に関する議論や研究が盛んになり、金融包摂の認識が前進することを、訳者としては強く望んでいる。

1. 本書の主な主張と論点

本書のトピックや論点は多岐にわたっている。著者が本書を通じて訴えた主要なメッセージと論点を改めて整理してみたい。

(1) 主要なメッセージ

著者が本書を通じて訴えた主要なメッセージは以下の2点である。

ア）金融包摂の支持論と批判論は互いに建設的な影響を与えられるので、対話すべきだ。
イ）新自由主義とは異なる金融包摂の可能性があり、政府はその実現を追求すべきだ。

著者の基本的な立場やメッセージは第1章に述べられているが、ア）については主に第1章の「異なる立場の間の対話の欠如」の節にある。イギリスにおいて、政策立案者側は金融包摂を支持し、具体的な制度設計に関心を寄せるが、金融包摂に対する批判には全く耳を貸さない。他方で研究者側は理論をもとに金融包摂を根本的に批判し、否定する。支持論と批判論が交流し対話することがなく平行線をたどっている状況を、著者は問題視する。金融包摂を支持する政策立案者は、批判論に耳を貸すことで政策の選択肢を増やせるはずであり、他方で金融包摂に批判的な研究者は、支持派と対話することにより、金融包摂のより繊細な分析が可能になるはずだと著者はいう。

イ）は、ア）とつながっているが、金融包摂への批判を受け止め、新自由主義と異なる金融包摂の政策を求めている。著者によれば、金融包摂に対する研究者の批判は新自由主義批判や金融化批判に基づくもので、ひとことに集約するならばそれは「投資主体論」（investor-subject）である。この点は主に第1章の「主体か、代理人か？」と「金融化と新自由主義」の項で説明されている。

新自由主義は福祉国家の役割を否定する。すなわち、国家が公共サービスを

提供して人々の社会権を保障するのではなく、民間企業が国家に代わってサービスを提供し、経済的に「自立」した人々は市場でサービスを調達する。人々は基本的人権を持ち、国家に護られる存在ではなく、自力で生計を立て、人生を送るうえでの様々なリスクを背負い、資産を増やす努力をする存在とみなされる。「小さな政府」化により企業や投資家の利益が増え、経済成長する。このような新自由主義の考え方からすると、人々は福祉を受ける「福祉の主体」ではなく、リスクを負いながら自助努力で資産を増やそうとする「投資の主体」となるのがふさわしい。金融包摂は、人々を「投資主体」に育て上げるために、投資の仕方を教え、住宅ローンや投資などの金融商品を提供する。こうして誰もが「投資主体」になった結果、金融危機が起きたのではないか。──金融包摂の批判者にとって、金融包摂とは新自由主義を個人の内面に浸透させるための手段にすぎないのであり、弱い個人にリスクを負わせ、格差を拡大し、そしていずれ金融危機のような破滅を招く危険なものなのである。

　本書のキー概念の一つである"investor-subject"は、投資家として金融市場に参加する個人を指す言葉であり、「投資主体」と訳出した。

　新自由主義の世界観においては、個人は主に金融市場に参加する経済活動の担い手（economic actor）とみなされ、個人の価値は投資し、貯蓄し、富を蓄積する能力で測られる。住宅、教育、医療など生活の様々な側面で金融との関係強化が進み、金融市場のリスクに曝されることになる。

　他方、新自由主義の下では、個人に対する国家の保護や、金融産業に対する規制が低下するため、個人が負うリスクと、経済格差は増大することになる。

　subjectは、辞書では「対象者」などの訳語が示されているが、本書の文脈上、日本語でいう「主体」が意味的に近いと判断した。他方、subjectは形容詞で「〜に曝される、〜を被る、〜に依存する、〜の支配を受ける」といった意味もある。著者が第4章で述べるように、投資主体とされる個人は、一見すると独立した強い存在として自ら金融の判断を下す能力を有しているかに見えるが、実際には金融市場の変動のリスクに曝され、増大する債務に依存し、金融市場の秩序に支配されるといった脆弱性を抱える存在でもある。subjectの語は、こうした二面性を示している。投資主体に直接言及した著作は少ないが、1980年代から1990年代にかけてイギリス社会が金融化の波に呑まれた状

況を描いたEdwards（2022）が一例として挙げられる。

　金融包摂の批判者にとっては、人々が金融サービスにアクセスできるようになることよりも、より根本的な経済構造を変えて、ベーシック・インカムやベーシック・サービスのように国家が人々の生活を直接保障することが重要であり、金融包摂の優先度は低いという。

　著者は、こうした金融包摂への批判論に理解を示しながらも、金融包摂の意義自体は否定せず、新自由主義の走狗にならないような金融包摂の可能性を探ろうとする。著者は新自由主義的ではない金融包摂の具体案を、金融教育や資産ベース福祉、年金制度、住宅などの分野で、イギリスの状況に即しながら模索している。

（2）各論の論点と主張

①金融教育とナッジ（第2章・第6章）

　金融包摂の批判者にとって、金融包摂は新自由主義を個人の内面に浸透させ、人々を「投資主体」に育て上げる手段とみなされていた。それは主に金融教育批判として現れる。端的にいえば、貯蓄や投資、融資、保険などを通して、自分の生活に必要となる資金を自力で賄い、リスクを負うことを教え込む、したがって人々を危険なリスクに曝している、という批判だ。

　著者はイギリスの学校で現在行われている金融教育の内容を概観し、上記の金融教育批判は当たらないと反論した（第6章）。また、新自由主義的でない金融教育のあり方として、金融ケイパビリティ・アプローチに基づく教育を示した。投資家を育てるためではなく、家計管理など生活に必要な技能を体得し、将来の計画を立てられるようにすることが目的であるという（第2章）。

　他方、教育だけで人々の行動を改めることには限界がある。金融教育の効果に対して疑問も投げかけられているが、著者は対案として行動のナッジを示す（第2章）。ナッジの具体例として著者は年金の自動加入制度を挙げる。自動加入制度は、一定の要件を満たした人は職場の年金に加入するものであり、本人が意思表示をしたときにだけ脱退できるというものだが、あえて意思表示をしなければ年金に加入している状態をデフォルト（標準）に設定することにより、

加入率を上げようという趣旨である。著者によれば自動加入制度の導入により年金加入者が増加するという成果はあったが、人々は自発的に行動を起こさないため、年金以上の貯蓄をしようとしないという限界もあり、教育とナッジはそれぞれ一長一短があるという。

②資産ベース福祉（第3章）

資産ベース福祉（asset-based welfare）政策は、中高所得層が恩恵を受けている資産形成の政策を低所得層へも拡大し、社会的包摂を進めることを目的とする（稲葉, 2011: 52）。アメリカ・イギリスなどで政策に盛り込まれ、特にアメリカの個人開発口座（IDA）は日本でも知られている。

著者はイギリスの児童信託基金を事例に取り上げ、ウェールズ政府が低所得世帯に対しては一般の世帯よりも高い資金を配分した経緯を紹介する。全体に均等に配分することを原則としながらも、低所得世帯により多くの額を支給する「進歩的普遍主義」を著者は評価する。だが労働党が政権から降りた後、保守連立政権によってこの児童信託基金は中止されてしまった。資産ベース福祉が、新自由主義的な政治判断によって制約・廃止されてしまう点に著者は進歩的普遍主義の資産ベース福祉の限界を見出す。それはともかくとして、資産ベース福祉は金融包摂につながる、というのが基本的な論旨だといえよう。

③年金制度におけるジェンダー格差（第3章）

著者は年金加入者のジェンダー格差に着目する。賃金収入に基づいて年金額が決まることと、女性の場合は子育てや介護のためにパートタイム労働をするために賃金が低くなることから、女性は受け取る年金も低くなる。年金制度はフルタイム労働の男性が有利になるため、「年金におけるジェンダー不平等を減らすどころか、むしろ強化している」と著者は指摘する。年金への加入を金融包摂として捉えれば、金融包摂が経済格差の拡大に寄与するという皮肉な事態を招いている。著者は「職域年金への自動加入が、重要な未解決の問題を残している」と述べるにとどまり、格差解消に向けた方法論には言及していない。

④民営化されたケインズ主義（第4章）

「民営化されたケインズ主義」（privatized Keynesianism）とは、イギリスの政治経済学者コリン・クラウチが提唱した概念である（Crouch, 2009）。オリジナルのケインズ主義は、不況時は政府が財政出動し、有効需要を創出することを説くもので、国家が負債の責任を負うのに対し、民営化されたケインズ主義は、「民間信用拡大により有効需要を創出する政策」で、個人が負債の責任を負うものとされる（堀林, 2009: 194）。民営化されたケインズ主義は、経済政策の民営化の結果、国家に代わって銀行が投資する「金融主導型資本主義」に近いものといわれている（堀林, 2009: 195; 清水, 2017: 253）。

著者は住宅市場における金融包摂の状況を「民営化されたケインズ主義」の観点から論じる。それは金融包摂への批判が住宅ローンに焦点を当てていたためである。すなわち、金融包摂によって「投資主体」となった人々は、住宅に投資するために住宅ローンを組み、多額の債務と返済のリスクを抱える。持ち家政策とは住宅販売による有効需要の創出政策の一環であり、政府は人々をリスクに曝しながら金融主導の経済成長を図っている。その政策の帰結はサブプライムローンの破綻と金融危機だ――金融包摂の批判者はこのように、金融包摂批判の核心を住宅ローンに定めている。

著者は、完全な所有権の形ではない住宅所有（すなわち共同所有・持分）や住宅の世代間継承（相続）を対案として提示する。さらに、住宅資産課税の逆進性を指摘し、資産価値を再評価して格差の縮小を図るべきだと論じた。

⑤普遍的ベーシック・インカム、普遍的ベーシック・サービス（第5章）

金融包摂の批判者は、金融サービスへのアクセス保障よりも、福祉国家による平等な所得保障や公的サービス提供の政策的優先度が高いと主張した。これに対して著者は、ベーシック・インカムを導入しても、銀行口座は必要だし、賢く資金を使うための教育も重要である。つまりベーシック・インカムやベーシック・サービスを導入したとしても、金融包摂はなお、所得の安全保障にとって重要だと著者は論じる。

⑥住宅資産課税（第5章）

　金融包摂は平等主義の観点から疑念が出されているので、著者は住宅資産課税を通して平等を達成できる可能性を模索した。イギリスの住宅資産課税制度（カウンシルタックス）において、資産額の実態と課税額に乖離があったことから、課税額の見直しによって公正を回復する作業が2005年に行われた。ところがウェールズでは、見直しによって課税額が増加する人と、課税額が減少する人の割合が均衡せず、課税額が増加する人のほうが多かったため、ウェールズ国内では課税の見直しに対して否定的な反応が高まった。2015年にも見直しをするはずだったが、見直しは実現しなかった。

　この経緯から著者は、現状を改革することの困難さと、改革する際にはその趣旨を充分に説明する必要性を教訓として導き出している。

（3）著者の他の論稿

　著者は他にも多くの論稿を発表しているが、他の論稿と本書の関連を概観しておきたい。

　本書の主要なメッセージ、特に金融包摂の支持論と批判論の対話を訴える主張は、Prabhakar（2019）に直接的に現れている。Prabhakar（2019）は「金融包摂：2つの研究の物語」と題しており、本書に再掲された。またPrabhakar（2022）は、金融包摂をめぐる支持派と批判派に二分して先行研究を整理しており、同様の問題意識を強くいだいていたことがうかがえる。

　各論のうち、①金融教育とナッジに関してはPrabhakar（2009c, 2010a, 2010b, 2017）が論じている。Prabhakar（2009c, 2010b）は、児童信託基金の口座非開設問題を取り上げ、口座開設率の向上を図るために自動登録の可能性を考察したものであり、Prabhakar（2010a）は金融ケイパビリティを金融市民権の一部として位置づけた。またPrabhakar（2017）は、年金の自動加入制度がナッジとして作用することの可能性を考察した。

　②資産ベース福祉に関してはPrabhakar（2007, 2008, 2009a, 2009b, 2009d, 2010b, 2013, 2018b, 2020a）が論じている。資産ベース福祉の中でも特に児童信託基金に注目し、子どもの親は児童信託基金をどう見ているのか、各政党の賛否、資

産ベース福祉のアプローチ（貯蓄重視か市民権重視か）、金融化批判論との論争、相続税への反対論、資産ベース福祉と住宅資産ベース福祉との違い、コロナ禍との関連などを述べている。

③年金制度におけるジェンダー格差についてはPrabhakar（2017）が論じており、女性が男性よりも年金自動加入から脱落する理由・背景を考察した。

④民営化されたケインズ主義を中心に扱った論文はないが、近いものとしてはPrabhakar（2018b）が、住宅資産ベース福祉が投資主体に基づく新しい福祉アプローチであることを述べた。

⑤ベーシック・インカムについてはPrabhakar（2018a, 2020b, 2024）が言及しており、ベーシック・インカムとベーシック・キャピタルの違い、コロナ禍対応、ウェールズ政府による進歩的普遍主義の政策を論じた。

⑥資産課税についてはPrabhakar（2012, 2015a, 2015b, 2023）が扱っており、人々が税金や相続税をどう見ているのか、富裕税導入の可能性（金融危機やコロナ禍の下で）を論じた。

　本書が著者の既発表の論文を抜粋・改訂したものであることは序文で紹介されており、本書で扱っている内容や論点と重複するものも多いが、本書では挙げていない時事的な内容も含まれていた。

　本書および他の論稿から、著者の議論の特徴として以下の点を挙げることができる。

　第一に、労働党政権が打ち出した一連の政策（特に児童信託基金をはじめとする資産ベース福祉、年金の自動加入制度、金融教育など）をめぐる論争において、著者が基本的に労働党政権の政策を擁護する立場から論陣を張っている。論争の一方の極には、金融化批判の立場から労働党政権の政策を否定・攻撃する批判論者がいる。すなわち労働党政権の政策は福祉国家政策の後退、新自由主義の導入、経済格差の拡大にほかならないという批判である。著者はこうした批判に一定の理解を示しながら、労働党政権の政策を完全に否定するのではなく、その政策には進歩主義的な改善の途があるということを、ウェールズ政府の例を挙げながら論証しようとする。

　第二に、著者は純粋に理論的な観点から政策の是非を結論づけるのではな

く、政党や国民、研究者などの意見・言説に耳を傾けたり、地方政府は中央政府からの権限移譲によってどこまでの改革を独自に行えるかを考えたりしている。つまり政治的・現実的な解を見出そうとする姿勢が顕著である。

2. 本書の背景：イギリスにおける政策

　本書で言及されていた、イギリスにおける金融包摂政策や資産ベース福祉政策、年金制度改革の経過について、改めて簡潔に整理しておきたい。

(1) 金融包摂政策

　イギリスでは保守党サッチャー政権下の金融自由化政策により銀行は収益力強化に向けた競争が激化し、1980年代後半以降、低所得者層の集住する地域から支店を急速に撤退するとともに、富裕層にターゲットを絞った営業を行った（Leyshon and Thrift, 1995）。その結果、1995/96年の政府統計では、国内の150万世帯（全体の7%）が銀行口座を持たず、440万世帯（全体の20%）はわずかしか利用していなかった（Kempson and Whyley, 1999）。これら金融排除層の大多数は公営住宅入居者、無職者、公的扶助の受給者で、貧困地域に偏在していた。

　1997年に政権をとった労働党は社会的包摂を政策の柱に据え、金融包摂もその一つに加えたが、主な金融包摂政策には基礎口座の普及、クレジットユニオンの奨励、貯蓄の促進、金融教育・相談、コミュニティ開発金融機関への支援、投資減税制度（CITR）の導入などがあった（Sinclair, 2013; Lewis and Lindley, 2015）。

　銀行口座に関しては、口座を持たない人々や、銀行を利用しない人々が多くいたことから、基礎口座（basic bank accounts: BBAs）を提供することとした。これは銀行または郵便局が、低所得者や社会保障受給者に、基礎的な機能（預金・引き出しなど）に限定した口座を提供するものである。口座開設にあたって必要な身分証明の手続きを簡素化し、また手数料を無料とした。その結果、口座を持たない人口は2002/03年の357万人（全人口の8%）から、2008/09年の

154万人（3%）に減少した。もっとも、基礎口座は政府が社会保障の給付を現金から口座振込にすることで管理費用を削減することに主眼があった。

銀行から借り入れができない人が利用できるように、政府はクレジットユニオンやコミュニティ開発金融機関（Community Development Financial Institutions: CDFIs）の設立・運営を支援した。クレジットユニオンは、一般の人々（主に中低所得者層）が共同出資して設立した、相互扶助のための非営利の金融機関で、政府は補助金を支給したり、規制緩和したりした。

CDFIsは、中小零細事業者向けの事業融資と、消費者向けの生活資金融資の2種類あるが、政府はフェニックス・ファンドという基金を設けてCDFIsに資金提供したり、CDFIsの全国組織（CDFA；現Responsible Finance）を設立したり、銀行がCDFIsに投資した場合の減税制度を設けたりして、CDFIsへの資金の流れを創り出そうとした（小関, 2005）。さらには、若者向け起業支援融資プログラム（start-up loans）を実施したほか、金融知識・スキルを身につけて金融サービスの賢明な選択ができるよう相談窓口を開き、啓発を行った。

2010年に労働党から保守党・自由民主党へと政権交代したのに伴い、保守連立政権は2011年末までに、それまでの金融包摂政策の大部分を放棄した（金融の相談・助言のみ存続）(Datta, 2012)。2010年代後半以降、保守連立政権は再び金融包摂政策に力を入れるようになり、政府（財務省、労働年金省）は毎年、進捗報告を提出するとともに、基礎口座の開設支援、脆弱な消費者へのアフォーダブル融資の支援、アフォーダブル保険の普及促進、金融教育の推進等を行っている。また専門家の独立委員会（Financial Inclusion Commission）が政府に提言を続けている。

その成果はというと、基礎口座の普及以外は芳しくない。包摂財団（Inclusion Foundation）の2020年調査では、4人に1人が何らかの金融排除を経験したことがあり、740万人は基礎口座しか持っておらず、770万人は貯蓄不足であるという。[1] 2021年の調査によれば、32万人が個人信用情報の不足・欠如、170万人が過去2年間に金融サービス未利用、580万人が口座の開設・閉鎖をした記録がなく、710万人（13.2%）がアフォーダブルな融資にアクセスできないなど、金融排除が根強く残っている。[2] 金融包摂の担い手として期待されたクレジットユニオンやCDFIsは、短期間のうちに政権交代や政策変更に翻弄されたこと

もあり、あまり広がりを見せなかった。

本書（原書）の標題を『金融包摂』としたにもかかわらず、一般に金融包摂政策とみなされる上記の政策に関して、著者はごく表面的に言及したにとどまり、深い関心を示してはいない。そのことから著者は、資産ベース福祉と金融化の関連を金融包摂の核心とみなしていたのではないかと推察される。

(2) 資産ベース福祉政策

ワークフェア（workfare；福祉から就労へ）政策と並んで、イギリス労働党政権の主要な社会政策である資産ベース福祉（asset-based welfare: ABW）は金融資産と住宅資産の2種類に分けられるが、金融資産に関しては児童信託基金（Child Trust Fund: CTF）や貯蓄ゲートウェイ（Saving Gateway）、個人貯蓄口座（Individual Savings Account: ISA）が挙げられる。

労働党政権はシェレイデンの主張（Sherraden, 1991）とアメリカの個人開発口座（Individual Development Account: IDA）（野田, 2009）の成功に目をつけて資産ベース福祉政策を打ち出し、2001年に児童信託基金と貯蓄ゲートウェイ政策の実施を発表した（齊藤, 2006b）。また、保守党政権時の株式購入プランや非課税貯蓄口座を統合して個人貯蓄口座（ISA）を設けた。

2005年4月に施行された児童信託基金は子どもの貧困対策の一環で、子どものいる世帯に貯蓄させることにより、貧困の予防と「金融システムへの包摂」を促し、あわせて貯蓄や投資を学ばせる目的で導入された（金子, 2022）。しかし、「進歩的普遍主義」と称して、低所得世帯に2倍の金額を給付することにしたため、平等な資産分配を求めるのか、低所得者への資産の再配分を目的にしているのか、資産運用をねらいとしているのかが不透明になり、批判や不信を呼び起こした（金子, 2022）。

児童信託基金は確かに表向き貯蓄促進を目的としていたが、その背後にはジョン・ロールズの提唱した財産所有民主主義の思想とステークホールディング論、社会的シティズンシップに基づくベーシック・キャピタル（BC）の思想があったとされる（松尾, 2015, 2021）。すなわち、財産所有民主主義の観点からは、あらゆる市民が一定の財産を所有することで社会に参加し、民主主義の実

質化に貢献できる。シティズンシップ（市民権）を根拠として全ての市民に資本を与えるという考え方である。

あらゆる市民が財産を所有するという発想は、若年期に無条件で一定額の資本を受給する権利を持つべきと考えるBC論と親和性がある。BCは、家庭環境や生育条件にかかわらず人的資本の形成や社会参加の平等な機会を確保するために有用な手段であり、自分自身のことは自分で何とかできる立場に市民を置くことができると考える。

児童信託基金は、全ての子どもに無条件で資金を与えるという点で、財産所有民主主義や市民権、BCとして解釈する論者も多かった。本書第2章で市民権の議論が登場するのはそのためである。

2010年の政権交代後、保守連立政権は政府の財政悪化・緊縮財政を理由に児童信託基金の廃止を決定した（2011年1月に廃止）。児童信託基金廃止後、代わってジュニアISAが始まったが、これはすでにあったISA（18歳以上が対象）と同様の貯蓄口座であり、18歳未満の子どもを対象としているが、児童信託基金と異なり政府からの給付がない（稲葉, 2011）。

労働党政権が2001年に公表して2002〜03年に一部地域で試行した貯蓄ゲートウェイは、2009年に立法化、2010年に施行されたが、政権交代後もそのまま引き継がれ（2017年にHelp to Saveに名称変更）、現在に至っている。

他方、保守連立政権は従来の多様な社会保障給付を統合して「ユニバーサル・クレジット」を導入し、給付額の上限を設定した（遠藤・金子, 2019）。政府は社会保障給付予算を削減し、低所得者層は収入の減少に見舞われることとなった。

もう一方の住宅資産に関しては、労働党政権より前の保守党時代にさかのぼるが、1980年代以降に住宅ローン市場が自由化され、住宅資産が証券化されるとともに、住宅ローンを主に提供する住宅金融組合（building society）の株式会社化が進んだ（斉藤, 2021）。1980年にサッチャー政権は財産所有民主主義（不動産所有の民主主義）を根拠とし、社会住宅（自治体が建設した公営賃貸住宅のこと。イギリスでは伝統的に公営賃貸住宅の割合が高かった）を売却する「right to buy」政策により、持ち家を推進した。住宅ローンを借りて持ち家を取得するパターンが一般化し、持ち家が福祉国家の再編において中心的な役割を果たす

ようになった（ロー, 2017; 斉藤, 2021; 遠藤・金子, 2019）。かつては社会住宅の割合が高かったイギリスで、1970〜80年代に持ち家取得が普及するのに伴い、公的社会保障が衰退していった（遠藤・金子, 2019）。

自宅をはじめとした不動産への投資が老後の財源として重要だという発想が国民の間に根強く、また実際に、不動産のエクイティの現金化によって生活費の足しにすることが行政側にも国民側にも想定されている（遠藤・金子, 2019）。こうした状況から、本書で言及されるところの、「住宅ローンを借りて投資する」という議論が意味をなすと考えられる。

社会住宅が絶対量・割合ともに顕著に減少し、住宅に関する所得保障制度は、社会住宅や民間賃貸住宅居住者に対する住宅手当の支給が中心であるが、賃貸住宅の不足が深刻なため家賃が上昇し、加えて政府からの住宅手当がユニバーサル・クレジットに統合されて上限額以内に抑えられ、低所得層にとっては家賃負担が厳しくなっている（所, 2014, 2019）。

資産ベース福祉政策は、社会的投資政策と親和性が高く、正の相関関係が見られるという（Lennartz and Ronald, 2017）。社会的投資政策は、伝統的な社会保障政策（失業者給付、公的扶助など）とは一線を画し、教育や就労支援、人材開発、貧困予防、資産形成などに注力し、予防的に福祉に取り組むものである。そのため資産を築いて将来起こり得る困難にあらかじめ対処しておこうという資産ベース福祉と方向性が一致する。社会的投資政策は高学歴でサービス業に就く中高所得者層に支持され、伝統的な社会保障政策は低学歴・低技能の労働者層に支持されるが、イギリスでは労働党政権も保守連立政権も社会的投資政策を掲げ、低学歴・低技能の労働者層が取り残されていった（近藤, 2021）。

(3) 年金制度改革

本書では、イギリス人が複雑な年金制度を完全に理解しきれず、老後の貯えが充分にできていないこと、政府が職域年金の自動加入制度を設けたことを取り上げ、行動科学（ナッジ理論）の有効性と限界を論じている。また、確定拠出型年金のリスクにも言及している。そのため、職域年金の自動加入制度と確定拠出型年金に関連した、イギリスの年金制度改革について確認しておきた

い。なおイギリスの年金制度とその変遷については詳細な解説があるので参照されたい（中川, 2014; 菅谷, 2015; 丸谷, 2009）。

　イギリスの年金制度は、公的年金と私的年金からなるが、政府の管理運営する公的年金は最低生活を保障する低水準の給付であることから、1978年に所得比例方式の「付加年金」（後に国家第二年金）が導入された。あわせて、財政負担の懸念から国家の役割を縮小させるため、付加年金部分を私的年金で代替する「適用除外」制度が導入された（菅谷, 2015）。公的年金は最低限度とし、公的年金を私的年金で補完するため、政府は私的年金を拡充し、私的年金への加入を国民に促した。

　私的年金は、企業年金、ステークホルダー年金、国家公務員年金、地方公務員年金、個人年金があり、公的年金に上乗せされる。これらの私的年金のうち、被用者を対象とした企業年金、ステークホルダー年金、国家公務員年金、地方公務員年金を「職域年金」と総称する。

　ステークホルダー年金は、中小企業労働者への私的年金加入を推進するために、労働党政権が2001年に導入し2002年に施行した確定拠出型年金で、企業年金を持たない中小企業労働者が任意に加入できること、転職しても加入し続けられるというポータビリティ、手数料が1%と低く抑えられているという低コストが利点であった（丸谷, 2009; 菅谷, 2015）。ステークホルダー年金の導入により、公的年金の「付加年金」に加入していた低賃金労働者や自営業者を、私的年金に誘導することにつながった。

　しかし低所得者層については、私的年金への加入が進まず、老後の生活資金の不足が懸念されたことから、2008年年金法により、職域年金の未加入者に対して自動加入させる制度が創設された（2012年10月施行）。確定拠出型年金で、「国家雇用貯蓄信託」（National Employment Savings Trust: NEST）と呼ばれる（菅谷, 2015）。職域年金未加入の22歳以上の被用者で、年間所得1万ポンド以上の人が自動的に制度に加入し、任意で脱退できる。保険料が被用者個人口座に拠出され、被用者が自身の判断で資産を運用する制度である。このように政府が私的年金に介入することにより、私的年金の拡充を図ってきた。

　2014年年金法により、公的年金が従来の二層型（基礎年金と付加年金）から一層型に再編された（2016年4月施行）ことに伴い、被用者の年金制度は公的年金

の上に2階部分（職域年金、ステークホルダー年金、NEST、適格個人年金の4種類）が上乗せされるという構造になった。従来主流であった確定給付型年金（DB）の加入者・受給者が2000～10年代にかけて減少する一方、加入者にとってリスクの高い確定拠出型年金（DC）の加入者・受給者が増加した（佐野, 2020）。確定給付型年金（DB）の加入者は、2006年の820万人から2018年の750万人に減少する一方、確定拠出型年金（DC）の加入者は、2006年の100万人から2018年の990万人へと急増している。確定給付型年金制度では、新規加入者を受け入れている年金が11%とわずかで（2020年3月末）、その他は閉鎖（41%）、凍結（46%）、終了・廃止（2%）となっている。

　政府は公的年金を通して国民の最低限の生活を保障する一方で、低所得者を私的年金に誘導し、かつ確定拠出型年金でリスクを加入者個人に負わせる制度を整備してきたといえよう。

3. 本書の位置・特徴：金融包摂研究の文脈から

(1) 金融包摂研究の概観

　金融包摂に関する研究を体系的に整理しレビューした論文がいくつか出されている（Gupta, 2017; Fernández-Olit et al., 2020, Ozili, 2020a; Gálvez-Sánchez et al., 2021; Shah et al., 2022; Murthy, 2023）。分類の仕方や対象とする範囲が各々異なるが、なかでも本書の内容と深く関わるのは、先進国の金融包摂に焦点を当てたFernández-Olit et al.（2020）であり、本書をはじめとするプラバカールの一連の研究が金融包摂研究全体の中でどこに位置づけられるのかを見定めるうえで一定の示唆を与える。

　Fernández-Olit et al.（2020）によれば、先進国における金融包摂を対象とした研究は、表1のように7つに分類される。

　この7つの類型は、研究者が金融包摂を基本的にどのようなものとして認識し、向き合っているかを示しているが、例えば金融地理学や金融生態学のように、金融排除が生じるメカニズムを解き明かすアプローチもあれば、金融社会化論のように人間の内面から金融包摂を目指すアプローチ、さらには金融包

表1 金融包摂の主な理論的アプローチ

理　論	定　義
市場と社会的排除論	金融排除は、フォーマルな市場において金融ニーズが満たされないことと定義され、人々の通常の生活の発展に支障となる。
金融地理学	地理的な観点から生じた理論で、消費者個人の性質ではなく地理的な特徴に関連した排除を説明する。
金融生態学	金融包摂は、個人と経済環境の関係を規定する、相互に結びついた要素のシステムとして捉えられる。人の身近な環境だけでなく、より大きな社会的文脈も考慮する。
金融社会学	社会的現実が対象物の中でどのように具体化されるのか、資源配分に関する意思決定がどう行われるのかを扱う。
金融化批判論	金融包摂は、金融化を拡大するための要件であるとして、金融包摂を批判する。
経済心理学および金融社会化論	人々がどのように金融知識と金融行動を構築するかについて考察する。若者や子どもたちが金融知識を得ることで金融市場に参入する能力を高めるとみなす。
道徳的アプローチ：権利としての信用	信用へのアクセスは貧困を克服し、教育や健康へのアクセスに不可欠であり、信用が社会的権利であると考える。

出典：Fernández-Olit et al.（2020: 611）

摂を権利として位置づけるアプローチまで多様である。その中で金融化批判論は金融包摂に対して批判的・否定的な立場だという点で際立った特徴がある。Fernández-Olit et al.（2020: 611）はこの金融化批判論者の例にロナルド（Richard Ronald）、マロン（Doncha Marron）、ベリー（Craig Berry）、シンクレア（Stephen Sinclair）、フィガート（Deborah M. Figart）と並んで、プラバカールを挙げている。したがってプラバカールは、金融化批判論者の一人ということになる。

Ozili（2020a: 11-2）は世界の金融包摂研究のレビューを行い、「金融包摂に関する批判的な研究はほとんどなく……批判的研究に関心がない」と指摘する。金融包摂を推進する機関（世界銀行、国際通貨基金、アジア開発銀行、金融包摂同盟など）が研究プロジェクトに資金提供しているため、推進機関の期待に応えるような研究結果が多いのだという（Ozili, 2020a: 13）。金融包摂に関する研究全体の中で、批判的な研究は少数といえる。なおオジリは金融包摂に対する批判についても体系的に整理している（Ozili, 2020c）が、そこで挙げられている数種類の批判の一つが上記の金融化批判論に該当する。

205

ただ、訳者から見れば、金融包摂に関する研究を、支持派と批判派に完全に二分して捉える見方や、あるいは支持派がみな研究資金をもらいながら、結論ありきの"ヨイショ記事"を競って量産しているというような認識は、必ずしも実態を客観的に示すものとは思われない。確かに、金融包摂を推進する機関が発行するワーキングペーパーなどを見ると、はじめから方向性が定まっていて、批判的精神の薄弱な調査研究も少なくないが、金融包摂に対する研究者の関心は幅広く、支持派か批判派かという単純な二分法は有益ではないだろう。金融包摂やその背後にある金融化に対して明確に批判的な立場の議論が少数だった点に注目したい。

　金融化批判論とはどのようなものか。Fernández-Olit et al.（2020: 614）によれば、金融包摂は金融化を拡大するための要件となっており、金融化の拡大に伴って個人が自らの資産形成にリスクと責任を負うようになり、国家による福祉提供が後退したのだという。金融化批判論にとって、金融化が批判の主な対象であり、その批判の一環として副次的に金融包摂に対する批判も伴っている。

　しかし、金融化批判論者として挙げられている人の著作をよく読んでみると、それぞれの主張は多様であって、金融包摂の意義を完全に否定している者もいれば、金融包摂の意義や必要性を認めながら問題点を指摘する者もいて、単純に「批判論者」とくくれるわけではなさそうである。また、Fernández-Olit et al.（2020: 611）に挙げられてはいないが、批判論者としてはフィンレイソン（Alan Finlayson）、ラパヴィツァス（Costas Lapavitsas）、メーダー（Philip Mader）も中心人物として数えられる。

　金融化とそれに対する批判の趣旨については節を改めて述べるが、「金融化批判論者」としてカテゴライズされたプラバカールは、実際は金融包摂を一方的に批判ないし否定するのではなく、金融包摂自体の意義は認めつつ、他方で金融化批判論にも理解を示す。のみならず、金融包摂を推進する支持派と、それを否定する批判派との対話を呼びかける。こうした主張はプラバカール独自のものといえよう。

(2) 金融化とそれに対する批判

「金融化」(financialization) とは、広い意味では経済における金融のウェイトが増大することを指しており、1980年代にイギリスをはじめとする欧米各国が金融自由化を推進したことが現代の金融化の直接の契機となっている（玉木, 2021）。金融部門で働く労働者が増え、金融部門が世界経済の成長を牽引し、金融部門が巨額の利益を稼ぎ、かつタックスヘイブンなどを通じて利益を独占し、ごく一部の者に巨万の富を集中させ、さらには通貨危機や金融危機で世界を恐慌に陥れた。これが金融化の現実の一面である。

他方、金融化はマクロ経済上の傾向や、産業界における金融産業の支配的な地位といった側面にとどまらない。Finlayson (2009: 401) が指摘するように、社会生活や家計における金融化の側面もある。例えば、家計に占める債務割合の増大（住宅ローン、教育ローンなど）、投資商品の運用による資産形成（確定拠出型年金、非課税の投資信託など）、クレジットカードやキャッシングの一般化、デジタルマネーによるキャッシュレス決済や送金の普及などが挙げられる。ラパヴィツァスは、家計の金融化を第一に家計債務の増大、なかでも住宅関連債務の増大に見出した（ラパヴィツァス, 2018: 339-42）。彼によれば、住宅や医療、教育、交通などを含む基本的なサービスが社会的供給から民間による供給に移行するに従い、金融が財・サービスの家計への民間供給を仲介するようになり、金融機関が利潤を収奪するようになった。さらに家計の金融化は、家計がフォーマルな金融システムに組み込まれ、私的年金が増加し、個人所得が金融資産へと向かっていると指摘した（ラパヴィツァス, 2018: 342）。

一般の人々の日常生活に金融システム、金融サービスが深く浸透すると、金融サービスを利用することが社会生活を送るうえで一種の前提条件となり、やがて事実上のスタンダードになるとともに、金融サービスを利用しない・できない人々にとっては大きな不利益となる (Sinclair, 2013: 669)。他方で、金融危機のように、金融システムが破綻する事態になると、金融システムに組み込まれて生活していた人々が甚大な影響を被ることにもなる。

我々が生きる現代社会には多種多様な金融サービスが存在し、日々絶えざる革新を経て高度に成熟した金融市場が形成されているが、そうした金融サービ

スにアクセスできない、あるいは上手にサービスを使いこなせない場合は不利益を被ることになる。特に貧困層は銀行などのフォーマルな金融サービスを利用できないために、多額の手数料を支払うなどの「貧困プレミアム」を負担させられるし、有利な資産運用もできない。したがって、稼得収入を増やすだけでなく、金融包摂を進める必要がある。さらに、金融サービスを利用するにはリテラシーやスキルを身につけなければならないので、金融教育も重要だ。金融包摂は、金融化が進んだ現代社会で人々が賢明に生きるうえで欠かせない要素である。金融包摂の支持者はこのように主張する。

個人が金融サービスにアクセスできないことによる不利益は数多くある。例えば、銀行口座を持っていないために、給与の振込先がなく、就職に差し支える。安全な貯蓄ができず、タンス預金をして、盗まれる恐れがあるし、利息が付かない。口座からの引き落としや送金もできない。クレジットカードがないと、オンラインショッピングでの支払いが難しいし、絶えず現金を持ち歩かないといけない。自動車保険に加入しないと、事故を起こしたときに費用を支払えない。融資を受けられないと、住宅や自動車のローンを組むことができない。

マイクロファイナンスが途上国を中心に先進国でも発達し、中低所得層に少額の融資や保険を提供することで貧困からの脱却を図っている。これも（実際に貧困を緩和できたかどうかはともかくとして）金融サービスの提供が効果をもたらすはずであるという前提に立っている。また、送金・決済分野でもアフリカ諸国を中心にデジタルの金融包摂事業が急成長を遂げており、世界銀行や国際通貨基金（IMF）が金融包摂をグローバルに推進する旗振り役を務める。金融包摂を推進する立場から、膨大な調査研究が積み上げられている（例えばYoshino and Morgan, 2016; Barajas et al., 2020）。

それに対して、金融化（および金融包摂）に対する批判論は、金融化や金融包摂の何を問題視しているのだろうか。

金融包摂に対する批判は2種類あり、第一は、金融包摂の意義は認めながらも、実際の政策や実績の不充分さを指摘する批判であり、政策の改善や加速を要望する結論に至る。こうした議論は少なくない。

第二は、金融包摂の意義そのものを否定し、金融包摂の本質的な害を強調す

るとともに、金融包摂以外の政策を要望する結論となる。こうした論者は極めて限られている。

第一の批判についてはOzili（2020b）が金融包摂に対する批判論をレビューして整理している。例えば、金融教育が必ずしも貧困層の金融行動の改善につながらないので、意思決定や習慣について探究して解決を図るべきであることや、銀行口座を開設しただけでは金融のウェルビーイング（幸福度）が高まるわけではないので、口座保有率だけに政策目標を置くのではなく、質に目を向けるべきであること、あるいは電子マネーの欠点があるため現金も扱えるようにすべきこと、などの批判や指摘である。また、Lewis and Lindley（2015）は、イギリスの金融包摂や金融教育の現状を詳細に分析し、課題を整理している。それによれば、最も脆弱な人々はまだ銀行に包摂されておらず、高価な借り入れに依存していること、金融教育が急速に変化する環境に追いついていないことなどを指摘した。Ozili（2022）は、企業が金融包摂にまともに取り組んでいないにもかかわらず、尽力しているふりをする「金融包摂ウォッシュ」を指摘し、企業が説明責任を果たすべきだと主張する。Figart（2013）は、アメリカにおける金融排除の状況を分析し、金融包摂の担い手であるコミュニティ開発金融機関（CDFIs）は金融排除層にアフォーダブルな金融を提供しているものの、CDFIsの数が少なく不充分であると論じた。これらの批判はいずれも、金融包摂の取り組みがまだ不充分であるという主張である。

アップルヤードらは、金融包摂が進んだイギリスにおいて、貧困層の日常生活の金融化の現状を描き出した（Appleyard et al., 2023）。金融化批判論者は「日常生活の金融化」や「金融で生きる（生きた経験）」といった表現を好んで使う傾向がある。アップルヤードらによれば、イギリスでペイデイ・レンダーなどの消費者金融に対する規制が2015年に導入され、消費者金融の事業者の半数が市場から撤退するとともに、消費者金融から借りられなくなった（すなわち排除された）人々は困窮時に家族や友人に頼るしかなくなったという。そのため、こうした人々に対して低コストまたは無コストの信用供与を政策的に行うべきだとしている。これは、消費者金融への規制が弊害として排除を生んだというパラドックスの指摘であるが、他にもフェルドマンがアメリカの個人開発口座（IDA）において「包摂のパラドックス」が起きている現実を描き出し

た（Feldman, 2021）。すなわち貧困層に対して貯蓄や持ち家を奨励することが、日々の生活を犠牲にした無理な貯蓄や、貧困地区での劣悪な住宅の購入を強いることとなり、ひいては貧困の固定化や社会的排除に結果するという皮肉な事態である。

　第二の批判は、前節で「金融化批判論者」として挙げた研究者が該当する。例えばフィンレイソンは、「金融化は、福祉国家の再構成、その縮小、集団から個人へのリスクと責任の移転と密接に関係しており、それらの個人の一般的な経験、すなわち解決しなければならない問題や意思決定を行う構造に変化をもたらしている」（Finlayson, 2009: 403）と述べる。ここには、1）福祉国家の再編・縮小により、従来は国家が提供していた公的社会保障とリスク負担を市場化・民営化し、個人にリスクと責任を転嫁するという批判と、2）教育や啓発を通じて、人々が自分の判断と責任のもとで、進んで資産形成するように仕向けているという批判が含まれている。フィンレイソンにとって児童信託基金は、人々が子どもの将来のための貯蓄を進んで行うように考えを仕向けるマーケティングにほかならず、ひいては「投資主体」の文化を形成することにつながっているという。ミシェル・フーコー的に、国民の意識を変革することによってソフトな統治が可能になる、という発想である。

　キアは、「金融市民権」（レイションとスリフトが提唱した概念）を批判し、金融へのアクセスを権利として規定したとしても、金融資本主義の下での経済格差や分断は根本的に変わらないし、国家が権利を認めて規則を作ったからといって、改善するわけではないと論じた（Kear, 2013）。

　ベリーも「金融市民権」の概念に異を唱え、金融へのアクセスは市民権に由来する新しい権利などではなく、個人が自らに責任を持つ「責任ある市民」への転換であると説く（Berry, 2015）。ベリーは、金融包摂は金融化のプロセスを前進させる役割を果たしており、金融包摂のアジェンダが国家そのものの金融化を前進させていると論じた。金融包摂は福祉国家のリスクを回避し、国家が負担していた経済的リスクを個人に移転する手法であるという。そして、金融化された社会において、市民は金融システムにアクセスすることでリスクに直面すると批判した。

　メーダーも、金融包摂を全面否定する論者の一人である。メーダーは、金融

包摂が貧困の緩和や経済成長に資するという見方を一蹴し、金融包摂は資本市場の発展に貢献するにすぎないと非難した（Mader, 2018）。メーダーは、金融的アプローチを否定し、再分配的な介入、雇用創出、社会的ケアを優先すべきだと主張した。

それぞれの論者によって論点は少しずつ異なるが、背後にある新自由主義批判や金融化批判（特に個人へのリスク・責任転嫁への批判）、構造的な経済格差の解消、ひいては福祉国家による従来型の所得保障ないし所得再分配による平等化を志向しており、その観点から金融包摂を批判的に見ている点は共通していると考えられる。

（3）金融化批判をどう見るか

本書の著者は、金融包摂の支持派（政策立案者）と批判派（研究者）の間で平行線をたどるのではなく、両者の対話や交流が起きることを望んでいた。そして折衷的な金融包摂の案を唱えていた。しかし、建設的な方向で両者の対話や交流が起きたり、両者の協働で何らかの政策が合意されたりするのだろうか。

特に金融化批判論者は、反新自由主義・反金融化の信念から金融包摂を否定しているため、著者が期待するような、「より良い金融包摂」に向けて折衷案を検討するといった修正主義の発想は、当事者からはなかなか生まれてこないかもしれない。

ただ、そうはいっても。金融化批判論の趣旨を多少とも現在の金融包摂政策に生かせる余地はないのか。例えば、金融化批判論者の主張の核心は「政府から個人へのリスク転嫁」や、進んで投資のリスクと責任を負うように誘導する意識改革にあった。むろん、実際の金融包摂や金融教育はずっと幅広く、批判論者の主張が当てはまらない部分も多いが、適合性の原則に基づき、個人に過度なリスクを負担させない安全装置を政府が設けることも可能である。

他方、複数の政策間のバランスという観点から考えれば、数ある多様な政策の中で、金融包摂はその一つにすぎない。金融包摂以外にも、所得再分配的な政策もあれば、ベーシック・サービス的な政策もあり、様々な政策の組み合わせの中で金融包摂政策と他の政策とのバランスをどのように図っていくかを考

えるのが現実的な路線ではなかろうか。

　金融包摂に限らず、どのような政策であっても、完全無欠はあり得ない。制度の要件に外れて困る者や、制度を悪用する者がモラルハザードを起こすことがあるし、思わぬ弊害もあり得る。それは福祉国家擁護者の主張する政策についても同じことがいえる。単一の政策や制度だけで社会課題を根本的に解決できるという前提に立ってものを考えるのではなく、様々な政策や制度をいかに組み合わせて、複雑な課題に向き合うかが問われているように思われる。

4. 本書から得られる示唆：資産ベース福祉の文脈から

　本書はイギリスの政策に根ざした議論で、イギリス固有の文脈で解釈せざるを得ない部分も多いが、本書の議論をやや一般化して、日本にも得られる示唆があるように思われる。

　それは資産ベース福祉の議論に、金融化の視点を加える必要性である。

　日本ではこれまで、資産ベース福祉に関しては関心があまり広がらず、一部の研究者が欧米の政策・研究動向を紹介する際に、資産ベース福祉にも言及するというのが一般的であった。日本に資産ベース福祉を導入せよといった推進論もあったが、ごく例外的である（丸尾, 2002, 2004, 2007, 2008）。資産ベース福祉に関する国内の研究は、アメリカの個人開発口座（IDA）やイギリスの児童信託基金（CTF）の動向、ベーシック・キャピタル論を紹介してきた（齊藤, 2006a, 2006b; 野田, 2009; 樫原, 2009, 2010; 松尾, 2015, 2022; 稲葉, 2011; 近藤, 2021; 金子, 2022）。他方、住宅資産ベース福祉をめぐっては、日本を含む東アジア諸国における住宅福祉政策の比較研究が行われてきた（Ronald and Doling, 2010; Doling and Ronald, 2010; Hirayama, 2010; 王, 2020）。

　これまでの資産ベース福祉に関する議論に、金融化の視点はほとんどなかった。金融化の視点を加えることにより、資産の価値の変動の大きさ、金融に関する知識の重要性、金融商品の運用を通じた格差の拡大、資産の流動化の可能性と限界、といった論点が見えてくる。金融資産だけでなく住宅資産も、金融化の影響を大きく受けていることは想像に難くない。

　内閣府「日本経済2021-2022」[3]によれば日本の資産所得の格差は他の主要国

訳者解題

と比べて大きく、2014年と2019年の家計資産総額の十分位階級別に金融資産残高の分布を見ると、金融資産残高全体の40％程度が、最も高所得の世帯階層（平均5000万円程度の資産を有する層）に集中し、2014年から2019年にかけてその割合が増加している。しかも、金融資産残高が大きい層ほど株式等の有価証券の保有割合が大きい。最も高所得の世帯階層は、金融資産の収益率も最も大きいことから、2014年から2019年にかけて資産所得の格差が拡大しているという。三田（2021）の分析によれば、年間収入のジニ係数（0.3前後）よりも住宅・宅地資産のジニ係数（0.55前後）や貯蓄現在高のジニ係数（0.6前後）のほうが高く、所得格差より資産格差のほうが大きい。政府は「貯蓄から投資へ」の掛け声のもと、2014年に始めた少額投資非課税制度（NISA）の拡充を図り、2024年から制度を恒久化するとともに投資期間を無期限に延長し、投資枠を1800万円にまで拡大することで、貯蓄から投資への誘導を進めている。2024年7月に行われた意向調査によれば、新NISAの利用率は52.6％にのぼっている[4]。もともと中間層を対象に想定していたNISAだが、投資枠の拡大は、余裕資金を投資に回せる高所得者ほど有利であり、資産格差の拡大につながると懸念される。

　確定拠出型年金（DC）についても、加入者・運用資産額ともに増加の一途をたどっている。2023年3月時点の確定拠出型年金の加入者は、前年比74万人増の1095万人、運用資産残高は23.2兆円となった。資産運用の方法も、元本確保型の保守的な運用中心から、投資信託による運用へと移りつつあり、特に若年層を中心に投資信託の比率が高まっているという[5]。NISAや銀行預金の低金利などをきっかけに、老後資金を貯めるため投資信託を始める若年層が年々増加しているとの調査結果もある[6]。資産運用に対する人々の意識は、NISAや確定拠出型年金を通じて、保守・慎重からリスク選好へと着実に変化しつつある。

　日本でも借金して投資用マンションを購入し、家賃を稼ぐ一般の「投資家」が増えており、首都圏の投資用マンションは1990年代後半から供給戸数を増やしていた[7]。バブル崩壊や金融危機などで落ち込んだ時期もあったが、根強い不動産熱によって供給戸数は毎年約6000戸と安定的に推移している。東京特別区内のマンション価格は上昇を続けており、これに合わせて投資用不動産

ローンも増加している。しかし、マンション価格やローン金利、賃料の増減によっては、利益を得るどころか損失を被ることも充分あり得る世界だ[8]。

むろん、マンションに投資している人はごく一部かもしれないが、住宅資産ベース福祉に関して見過ごせないのはリバースモーゲージ（以下、リバモ）である。リバモは、自宅（持ち家）を担保に資金を借り入れ、本人死亡後に相続人が自宅を売却して返済するというもので、主に老後の資金捻出手法とみなされている。リバモは、国が実施する「不動産担保型生活資金」（低所得リバモ）、「要保護世帯向け不動産担保型生活資金」（要保護リバモ）と、民間金融機関が実施するリバモの3種類があるが、要保護リバモは生活保護が必要になった高齢者（65歳以上）に、まず自宅を担保に借金をさせて、借りたお金を使い切ってから生活保護に移行するという仕組みである。要保護リバモについて角崎・村上（2016）は、支援対象者の同居家族の居住福祉を危うくすることなどの問題点を指摘しているが、倉田（2024）によれば相続人の相続意思確認や保証人承諾、福祉事務所と社会福祉協議会の連携不足などから、利用が低調であるという。他方で、民間のリバモ市場は年々順調に拡大を続けており、貸出残高は2013年の456億円から2022年の1803億円へと増加した。各金融機関の貸出残高も、2021年度末の中央値3600万円から2022年度末の5100万円へと急増した[9]。民間リバモの資金使途は、高齢者の生活資金というよりはリフォーム資金、自宅の建設・購入資金、既存住宅ローン借換資金が特に多く、住宅資産の流動化・現金化に利用されていることがわかる。民間リバモのうち6割は、住宅金融支援機構の住宅融資保険「リ・バース60」を利用しており、政策金融の影響の大きさが見て取れる。

Hirayama（2010）によれば、日本をはじめ先進諸国では、高齢者の住宅所有は資産ベース福祉の中で、経済的基盤として位置づけられるようになったが、低所得世帯や不安定雇用の労働者世帯にとって、住宅ローンを借りて持ち家を手に入れるのが難しくなってきており、格差が拡大しているという。高齢期に持ち家を処分することで生活費の不足を補うといった趣旨の住宅福祉政策は、日本だけでなく多くの国で取り入れられているが（Ronald and Doling, 2010）、金融化の進展により住宅資産価値の不安定化が進むと、成り立たなくなるおそれがある。

訳者解題

　金融教育に目を転じれば、学校教育に金融教育、特に投資教育を導入する動きが広がりを見せている。金融広報中央委員会のサイト「知るぽると」には、「資産形成」と称する投資教育の教材が数多く並んでいる。大学にファイナンシャル・プランナー（FP）などの講師を派遣したり、金融に関する寄附講座を提供したりするケースも多い。文部科学省の学習指導要領の改訂により、2020年には小学校で、2021年には中学校で金融教育が始まり、2022年からは高等学校の家庭科に金融教育が加わったことが注目され、「高校で投資を教えるのか」と話題になった。もっとも、投資の仕方を教えるというよりは、家計の構造や家計管理、将来を見据えた資金計画を教えることに主眼があるが、学校教育の現場には「投資」のインパクトが大きかったようだ。他方、生活困窮者に対しては、政府は家計改善支援事業により家計の点検・見直しによる「自立」を促している。本書の著者の言葉を借りれば、我々は知らず知らずのうちに、「投資主体」へと変質させられているのだろうか？

　このように、日本でも金融化や資産ベース福祉の影響が近年急速に広がってきていることがわかる。しかし管見の限りでは、日本では金融化を意識した研究はほとんどなされておらず、金融化と資産ベース福祉を結びつけた議論や研究もまだない。玉木（2021）のようにマクロ経済や歴史の視点から金融化の現象を論じたり、小倉（2022）のように金融機関の活動を分析したりする研究は散見されるものの、本書が扱ったような、人々の家計や社会生活レベルの金融化に着目した研究は王（2021）などごくわずかしかない。

　研究者の立場から金融化や資産ベース福祉に対して、金融化批判論者に倣って、新自由主義のレッテルを貼って批判するのは、ある意味たやすいことかもしれない。しかし、金融化や資産ベース福祉はグローバルな潮流として広がっている。そうした現実を前にして、単に頭から否定するのではなく、他方で無自覚・無批判に受け入れるのでもなく、問題点を深く認識しながらも現実の最適解を求めて智恵を絞り、模索を続けていくしかないだろう。

　本書の著者は我々に、そうした模索を促しているように思われるのである。

　なお、本書の参考文献一覧にあるURLは、訳者が確認した2024年11月時点でリンク切れになっているものが少なからず見受けられた（特に政府文書）。

以下の文献は、別のURLでアクセス可能であることを確認した（紙幅の都合上URLの詳細を割愛する）。

Adam, S. and Browne, J. (2012), Cabinet Office and Department for Education (2020), Chaney, P. (2009), Disney, R. and Luo, G. (2017), Donaldson, G. (2015), Eurostat (2019), Financial Inclusion Commission (2015), Financial Inclusion Taskforce (2011), Gov.UK (2017), HM Revenue and Customs (2011), HM Treasury (1999), HM Treasury (2001b), HM Treasury (2004), Independent Commission on Banking (2011), Inland Revenue (2015), Kidner, C. (2013), Lefebure, S., Mangeleer, J. and Van den Bosch, K. (2006), Lister, R. and Sodha, S. (2016), McQuaid, R. and Egdell, V. (2010), Money Advice Service (2015b), Money & Pensions Service (2020), OECD (2016), OECD (2018), Office for Budget Responsibility (2020), Parry, K. (2005), Pedersen, S. and Smithson, J. (2013), Pensions Regulator (2017), StatsWales (2016), United Nations Development Programme (2018), Welsh Government (2005b), Whitehead, C. (2010)

おわりに

　訳者は最初、本書を手に取ったとき、おそらく金融包摂の概論や入門書だろうと思ったが、読み進めていくうちに、どうもそうではないということに気づいた。一般的に概論書であれば、金融包摂は望ましいものという暗黙の前提のもとに、必要性や政策、実践事例を並べるだろう。しかし本書はそれとは全く違っていた。著者は、金融包摂の支持派と批判派の対話を促したいという。金融包摂の基本的な意義を支持しながらも、批判派の意見にも真摯に耳を傾け、現実的な解を求めようとする著者の姿勢は、類書には見られないものだった。

　金融包摂という言葉は近年、日本でもようやく人口に膾炙するようになってきた。金融包摂を研究する者として悪い気はしない。しかし、日本では金融包摂に対して何も批判的な認識がないことに、少々違和感をいだき始めてもいた。

　ものごとには、必ず明暗の両面がある。金融包摂もその例外ではない。金融

は、いわば「諸刃の刃(やいば)」である。人を助けることもあれば、破滅させることもある。金融に関わることは、程度の差はあれ、リスクや責任が伴う。特に貧困層や社会的弱者に金融を提供することを考える際には、充分慎重に扱わなくてはならない。

　本書は、そうした訳者の思いに貴重なヒントを与えてくれるものだった。加えて、金融化や資産ベース福祉をめぐる議論や動向に、眼を見開かせてくれた。有り難いことである。

　本書の翻訳刊行にあたっては、明石書店の神野斉氏に出版の意義をお認めいただき、全面的にご協力いただきました。また小山光氏には編集作業で細かな点に目配りいただき、本書の完成度を高めていただきました。深く感謝申し上げます。

●注記

1 Inclusion Foundation, "Facts and Stats". https://theinclusionfoundation.org/wp-content/uploads/2020/04/TIF-Facts-and-Stats-2020.pdf
2 LexisNexis Risk Solutions, "Financial Inclusion: Up to date analysis of access to affordable financial services across the UK". https://images.solutions.lexisnexis.com/Web/LexisNexis/%7B35c89fb9-7ac2-4c87-b58c-7d0a635734f2%7D_financial-inclusion-wp-uk.pdf
3 内閣府「日本経済2021-2022―成長と分配の好循環実現に向けて―」（令和4年2月）https://www5.cao.go.jp/keizai3/2021/0207nk/nk21.html
4 株式会社400F「新NISAの利用意向調査2024年7月　新NISAの利用率は52.6％　つみたて投資枠平均65,411円/月、成長投資枠平均1,161,484円」2024年7月10日　https://prtimes.jp/main/html/rd/p/000000153.000038217.html
5 金子久「データで見る確定拠出年金の現状～積極化に向かう確定拠出年金の資産運用～」野村総合研究所、2024年1月10日　https://www.nri.com/jp/knowledge/blog/lst/2024/fis/financial_business_trends/0110
6 野村アセットマネジメント資産運用研究所「2024年3月アンケート調査実施 投資信託に関する意識調査2024」2024年4月　https://www.nomura-am.co.jp/corporate/surveys/pdf/20240418_52B4DE55.pdf
7 東急リバブル　プロパティスタ「マーケットレポート2023. 08」2023年8月17日　https://www.livable.co.jp/fudosan-toushi/propertista/report/202308/index03.html
8 日本経済新聞「投資用マンション曲がり角？　利回り低下、金利上昇注意」2023年11月6日　https://www.nikkei.com/article/DGXZQOUB304C40Q3A031C2000000/
9 住宅金融支援機構「2023年度 住宅ローン貸出動向調査結果」2024年2月20日　https://www.jhf.go.jp/files/400368931.pdf

●参考文献

稲葉美由紀（2011）「アメリカにおける貧困対策：社会開発的視点からみる『資産ベース福祉』の取り組み」『言語文化論究』（九州大学大学院言語文化研究院）27, 43-59.

遠藤希和子・金子充（2019）「社会保障とアセット・ベース型福祉：イギリスの住宅支援とソーシャルケアに着目して」『立正大学社会福祉研究所年報』21, 51-71.

王蔚（2020）「東アジアにおける住宅アセットベース福祉に関する比較研究：中国住宅制度改革と社会保障改革への示唆」『上智大学社会福祉研究』44, 53-86.

王凌（2021）「日本の年金改革とファイナンシャリゼーション：確定拠出年金に着目して」『阪南論集　社会科学篇』56(2), 267-85.

小倉将志郎（2022）「国際金融危機後の金融化と金融機関行動」『駒澤大学経済学論集』54(2), 19-42.

樫原朗（2009）「イギリス新労働党の社会保障改革：『福祉から就労へ』『働けない人には社会保障を』」『山口県立大学学術情報』2, 132-50.

樫原朗（2010）「イギリスの社会保障及び福祉の現代化」『保険学雑誌』610, 113-32.

角崎洋平・村上慎司（2016）「低所得世帯・要保護世帯向けリバースモーゲージの現状と問題点：都道府県社会福祉評議会への質問票による全国実施調査から」『社会福祉学』57(2), 119-31.

金子充（2022）「資産ベース福祉による貧困対策のパラドクス：イギリス児童信託基金の検討から」『明治学院大学　社会学・社会福祉学研究』159, 55-74.

倉田剛（2024）「公的リバースモーゲージの問題点と課題：居住福祉制度の確立めざして」特定非営利活動法人リバースモーゲージ推進機構　https://trust-mf.or.jp/pdf/other/paper/201909_2.pdf

小関隆志（2005）「イギリスにおける非営利組織融資システム：コミュニティ開発金融機関（CDFI）の現状と課題」『経営論集』（明治大学）53(1/2), 85-114.

近藤康史（2021）「イギリス福祉国家の社会的投資への展開と政党間対立」『日英教育研究フォーラム』25, 7-14.

齊藤拓（2006a）「ベーシックインカムとベーシックキャピタル」『Core Ethics』（立命館大学大学院先端総合学術研究科）2, 115-28.

齊藤拓（2006b）「福祉国家改革の一方向性：各国に見る資産ベース福祉への移行」『Core Ethics』（立命館大学大学院先端総合学術研究科）2, 259-69.

斉藤美彦（2021）「『金融化』時代におけるイギリス住宅金融の変化」『大阪経大論集』72(2), 19-42.

佐野邦明（2020）「イギリスの年金制度の概要：年間非課税限度額と生涯非課税限度額を中心に」（第18回社会保障審議会企業年金・個人年金部会）.

清水習（2017）「新自由主義研究とは何か」『同志社政策科学研究』19(1), 245-59.
菅谷和宏（2015）「イギリスの私的年金改革の変遷と最近の動向」『年金と経済』34(3), 46-58.
玉木俊明（2021）『金融化の世界史：大衆消費社会からGAFAの時代へ』（ちくま新書）筑摩書房.
所道彦（2014）「イギリス住宅政策と社会保障改革」『社会政策』6(1), 54-64.
所道彦（2019）「イギリスの住宅政策における所得保障制度：ユニバーサル・クレジットの導入と課題」『都市社会学』105, 55-60.
中川秀空（2014）「イギリスの年金改革：一層型の年金制度の導入」『レファレンス』6(8), 5-25.
野田博也（2009）「アメリカにおける『個人開発口座IDAs』の展開：資産ベース福祉政策に関する予備的研究」『貧困研究』2, 94-104.
堀林巧（2009）「ハンガリーの政治経済：『1989年』から20年後の動向」『金沢大学経済論集』30(1), 181-217.
松尾隆佑（2015）「政治思想学会研究奨励賞受賞論文 ステークホールディング論の史的展開と批判的再構成：普遍主義的な資産ベース福祉によるシティズンシップ保障の構想」『政治思想研究』15, 366-95.
松尾隆佑（2022）「経済デモクラシー再考：共和主義・財産所有・当初分配」『法学志林』120(1), 1-33.
丸尾直美（2002）「金融・資産市場化・グローバル化への戦略的対応：資産ベースの不況対策と資産ベースの福祉政策の提言」『尚美学園大学総合政策学部研究紀要』3/4, 143-61.
丸尾直美（2004）「市場指向・資産ベースの年金改革：スウェーデンの年金改革から学ぶ」『尚美学園大学総合政策研究紀要』7, 29-52.
丸尾直美（2007）「資産ベースの福祉政策の設計：理念、意義、展望」『尚美学園大学総合政策論集』7, 47-69.
丸尾直美（2008）「資産ベースの福祉政策：新しい福祉政策の登場」『週刊社会保障』62(2474), 42-7.
丸谷浩介（2009）「イギリスの公的・私的年金制度改革」『海外社会保障研究』169, 15-28.
三田清人（2021）「我が国における資産格差とその拡大要因」『京都産業大学経済学レビュー』8, 34-74.
ラパヴィツァス，コスタス著、斉藤美彦訳（2018）『金融化資本主義：生産なき利潤と金融による搾取』日本経済評論社.
ロー，スチュアート著、祐成保志訳（2017）『イギリスはいかにして持ち家社会となったか：住宅政策の社会学』ミネルヴァ書房.

Appleyard, Lindsey; Packman, Carl; Lazell, Jordon and Aslam, Hussan (2023) "The Lived Experience of Financialization at the UK Financial Fringe", *Journal of Social Policy* 52(1), 24-

訳者解題

45.

Barajas, Adolfo; Beck, Thorsten; Belhaj, Mohamed and Naceur, Sami Ben (2020) "Financial Inclusion: What Have We Learned So Far? What Do We Have to Learn?" *IMF Working Paper*, WP/20/157, International Monetary Fund (IMF), 1-51.

Berry, Craig (2015) "Citizenship in a financialized society: Financial inclusion and the state before and after the crash", *Policy and Politics*, 43(4), 509-25.

Crouch, Colin (2009) "Privatised Keynesianism: An Acknowledged Policy Regime", *The British Journal of Politics and International Relations,* 11(3), 382-99.

Datta, Kavita (2012) *Migrants and Their Money: Surviving Financial Exclusion*, Policy Press.

Doling, John and Ronald, Richard (2010) "Home ownership and asset-based welfare", *Journal of housing and the built environment*, 25(2), 165-73.

Edwards, Amy (2022) *Are We Rich Yet?: The Rise of Mass Investment Culture in Contemporary Britain*, Berkeley.

Feldman, Guy (2021) "Asset-building and Social Inclusion: A qualitative analysis of families' perspectives", *Journal of Social Work*, 21(2), 1-21.

Fernández-Olit, Beatriz; Martin, José Maria Martin and González, Eva Porras (2020) "Systematized literature review on financial inclusion and exclusion in developed countries", *International Journal of Bank Marketing*, 38(3), 600-26.

Figart, Deborah M. (2013) "Institutionalist Policies for Financial Inclusion", *Journal of Economic Issues*, 47(4), 873-94.

Finlayson, Alan (2009) "Financialisation, Financial Literacy and Asset-Based Welfare", *The British Journal of Politics and International Relations*, (11), 400-21.

Gálvez-Sánchez, Francisco Jesús; Lara-Rubio, Juan; Verdú-Jover, Antonio José and Meseguer-Sánchez, Victor (2021) "Research Advances on Financial Inclusion: A bibliometric Analysis", *Sustainability*, 13(3156), 1-19.

Gupta, Jasmine (2017) "Financial Inclusion: A Literature Review of International Research", *International Journal of Research in Management, Economics and Commerce*, 7(11), 171-75.

Hirayama, Yosuke (2010) "The role of home ownership in Japan's aged society", *Journal of Housing and the Built Environment*, 25(2), 175-91.

Kear, Mark (2013) "Governing Homo Subprimicus: Beyond Financial Citizenship, Exclusion, and Rights", *Antipode*, 45(4), 926-46.

Kempson, Elaine and Whyley, Claire (1999) *Kept out or opted out?: Understanding and combating financial exclusion*, The Policy Press.

Lennartz, Christian and Ronald, Richard (2017) "Asset-based welfare and social investment: Competing, compatible, or complementary social policy strategies for the new welfare state?", *Housing Theory and Society*, 34(2), 201-20.

Lewis, Sue and Lindley, Dominic (2015) "Financial inclusion, financial education, and financial regulation in the United Kingdom", *ADBI Working Paper*, No.544, Asian Development Bank Institute (ADBI), 1-27.

Leyshon, Andrew and Thrift, Nigel (1995) "Geographies of Financial Exclusion: Financial Abandonment in Britain and the United States", *Transactions of the Institute of British Geographers*, 20(3), 312-41.

Mader, Philip (2018) "Contesting Financial Inclusion", *Development and Change*, 49(2), 461-83.

Murthy, Kamakula N. (2023) "An Empirical Literature Review on Financial Inclusion", *International Journal of Social Science and Economic Research*, 8(3), 387-406.

Ozili, Peterson K. (2020a) "Financial Inclusion research around the world: a review", Forum for Social Economics. 10.1080/07360932.2020.1715238. (*MPRA Paper* No. 101809, Munich Personal RePEc Archive, 1-24.)

Ozili, Peterson K. (2020b) "Financial inclusion: a strong critique", *MPRA Paper* No. 101813, Munich Personal RePEc Archive, 1-16.

Ozili, Peterson K. (2020c) "Theories of financial inclusion", SSRN Electronic Journal. 10.2139/ssrn.3526548. (*MPRA Paper* No. 104257, Munich Personal RePEc Archive, 1-23.)

Ozili, Peterson K. (2022) "Financial inclusion washing", *Journal of Financial Crime*, 30(5), 1140-9.

Prabhakar, Rajiv (2003) *Stakeholding and New labor*, Palgrave Macmillan.

Prabhakar, Rajiv (2007) "Attitudes towards the Child Trust Fund: What do Parents Think?", *The British Journal of Politics and International Relations*, 9(4), 713-29.

Prabhakar, Rajiv (2008) *The Assets Agenda*, Palgrave Macmillan.

Prabhakar, Rajiv (2009a) "The Development of Asset-based Welfare: the case of the Child Trust Fund in the UK", *Policy & Politics*, 37(1), 129-43.

Prabhakar, Rajiv (2009b) "Assets, inequality and the crisis", *Renewal*, 17(4), 75.

Prabhakar, Rajiv (2009c) "The Child Trust Fund in the UK: Policy Challenges and Potential Responses", *CSD Working Papers* No.09-56, Center for Social Development, 1-9.

Prabhakar, Rajiv (2009d) "The Assets Agenda and Social Policy", *Social Policy & Administration*, 43(1), 54-69.

Prabhakar, Rajiv (2010a) "Developing financial capability among the young through education and asset-based welfare", *Public Money & Management*, 30(5), 279-84.

Prabhakar, Rajiv (2010b) "The Child Trust Fund in the UK: How might opening rates by parents be increased?", *Children and Youth Services Review*, 32(11), 1544-7.

Prabhakar, Rajiv (2012) "What do people think of taxation? Evidence from a focus group study in England", *Journal of European Social Policy*, 22(1), 77-89.

Prabhakar, Rajiv (2013) "Asset-Based Welfare: Financialization or Financial Inclusion", *Critical Social Policy*, 33(4), 658-78.

Prabhakar, Rajiv (2015a) "Does the Financial Crisis Create Opportunities for Taxing Wealth? A Study of Tax Policy Debates in the United Kingdom", *Social & Legal Studies*, 24(2), 271-87.

Prabhakar, Rajiv (2015b) "Why Do the Public Oppose Inheritance Taxes?", in: Helmut P. Gaisbauer, Gottfried Schweiger and Clemens Sedmak eds., *Philosophical Explorations of Justice and Taxation: National and Global Issues*, Springer Cham.

Prabhakar, Rajiv (2017) "Why do people opt-out or not opt-out of automatic enrolment? A focus group study of automatic enrolment into a workplace pension in the United Kingdom", *Journal of European Social Policy*, 27(5), 447-57.

Prabhakar, Rajiv (2018a) "Are Basic Capital Versus Basic Income Debates Too Narrow?", *Basic Income Studies*, 13(1), 1-16.

Prabhakar, Rajiv (2018b) "A House Divided: Asset-Based Welfare and Housing Asset-Based Welfare", *International Journal of Housing Policy*, 19(2), 213-31.

Prabhakar, Rajiv (2019) "Financial inclusion: A Tale of Two Literature", *Social Policy & Society*, 18(1), 37-50.

Prabhakar, Rajiv (2020a) "Covid-19 and the Child Trust Fund", *Renewal*, 28(4), 59-72.

Prabhakar, Rajiv (2020b) "Universal basic income and Covid-19: Is a basic income both affordable and desirable?", *IPPR Progressive Review*, 27(1), 105-13.

Prabhakar, Rajiv (2022) "Financial inclusion", House of Commons Library, *Research Briefing*, 9533, 1-18.

Prabhakar, Rajiv (2023) "What are the Barriers to Taxing Wealth? The Case of a Wealth Tax Proposal in the UK", *Journal of Social Policy*, 52(3), 700-17.

Prabhakar, Rajiv (2024) "Devolution and social citizenship: the case of the basic income pilot for care leavers in Wales", *Social Policy and Society* (early access), 1-14.

Ronald, Richard and Doling, John (2010) "Shifting East Asian approaches to home ownership and the housing welfare pillar", *International Journal of Housing Policy*, 10(3), 233-54.

Santanna, Danielle (2023) "Providing Consumer Credit to Low-Income Populations in Brazil: The Case of Complexo da Penha", *Social Sciences*, 12(691), 1-18.

Shah, Shahid Manzoor and Ali, Amjad (2022) "A Survey on Financial Inclusion: Theoretical and Empirical Literature Review", *MPRA Pape*r No. 116327, Munich Personal RePEc Archive, 1-39.

Sherraden, Michael W. (1991) *Assets and the Poor: New American Welfare Policy*, Routledge.

Sinclair, Stephen (2013) "Financial inclusion and social financialisation: Britain in a European context", *International Journal of Sociology and Social Policy*, 33(11/12), 658-76.

Yoshino, Naoyuki and Morgan, Peter J. (2016) "Overview of financial inclusion, regulation, and education", *ADBI Working Paper*, No. 591, Asian Development Bank Institute (ADBI), 1-33.

索　引

アルファベット

Aalbers, M.B.　93
Access to Cash Review　156
Ackerman, B.　114, 116
Alstott, A.　114, 116
Altman, M.　54-56
Appleyard, L.　33
Atkinson, A.B.　114-115
Atkinson et al.　43
Benartzi, S.　57, 60
Bentham et al.　117-118
Bergmann, B.R.　122
Berle, A.　150
Berlin, I.　25
Berry, C.　13
Brooks, S.　148
Brüggen et al.　42
Bynner, J.　70
Clarke, C.　146
Clarke et al.　90
Consumer Action Group　147
Crouch, Colin　97, 148-149
Dagdeviren et al.　23-24
Davies, S.　23
Davis, A.　34-35, 137
De Henau, J.　122
Demirgüç-Kunt et al.　26, 28, 30
Despotidou, S.　70
Disney, R.　103
Dolan et al.　91
Doling, J.　99

Donoghue, M.　24, 42
Drakeford, M.　79
Dworkin, R.　49
Edmiston, D.　24, 42
Egdell, V.　50
Elsinga, M.　103
Feldman, G.　68-69, 82
Finlayson, A.　65
Finney, A.　23
Fox O'Mahony, L.　104
Frigant, V.　147
Gabor, D.　148
Gamble, A.　103, 152
Gardner, J.　33
Ginn, J.　90
Gough, I.　118-120
Grady, J.　89
Gregory, J.　104-105
Gregory, L.　79
Gustafsson, M.　153
Haagh, L.　113, 120-121
Hartfree, Y.　23
Hatherley, S.　75
Hausman, D.M.　58-59
Hayek, F.A.　25, 96
Heinberg et al.　53-54
Henehan, K.　153
Hick, R.　51
Hickman, P.　24
Hills, J.　14
Hofman, A.　93
Honoré, A.M.　104, 107

Huang, J. 66-67
Jayasuriya, K. 49-50
Jones et al. 127
Jullien, B. 147
Kadi, J. 98, 101
Kahneman, D. 54
Keeney, M. 41
Kelly, G. 103, 152
Kielland, T. 105
Klapper, L. 30
Lai, K.P.Y. 33
Laplume et al. 151
Le Grand, J. 70
Lennartz, C. 98, 100-101
Leyshon et al. 22
Lister, R. 23, 47
Luo, G. 103
Lusardi, A. 43, 52
Lusardi et al. 54
Lyons, M. 126-127
MacIntyre, K. 90
Maclennan, D. 103, 106
Madrian, B.C. 60
Marquand, D. 47
Marron, D. 14, 20
Martinelli, L. 154
McIntosh, I. 31
McKay, S. 16
McKillop et al. 79
McQuaid, R. 50
Meade, J.E. 102
Means, G. 150
Miao, J. 103, 106
Mirrlees et al. 124-127
Mitchell, O. 43
Money Saving Expert 147
Montalban, M. 147
Montgomerie, J. 147, 149
Mooney, G. 74-76

Muir, K. 21-22, 26
Mumsnet 147
Nam, Y. 66-67
Nissan, D. 70
O'Donnell, N. 41
Office for Budget Responsibility 153
Olin Wright, E. 115
Overton, L. 101, 104
Parkinson, J.E. 152
Percy, A. 116, 121-122
Pierson, P. 102
Piketty, T. 103
Reed, H. 122
Ring, P.J. 56, 152
Robeyns, I. 47-48, 50
Rogers, C. 146
Ronald, R. 98-101
Ronald et al. 107
Rowlingson, K. 14, 16, 33
Salignac, F. 21-22, 26
Salignac et al. 23
Santos, A. 41
Save More Tomorrow (SMarT) 56, 59
Serafino, P. 156
Shea, D.F. 60
Sherraden, M. 29, 66-68, 72, 99, 101
Simon, H.A. 55
Singer, D. 30
Smith, S.J. 93-94
Soaita et al. 98
Sodha, S. 23
Standing, G. 32, 113, 153
Sunstein, C. 54, 56-59
Tepe-Belfrage, D. 147, 149
Thaler, R. 54, 56-60
Thurley, D. 89
Travers, T. 105
UK Finance 156
Van de Ven, J. 89

Van der Zwan, N. 31-32, 123, 150-151
Walsh, C. 34-35, 137
Welch, B. 58-59
White, S. 73, 115-116
Whitehead, C. 105
Wijburg, G. 95-96, 98-99
Williams, C. 74-76
Willis, L.E. 52-54, 56
Wong, J. 21-22, 26
Wright, S. 31

あ 行

アクセス・モデル 105
アダム・スミス研究所 122
アメリカンドリーム・デモンストレーション事業 68, 101
「誤りとバイアス」アプローチ 54
生きた経験 31, 36
「1型」思考 54
ウィリアムズ、シアン（Williams, Sian) 17-18
ウィレッツ、デイヴィッド（Willetts, David) 107-108
ウェールズ地方政府連合（WLGA) 129-130, 133, 135
エイジェンシー 27, 68, 118
エセックス、スー（Essex, Sue) 133
オズボーン、ジョージ（Osborne, George) 64, 109
オープン・バンキング 29
オルリッジ、アレックス（Alridge, Alex) 133

か 行

カウパー・コールズ、サー・シェラード（Cowper-Coles, Sir Sherard) 17
カウンシルタックス（Council Tax) 117, 123-135

カウンシルタックス再評価ワーキング・グループ（CTRWG) 129
カウンシルタックスの再評価 124-135
確定拠出型年金 19, 32, 34, 53, 57, 81, 85, 87, 107
家計を立て直す力（financial resilience) 17, 20-24, 65
「家族の家」（family home) 109
キウイセイバー 83
貴族院金融排除部会 14, 19, 29, 37
基礎決済口座 29-30
基礎口座（BBAs) 29
既定の貯蓄率 60, 86, 90
基盤経済（foundational economy) 117-118
逆進性 126-127
『窮地』（The Pinch) 107
教育水準局（the Office for Standards in Education, Ofsted) 142
供給システム 119
競合市場局（Competition and Markets Authority) 23
協同組合銀行（Co-operative Bank) 78
共同所有権（shared ownership) 104-106
共和党的な自由 25-26, 49
銀行口座を持たない人 22, 28-29, 148
金融ウェルビーイング 42, 46
金融化 13-14, 18, 20-21, 30-36, 62, 76, 80, 111, 123, 137-140, 147, 150-151
金融技術（フィンテック) 21, 53, 137, 146-148
金融教育 20, 39, 41-42, 52-56, 58, 61-62, 91
学校（で）の 34, 70, 140-145
金融ケイパビリティ 17, 20-21, 37, 41-63, 78, 111-112, 116, 138-140, 144-146
金融行動監視機構（FCA) 17, 91
「金融サービスの評価」 15
金融システム 13-14, 21-22, 26-27, 32-34, 37, 41, 45-46, 52, 62-63, 65, 88-89, 91, 93, 95, 102, 106, 110-112, 115, 117, 119, 138-139,

索　引

145-146
金融生態系　22
金融庁（Financial Services Authority）　20, 43-44, 46
金融年金庁　140
金融包摂協議会　14, 16-19, 37, 65
金融包摂政策フォーラム　17-18
金融包摂特別委員会（Financial Inclusion Taskforce）　16, 77-78
「金融包摂の促進」　15-16
金融リテラシー　43-45, 52-53, 65, 143；金融ケイパビリティも参照
クラウチ、コリン（Crouch, Colin）　97, 148, 149
クレジットユニオン　18, 29-30, 69, 74, 78-80, 91, 144, 152
ケイパビリティ理論　26, 48-50, 58, 118
決済口座指令　28-29
現状維持の圧力　123-125, 127, 135
現状維持バイアス　56-57, 86, 90
公営住宅売却　102
行動経済学　54-56, 58, 60, 156
行動のナッジ　54, 58, 60-62, 90
高利貸し　22-23
国民雇用貯蓄信託（National Employment Savings Trust: NEST）　82
個人開発口座（IDA）　29, 37-38, 67-70, 99-101
個人間融資　146
個人資産　66, 99-100
個人主義　50, 104, 121
個人の自由　25-26, 49, 63, 120
国家統計局（Office for National Statistics）　156
コミュニティ料金（Community Charge）　125
雇用年金局（Department for Work and Pensions）　80, 84, 87, 90
コラード、シャロン（Collard, Sharon）　17

さ　行

財務省　15, 91, 156
サッチャー（Thatcher, Margaret）　96-97, 102, 125
サブプライム住宅ローン市場　32, 94-95
ジェンダー不平等　19, 26, 38, 89, 122, 138
自己規制　149
自己排除　26-27
資産／富　66-72, 99-101, 103-107, 109, 112, 114, 123-135
　不平等　106
資産効果　66-67, 70, 100
資産調査　100
『資産と貧困者：新たなアメリカ福祉政策』（Sherraden）　66
資産ベース福祉　37-38, 65-70, 77-79, 95, 98-101, 105, 114
支持論　14-15, 18-21, 36, 157
自動加入　16-17, 19-20, 37-38, 56, 59-61, 64-66, 69, 80-91
自動加入制度　60-62, 65, 80-81, 83, 89
児童信託基金（CTF）　37-38, 64-66, 70-80, 91, 112, 114, 153
児童手当　72-73
自動的な思考　54
児童貧困行動グループ（The Child Poverty Action Group）　72
地主制度　98, 105-106
市民教育　141, 145；金融教育も参照
市民権　26, 37-38, 42, 47, 50, 52, 58, 62
社会権　47
社会的市民権　42, 47, 50, 52, 58
社会的住宅　117
社会的投資　100
社会的排除　15
社会的文脈　24-25
社会繁栄ネットワーク　122
社会民主主義　96, 120-121

227

自由主義的パターナリズム　58
住宅金融組合（building society）　144, 152
住宅サービス税　126
住宅資産　98-100, 103, 105, 107, 112, 123
住宅ローン　32, 34, 36, 38, 81, 93-94, 97-99, 106, 110
集団的所有　110
消極的自由　25, 49-50
消費財　94, 107, 126
職域年金　16-17, 19, 37-38, 56, 60-62, 64-66, 69, 80-91
所得移転　66
所得代替　72
所得代替率　80-81, 90
所得の安全保障　119
ジョーンズ、イェウアン・ウィン（Jones, Ieuen Wyn）　134
ジョーンズ、カーウィン（Jones, Carwyn）　134
ジョンソン、メラニー（Johnson, Melanie）　15
新自由主義　14, 18, 20, 24-25, 34-36, 42, 46, 69, 76, 95-97, 111, 117, 135, 138, 147-149
新自由主義者　109, 122
人心の操縦　59
人頭税　125
進歩的　126, 128-130
進歩的普遍主義　70-71, 74-76, 91
スケルトン、ノエル（Skelton, Noel）　102
ステークホルダー　35, 73, 116, 151-152
スナク、リシ（Sunak, Rishi）　154
「全ての人への配慮」　75, 78
住処（shelter）　94, 107, 116-118, 126
政策行動チーム（Policy action teams: PATs）　15
政治的権利　47, 50
「制度の単純化：ウェールズにおける地方政府財政」　129
責任ある企業　145, 148-150

世代間評議会　107-108
世帯の貯蓄率　64
積極的自由　25, 49-50
セン、アマルティア（Sen, Amartya）　47-51, 58, 67, 118
1998年ウェールズ統治法　77
全国児童発育調査　70
損失回避　54, 57

た 行

代替率　80-81, 90
卓越のためのカリキュラム　143
脱退　57, 60, 82-88, 90
ダーリング、アリスター（Darling, Alistair）　64
「地方政府の自由と責任」　129
地方分権化　74-75, 124
中立性　126
貯蓄支援（Help to Save）　16, 37, 64, 100
「貯蓄の入口」（Saving Gateway）（政策）　64, 66
追加補助　74-76
「低所得の資産家」　127
投資主体　9, 21, 33-34, 37-38, 41-42, 62, 65, 71, 73, 91, 93-95, 98, 101-102, 104, 106, 110-111, 141, 144-145, 157
蕩尽（stakeblowing）　116
統制型思考　54
統治性　33
土地所有の公正（ペイン）　114
ドナルドソンの提言　142-143

な 行

『ナッジ』　54
「2型」思考　54
2002年のプレバジェット・レポート　71
2003年地方政府法　128, 134

『21世紀の資本』(ピケティ) 103
人間開発指標 49
ヌスバウム、マーサ (Nussbaum, Martha) 48
年金のジェンダー格差 88-91

は行

ハイエク (Hayek, F.A.) 25, 96
バーク、エドモンド (Burke, Edmund) 108-109
「速くて簡潔な」アプローチ 54-55
ピクルス、エリック (Pickles, Eric) 133
非接触型の支払い 156-157
批判的研究／批判論 13-14, 18-20, 24, 36, 157
評価局 (Valuation Office Agency) 129-131
費用削減手法 105
貧困者 66
貧困プレミアム 22-23, 35, 111
福祉国家 14, 21, 32, 38, 70, 93, 100, 102, 112, 120-122, 136-137, 145
フーコー、ミシェル (Foucault, Michel) 33
不適切販売(の)問題 32-33
不動産所有の民主主義 102-104, 112
不動産(を)流動化 101, 104
普遍的ベーシック・インカム 111-116, 119-122, 136, 153-155
普遍的ベーシック・サービス 38, 112, 116-123, 136, 155
ブラウン、ゴードン (Gordon Brown) 71
プラットフォーム経済 147
『フランス革命の省察』(エドモンド・バーク) 108
フリードマン、ミルトン (Friedman, Milton) 96, 122-123
「プリンシパル・エージェント」問題 150
ブレア政権 15；労働党政権も参照
ペイン (Paine, Thomas) 114-115
ベーシック・インカム 38, 62, 111-116, 119-123, 136, 139, 153-155
ベーシック・キャピタル 70, 112, 114-116, 139
ペンションワイズ (Pension Wise) 115
保健省 (National Health Service: NHS) 117, 155
保守党・自由民主党連立政権 16, 64, 76
ボーン、ニック (Bourne, Nick) 133

ま行

マイクロファイナンス 148
マーシャル (Marshall, Thomas H.) 42, 47
マネー・アドバイス・サービス (Money Advice Service) 43-44, 46
ミレニアル世代 95, 106-110
民営化されたケインズ主義 95, 97-99, 102, 148-149
無利子融資制度 18
モア、トマス (More, Thomas) 113
モーガン、ロドリー (Morgan, Rhodri) 75, 77
持ち家 69, 94-111, 139

や〜わ行

有形物の資産 66
『ユートピア』(トマス・モア) 113
ライフサイクル理論 56
ルイス、ヒュー (Lewis, Huw) 76
レーガン (Reagan, Ronald) 96-97
レギュラシオン学派 147
レゾリューション財団 107
レンダーズ、エリック (Leenders, Eric) 18
労働党政権 15-16, 65, 70, 73-74, 77, 128
若者への金融教育に関する超党派の議員連盟 142
ワシントン大学社会開発センター 68

訳　者

小関隆志（こせき　たかし）
明治大学経営学部教授
一橋大学大学院博士後期課程修了。博士（社会学）。法政大学大原社会問題研究所などを経て、2001年明治大学経営学部専任講師。同助教授・准教授を経て、2019年より現職。2011〜13年米国ペンシルバニア大学教養学部客員研究員。専門はソーシャル・ファイナンス論で、主に金融排除・金融包摂を研究。主著に『金融によるコミュニティ・エンパワーメント』（ミネルヴァ書房、2011年）、『マイクロクレジットは金融格差を是正できるか』（共著・ミネルヴァ書房、2016年）、『フードバンク』（共著・明石書店、2018年）、『生活困窮と金融排除』（編著・明石書店、2020年）など。日本協同組合学会副会長、一般社団法人生活サポート基金理事、学校法人お茶の水学園理事。

著 者

ラジブ・プラバカール（Dr. Rajiv Prabhakar）
英国オープン・ユニバーシティ社会科学部専任講師
専攻は個人金融論。「社会科学入門」や「実用的経済学」「あなたのお金」などの科目を担当するほか、BBCの番組の学術顧問や、ラジオ番組での金融に関するトーク出演などを務める。主著に *Stakeholding and New labour*（ステークホールディングと新労働党）（Palgrave Macmillan, 2003）、*The Assets Agenda: principles and policy*（資産に関する問題：原理と政策）（Palgrave Macmillan, 2008）がある。

金融包摂とは何か
―― すべての人々のアクセスをどう保障するか

2025年4月15日 初版第1刷発行

著 者	ラジブ・プラバカール
訳 者	小関 隆志
発行者	大江 道雅
発行所	株式会社 明石書店
	〒101-0021 東京都千代田区外神田 6-9-5
	電話 03(5818)1171　FAX 03(5818)1174
	振替 00100-7-24505　https://www.akashi.co.jp/
装 丁	金子 裕
印刷・製本	モリモト印刷株式会社

（定価はカバーに表示してあります）
ISBN978-4-7503-5906-9

生活困窮と金融排除
生活相談・貸付事業と家計改善の可能性

小関隆志 編著

■A5判／上製／216頁 ◎2700円

日本の生活困窮者が適切な金融サービスを利用できない「金融排除」の問題を、家計を調べる「ファイナンシャル・ダイアリー調査」・インタビュー調査で探るとともに、困窮者の家計相談・貸付事業など現場の取り組みを紹介し、貧困研究に新たな視点を導入する。

内容構成

第Ⅰ部　研究
第1章　日本の金融排除・金融包摂の動向 [小関隆志]
第2章　低所得者世帯の金融排除と金融ウェルビーイング [角崎洋平]
第3章　母子生活支援施設における家計相談支援の可能性 [佐藤順子]
第4章　社会的不利を抱える人々の金融ケイパビリティに関する論点 [野田博也]

第Ⅱ部　実践報告
第5章　生協制度による貸付事業 [上田正]
第6章　生活サポート基金による取り組み [久保田修三]
第7章　生活クラブ千葉グループ・VAICコミュニティケア研究所による取り組み [津田祐子]
第8章　震災被災者の金融排除・金融包摂 [小関隆志]

第Ⅲ部　資料編

フードバンク　世界と日本の困窮者支援と食品ロス対策
佐藤順子編著 ◎2500円

マイクロファイナンス事典
ベアトリス・アルメンダリズ、マルク・ラビー編　笠原清志監訳　立木勝訳 ◎25000円

貧困克服への挑戦　構想 グラミン日本
グラミン・アメリカの実践から学ぶ先進国型マイクロファイナンス
菅正広著 ◎2400円

増補改訂版　共助と連帯　労働者自主福祉の意義と課題
高木郁朗監修　教育文化協会、労働者福祉中央協議会編 ◎2500円

正義のアイデア
アマルティア・セン著　池本幸生訳 ◎3800円

不平等と再分配の経済学
トマ・ピケティ著　尾上修悟訳 ◎2400円

不平等・所得格差の経済学　格差縮小に向けた財政政策
ケネー、アダム・スミスからピケティまで
ブランコ・ミラノヴィッチ著　立木勝訳　梶谷懐解説 ◎4500円

貧困研究　日本初の貧困研究専門誌
『貧困研究』編集委員会編集
【年2回刊】 ◎1800円

〈価格は本体価格です〉